U1008434

大学生科研参与及收获

影响因素与提升路径

College Students' Participation and Outcome in Scientific Research

Influencing Factors and Promotion Path

孙 荪◎著

河海大学出版社
HOHAI UNIVERSITY PRESS
·南京·

图书在版编目(CIP)数据

大学生科研参与及收获 ：影响因素与提升路径 / 孙苏著. —南京 ：河海大学出版社，2022.11(2024.1 重印)
ISBN 978-7-5630-7772-4

Ⅰ. ①大… Ⅱ. ①孙… Ⅲ. ①大学生—科学研究工作—研究—中国 Ⅳ. ①G644

中国版本图书馆 CIP 数据核字(2022)第 208658 号

书　　名	大学生科研参与及收获:影响因素与提升路径
书　　号	ISBN 978-7-5630-7772-4
责任编辑	高晓珍
特约校对	高尚年
封面设计	徐娟娟
出版发行	河海大学出版社
地　　址	南京市西康路 1 号(邮编:210098)
电　　话	(025)83737852(总编室)　(025)83722833(营销部)
经　　销	江苏省新华发行集团有限公司
排　　版	南京布克文化发展有限公司
印　　刷	广东虎彩云印刷有限公司
开　　本	710 毫米×1000 毫米　1/16
印　　张	15.75
字　　数	266 千字
版　　次	2022 年 11 月第 1 版
印　　次	2024 年 1 月第 2 次印刷
定　　价	68.00 元

目 录

CONTENTS

图表目录

第一章

绪　论

一、社会发展形势与高校人才培养

当前的社会瞬息万变，并不存在牢不可破的知识框架与坚如磐石的社会学习形态。在这样的形势之下，高等教育作为一种教育形式，最重要的是要逐步提高个体应对复杂变幻世界的变通能力。罗纳德·巴尼特在《高等教育理念》一书中用“超复杂”(supercomplexity)这一术语来表述此观点。① 在这样一个世界中，为了更加有效地处理这一问题，我们在高等教育中无需过多纠缠于学生知道什么，而是需要更多聚焦于他们在这个世界上的本质存在问题，即成为学生意味着什么，其真正的本质体现在何处？要使学生在认识和理解世界的竞争情境下茁壮成长，使学生在变幻不定的世界中能够深谋远虑，历经考验。真正的高等教育需有能力明确其所需质量和方向，从而直面这一变化的世界，并有目的地与之展开互动。

在新形势下，国家在高等教育领域实施“双一流”建设计划，并提出双一流建设的根本就在于一流的人才培养，一流的本科教育。关于如何建设一流的本科教育，国内学者纷纷提出了自己的建议，胡建华认为行动依赖于理念，建设一流本科教育首先需要有先进的教育理念。② 而何为先进的教育理念，在这些高等教育理念中能够提炼出怎样的一流本科教育路径？从下面对从古至今的高等教育理念的简单梳理中，或许可以找到答案。

① 罗纳德·巴尼特. 高等教育理念[M]. 北京：北京大学出版社，2012：3.

② 胡建华. 建设一流本科教育首先需要更新教育理念[J]. 苏州大学学报(教育科学版)，2018，6(4)：1-3.

柏拉图的对话体现了古希腊的高等教育理念。柏拉图认为，就一个新的永恒“知识”王国而言，识破传统的现象知识而达到概念范畴，在于通过包括学习者在内的对话过程展开对传统知识的批判。只有“理性的对话”才能揭示和分析基本的假设。普通人需通过自己对“提问与解答问题技术”的掌握来进行学习，在这一过程中，学生批判地考察所获知识。

纽曼追求的认识宽度倡导一种积极的学习历程，即“体察事物，阐明观点，见微知著，据实推理”，而且它作为一种学习方式，纽曼关注这种“在英格兰的高等学府中存在的自我教育”，纽曼认为大学教育的基本作用就是提升自我的才智。

卡尔·雅斯贝尔斯在《大学之理念》中提出：大学是一所学校，但也是一种特殊类型的学校。创立大学的初衷不仅是把它作为一个传授学问的场所，更重要的是在大学里面，学生可以积极主动地参与科学研究，并且凭借这个经验获得终身受用的学术训练和指导。从理论上来说，学生在大学里面应该独立地思考，批判地学习，并且要学会对自己负责。他应该有学习的自由。[①]

卡尔·雅斯贝尔斯认为学生从大学毕业以后，可以从事那些只有具备基本科学观念的人才能从事的工作。这就需要学生熟悉科研工作和科学方法，对于这些特殊的训练，最好的准备不是死记硬背一个封闭的知识体系，而是注重学术和科学思维能力的培养和提升，为此后要进一步进行的理性与科学训练奠定基础。大学应该尽最大可能为这种最终要通过实践才能实现的进步提供条件。

博耶在《关于美国教育改革的演讲》中认为教育必须把学生培养成为独立自主、自力更生的人。但是，最好的教育还必须帮助学生超越他们的狭隘，获得更具综合性的知识，把他们的学习与生活实际联系起来，这就是大学教育的意义。[②] 美国高等教育面临的最基本的挑战就是如何从分裂走向联合。“联系”包括教学与科研的联系、学生与教职工的联系、学科之间的联系、学校与社会的联系。学术不仅意味着探究知识、整合知识和应用知识，而且意味着传播知识。[③] 对学术的重新界定也适合学生，应该让所有的新生都作为青年学者加入教师的行列去从事探究知识、整合知识、应用知识和传播知识的

① 卡尔·雅斯贝尔斯. 大学之理念[M]. 上海：上海人民出版社，2007：20.
② 欧内斯特·L. 博耶. 关于美国教育改革的演讲[M]. 北京：教育科学出版社，2002：68.
③ 欧内斯特·L. 博耶. 关于美国教育改革的演讲[M]. 北京：教育科学出版社，2002：77.

工作。把学术的这四个方面变成大学本科教育的四个基本目标，要求每个大学生在教授的指导下完成一个研究计划，学生完成一个研究计划的过程将引导学生由博而专，然后再由专而博，从而引导学生进入综合的学术领域。①

博耶倡导不要让大学生在课堂上消极被动地学习，应该要求他们像教师那样，积极主动地参与同伴之间的知识交流。大学的使命在于能够发展一种共同的语言，以便教师和学生共同参与知识的探究、整合、应用和交流，逐步消除大学生与教授之间的鸿沟，在大学里开始建立一个真正的学者共同体。②

从以上对高等教育理念的梳理可见，先进的高等教育理念要求学生通过对“提问与解答问题技术”的掌握来进行学习；学生应该独立地思考、主动地学习，从事探究知识、整合知识、应用知识和传播知识的工作，教师与学生之间应该建立一个真正的学者共同体。

先进的高等教育理念为我们探讨一流本科教育提供了基石。目前，学界对一流本科教育的关注度很高，并开展了热烈的理论探讨。

一流本科教育建设的前提条件在于明确大学之本。大学本科的基础性和大学本科的开拓性与创新性共同构成大学本科教育发展中的主要矛盾，如何处理好二者的关系是大学本科改革的要害所在。实际上，培养出创造性人才是一流本科教育之所以“一流”的独特表征，而这一独特性又会在教育思想、教学组织模式等方面呈现出一流本科教育不同于其他本科教育的独特性。有学者认为在我国高校一流本科教育建设过程中，研究型大学应将教学与科研融为一体，注重本科生的科研训练。③

王洪才认为一流本科教育是以创新能力培养为核心、以研究性教学为手段、以广博知识为媒介、以自由人格培养为理想、以学生自我价值实现为旨趣的教育。④ 余秀兰提出一流本科教育在教学上，应更多强调研究性教学，教师在教学中要注重思维方法的训练，并通过让本科生参与科研、参与实践创新活动来体验科研，锻炼科研能力。⑤ 黄启兵认为一流本科教育最根本的因素，

---

① 欧内斯特·L. 博耶. 关于美国教育改革的演讲[M]. 北京：教育科学出版社，2002：80.

② 欧内斯特·L. 博耶. 关于美国教育改革的演讲[M]. 北京：教育科学出版社，2002：80.

③ 张诗亚，卢晓东，周坚中，等. 一流本科教育的根本、经验与建设路径（笔谈）[J]. 重庆高教研究，2019，7(4)：83-97.

④ 王洪才. 一流本科教育的四重内涵[J]. 苏州大学学报（教育科学版），2018(4)：4-5.

⑤ 余秀兰. 一流研究型大学如何建设一流本科[J]. 苏州大学学报（教育科学版），2018(4)：15-17.

还是在于高校的师生关系，师生关系是一流本科教育的根本。[①]

二、大学生科研的兴起

从以上关于高等教育理念和一流本科教育的探讨可以看出，大学的本质在于它是学者与学生探求知识和真理的共同体，在于学生个体的心智发展。高等教育之所以“高等”，就体现在高等教育能把学生推到对自身经验进行批判性反思的理性层面，能让学生对所学习的知识持有自己的看法。

卡尔·雅斯贝尔斯认为科研和教学的结合是大学至高无上而不可替代的基本原则，认为最好的科学研究人员同时也应该是首选的教师，因为只有科研人员才能够独立地引导学生接触到真实的求知过程，从而能够引导学生接触到科学的精神，而不只是接触仅凭记忆就可以传授的僵死的结果。教学和科研的结合可以使学生在与教师的沟通中，感受到科学探索过程的精神所在，看到知识存在的朴素形态，从而在学生之中唤起类似的激情，引导学生直达知识的源头。只有那些亲身从事科研工作的人才能够真正地传授知识，而不是传播一整套按照教学法组织起来的事实。[②]

在信息爆炸的时代，学生没有必要囫囵吞枣地把一堆事实照单全收，因为死记硬背获得的知识不会有长久的价值。在已经对知识有所了解之后，决定性的因素不再是已经学到手的东西，而是要看一个人面对知识的判断力。关键不在于掌握作为事实存在的知识本身，而是要看一个人有没有这样的能力和主动性，走远一些，自己来审视这些事实，深入地思考它们，看看应该问些什么问题。目前最需要的是创新意识和质疑精神，这种创新意识和质疑精神需要在实际科研工作中造就。[③]

1998年，美国博耶委员会的报告是促进大学生科研增长的关键催化剂，报告将本科生研究描述为一个机会，通过培养本科生的沟通能力、批判性思维、合作和解决问题的能力为本科生进行科学职业规划做准备。报告将大学生科研确定为加强本科教育的解决方案，并主张为研究型大学的本科生提供更多的研究机会。该报告向研究型大学提供了详细的实施建议，以及关于主

---

① 黄启兵. 一流本科教育的根本在于师生关系[J]. 苏州大学学报（教育科学版），2018(4)：19-21.

② 卡尔·雅斯贝尔斯. 大学之理念[M]. 上海：上海人民出版社，2007：73.

③ 卡尔·雅斯贝尔斯. 大学之理念[M]. 上海：上海人民出版社，2007：74.

动学习、以学生为中心的学习和协作学习的研究策略。主要建议是将本科生纳入教师、博士后研究人员和研究生组成的实验室研究小组，为本科生提供研究机会，将利用与整合研究设施和资源纳入本科教育经验。此外，该报告还认为大学生科研可以培养本科生的工作技能，使他们为从事科学事业做好准备。

2008年，美国大学和学院协会将大学生科研称为具有"高影响力"的教育实践，"因为他们为学生提供了巨大的教育收获"。[①] 大学生科研为本科生提供了与实验室合作研究的团队，包括与教师、博士后和研究生一起进行真实研究和发展师徒关系的机会。

我国本科教育改革也出现了自己的一些独特方面，如普遍开展创新创业教育就是最显著的特征。从前文对于一流本科教育的定义、特征等的阐述中，可以看到一流本科教育与研究性学习、大学生科研的紧密关系。大学生科研的形式有多种，而大学生创新训练计划项目是大学生科研中制度化程度最高、覆盖面最广、影响最大的项目。为了推动高校创新创业人才培养，推广大学生科研，中华人民共和国教育部、财政部共同实施了国家级大学生创新创业训练计划（简称"国创计划"）。"国家级大学生创新创业训练计划"的主要目标是，探索以问题和课题为核心的教学模式，倡导以学生为主体开展创新创业实践，使学生在本科阶段得到创新性科学研究或创业实践的训练。同时，以计划实施为牵引，推动高校改变实践教学环节薄弱、学生动手能力不强的现状，改变单向灌输式的教育方法，探索创新型教育的方式，提高创新创业人才培养水平。为达此目的，教育部经与专家组多次研讨，提出计划实施的三项基本原则：一是兴趣驱动，参与计划的学生要对创新创业有强烈的愿望，对科学研究、创造发明或者自主创业有浓厚兴趣，在自身兴趣驱动下和导师指导下完成项目试验或实践过程。二是自主实践，参与计划的学生要自主探索、自主试验，自主整合并利用资源进行项目研究和项目管理，培养敢想、能做、会做、会说和会写的能力和团队合作精神。三是重在过程，参与计划的学生要在"做中学"，综合应用已学的知识，主动探索未知的知识，丰富自己的知识结构，使知识内化为素质、外化为能力。规范项目的过程管理，淡化结果的功利指标，不强调论文、获奖数目，宽容失败。

国家级大学生创新创业训练计划由教育部高等教育司于2006年11月设

---

① Kuh G D. High-impact educational practices: What they are, who has access to them, and why they matter[M]. Washington, DC: Association of American Colleges and Universities, 2008.

立，首批计划在北京大学、清华大学、浙江大学等国内10所高校进行试点，对试点高校批准的训练项目给予经费资助，每校30万元左右，每项目0.5万～1万元；同时，教育部还组织专家对试点高校上报的验收合格项目进行评比，每年评选出10个至20个创新训练效果显著的优秀项目，并给予奖励。

从2007年起，国创计划支持全国120所高校开展大学生创新训练。"十二五"期间，在前期工作的基础上，教育部将大学生创新创业训练计划纳入"本科教学工程"项目中，支持800多所高校开展大学生创新训练、创业训练和创业实践。截至2015年底，共117所中央部委所属高校和710所地方所属高校参与国创计划，近8万个国家级项目获得了资助。其中，创新训练项目66 765项、创业训练项目9 118项、创业实践项目2 942项，内容覆盖理、工、农、医、文、法等12个学科门类，投入经费近14亿元，参与学生近22万人。

经过十多年的探索，国创计划产生了广泛影响，取得了积极效果，对促进高校转变教育思想观念，推进教育教学改革，提升创新创业人才培养水平，促进大学生创新创业发挥了重要作用，得到了广大师生的普遍欢迎。[①]

随着国创计划的深入实施，大学生创新训练计划的吸引力不断增强。在国创计划的引领下，一些省份也先后开展了省级大学生创新创业训练计划，多渠道加大经费投入，推动创新创业支撑平台的建设。现共有29个省(区、市)开展了省级创新创业训练计划，上海、江苏、辽宁、湖南等省市还组织了区域性的创新年会或创新论坛。

目前，大部分高校都形成了国家级、省级、校级三级创新训练计划项目，建立健全了组织机构、管理模式、实施办法、激励机制，为实施大规模大学生创新创业训练计划提供长效机制保障。大学生创新训练计划已经成为绝大多数高校推进高等教育内涵式发展、提升创新教育水平的关键工作之一。[②]

大学生创新创业训练项目，是以学生为中心，充分发挥学生的主观能动性，提高学生创新创业能力的一项活动。但在实施过程中，也存在着各式各样的问题，比如：从项目申请到教育厅、教育部批准立项周期过长，导致学生不能较早实施，甚至有部分学生不能按时完成项目任务；项目负责人是学生，在经费使用管理上存在财务上的困惑；许多高校对教师的考核以科研成果为

① 吴爱华，侯永峰，吴昭，等.深入实施"国创计划"促进大学生创新创业[J].中国大学教学，2015(3):14-16.

② 贾金平，吉莉.大学生创新教育的路径分析[J].中国高校科技，2014(7):86-87.

主，教学成果往往难以体现，教师不太愿意用较多的时间和精力指导学生，对大多数学生来说，如果没有教师指导，较好完成和实施项目计划有一定难度。①

三、大学生科研的困境

大学生科研通常被定义为两个关键要素——做真实的研究和发展师徒关系。美国大学生科研委员会（Council of Undergraduate Research，CUR）是一个成立于1978年的全国性组织，该委员会以支持和促进本科研究为目标，将大学生科研定义为本科生进行真实的、对学科具有智力贡献的研究。

奥斯丁（Astin）提出的参与理论认为，大学生与同伴和教师导师在有教育意义的活动上进行高质量的互动，使其在学习成果方面收获最大。② 在大学生科研这种有意义的活动中，教师对于本科生的指导理应会对学生的收获产生影响。伦德伯格（Lundberg）等的研究发现，对于来自不同机构和种族的本科生来说，师生关系质量比学生的背景特征对他的学习有更强大的预测作用。③ 一个多层面的对学生参与的分析结果表明，"与教师成员一起做研究是一种变革性的经历，可以改变生活"。④

巴尔斯特（Balster）⑤、麦基和凯勒（McGee&Keller）⑥将大学生科研中的师徒关系描述为大学生科研的基础，因为是导师在指导本科生进行真实的研究。默克尔（Merkel）将本科研究中的师徒关系定义为"一种学生和研究人员之间的支持性、鼓励性的智力伙伴关系，通过这种伙伴关系，学生将在课堂上

---

① 钱小明，荣华伟，钱静珠. 基于导师制下"大学生创新创业训练计划"教育的实践与思考[J]. 实验技术与管理，2014,31(7):21-24.

② Astin A W. What matters in college? [J]. Liberal Education, 1993, 79(4):4.

③ Lundberg C A, Schreiner L A. Quality and frequency of faculty-student interaction as predictors of learning: An analysis by student race/ethnicity[J]. Journal of College Student Development, 2004, 45: 549-565.

④ Kuh G D, Kenzie J, Cruce T, et al. Connecting the Dots: Multi-faceted analyses of the relationships between student engagement results from the NSSE, and the institutional practices and conditions that foster student success[M]. Bloomington, IN: Center for Postsecondary Research, 2008: 1-97.

⑤ Balster N, Pfund C, Rediske R, et al. Entering research: A course that creates community and structure for beginning undergraduate researchers in the STEM disciplines[J]. CBE Life Science Education, 2010, 9(2):108-118.

⑥ McGee R, Keller J L. Identifying future scientists: predicting persistence into research training[J]. CBE Life Science Education, 2007, 6(4):316-331.

获得的知识应用于新问题”。[①]

比利亚雷霍（Villarejo）等的研究发现，大学生科研中的教师指导被认为对STEM学生（尤其是少数族裔和女性）的毕业率和研究生入学率至关重要。[②] 泽尔丁和帕哈雷斯（Zeldin&Pajares）发现，对于女性学生来说，导师的角色榜样作用，在鼓励她们从事STEM职业方面比学生本身的成就和学术成功更重要。[③] 芬德（Pfund）等将指导作为教师最重要的技能之一，认为教师指导“在本科生决定是否接受研究生教育时至关重要”。[④]

美国国家科学院前院长布鲁斯（Bruce）阐述道：“年轻的科学家和工程师需要强有力的、有创造力的导师，为他们提供明智的指导。科学和工程的未来，对于世界的健康和繁荣是如此重要，但它依赖于上一代科学家对下一代的有效指导。”美国大学和学院协会认识到师徒关系“绝对是大学生科研经历的核心”。[⑤] 布劳内尔（Brownell）等认为与教员之间的互动显然对学生研究的成功非常重要。[⑥] 在特勒班（Taraban）等的研究中，在影响大学生科研经历的因素中，“教师会议”是大学生科研经历所有五个方面的显著预测因子。[⑦]

从以上的陈述可以看出，在大学生科研中，导师指导是如此重要、关键，如此具有变革意义。但是在具体实践中，学生获得的指导是不够的，指导本身可能需要提供更多的支持。有证据表明这种可能性，在卡达什（Kardash）的研究中，学生表示他们希望得到更好的指导。在拉塞尔（Russell）等人[⑧]的研究中，对于“如何改进本科研究项目”的开放式问题，最常见的回答是增加更有效的教师指导。

---

① Merkel C A. Undergraduate research at the research universities[J]. New Directions for Teaching and Learning, 2003,93:39-53.

② Villarejo M, Barlow A E, Kogan D, et al. Encouraging minority undergraduates to choose science careers: career paths survey results[J]. CBE Life Science Education,2008, 7(4):394-409.

③ Zeldin A, Pajares F . Against the odds: self-efficacy beliefs of women in mathematical, scientific, and technological careers[J]. America Education Research,2000,37(1):215-246.

④ Pfund C, Pribbenow C M, Branchaw J, et al. The merits of training mentors[J]. Science, 2006, 311:473-474.

⑤ Alberts B. Statement on mentoring[M]. Washington, DC: The National Academies of Sciences, Engineering, and Medicine, 1997.

⑥ Brownell J E, Swaner L E. Five high-impact practices: research on learning outcomes, completion and quality[M]. Washington, DC: Association of American Colleges and Universities, 2010.

⑦ Taraban R, Logue E. Academic factors that affect undergraduate research experiences[J]. Educational Psychology,2012, 104(2): 499-514.

⑧ Russell S H, Hancock M P, McCullough J. Benefits of undergraduate research experiences [J]. Science, 2007,316: 548-549.

虽然在理论上大学生科研的指导关系应促进学生的成功。但是，也正如芬德（Pfund）等提出，“这些指导关系的有效因素尚不清楚”。① 以往的研究高度推荐未来的研究重点放在大学生科研的指导关系要素上，因此，在未来更仔细地研究大学生科研中的指导是很重要的。

在中国，许多高校对教师的考核以科研成果为主，教学成果往往难以体现，教师不太愿意参与大学生科研指导，用较多的时间和精力指导学生。② 或者有的时候，教师仅仅是把本科生交给研究生指导。教师和研究生本人对于如何有效指导本科生尚没有清晰的认识。从理论研究上来看，国内对于大学生科研指导方面的实证研究几乎是空白。

对于大学生科研，虽然已经有不少的研究，但是对于大学生科研的收获，哪些因素对大学生科研收获具有影响，这些因素又是如何相互作用影响大学生的科研收获，如何通过制度化的路径来提升大学生科研的收获，这些问题都有待更加细致的研究与阐明。

---

① Pfund C, Pribbenow C M, Branchaw J, et al. The merits of training mentors[J]. Science, 2006, 311:473-474.

② 钱小明，荣华伟，钱静珠. 基于导师制下“大学生创新创业训练计划”教育的实践与思考[J]. 实验技术与管理，2014,31(7):21-24.

第二章

大学生科研收获的概念与研究历史

一、大学生科研

（一）大学生科研概念

美国大学生科研委员会(CUR)将大学生科研定义为：本科生所进行的能对一个学科形成原创知识贡献的研究或者调查。该定义强调学术性探究的知识贡献，而不是该研究经历的形式或者结构。①

然而，同时存在另一种声音，呼吁对大学生科研进行更加宽泛与归纳性的定义，使之能够跨越机构与学科界限，并能够有利于科研与教学之间的整合。希利和詹金斯(Healey&Jenkins)提出了关于大学生科研的更为宽泛和归纳的定义。在此定义中，大学生科研不仅包括主动参与他们学科的研究内容、过程和问题，同时还包括另一个模式，即本科生作为消极的观众接受他们学科的研究内容、过程和问题的信息。

布鲁和鲍德(Brew&Boud)认为，大学生科研是本科生参与调查研究"一般已知"(学科中的教师一般都知道的知识，而对学生来说是新的知识)、"一般未知"(只有领域中的一些专家知道该知识，但学生和特定范围外的专家不知道)和"完全未知"(所有人都不知道的知识，可以对该领域形成原创性的贡献)的过程。②

① Council of Undergraduate Research. About CUR[M]. Washington, DC : Council of Undergraduate Research, 2010.

② Brew A, Boud D. Teaching and research: establishing the vital link with learning[J]. Higher Education, 1995,29: 261-273.

李正和林风认为上述定义都忽略了教师在大学生科研中的指导角色以及促进教师发展的目的。提出大学生科研是本科生在教师的指导下实施的对学科领域具有原创性的或创新性贡献的探究与调查活动。①

本书认为大学生科研委员会和李正等的定义要求比较严格，希利和布鲁等的定义过于宽泛，折中两者，将大学生科研定义为本科生在导师指导下主动参与他们学科的研究内容、研究过程和研究问题的行为。

（二）大学生科研类别

大学生科研的形式包括夏季项目、学期内项目、融入课程中的大学生科研等。大学生科研最初多以夏季项目的形式出现，后来随着大学生科研潮流的涌动，为了让更多学生能够参与其中，逐渐将大学生科研融入课程中。

刘皓根据美国大学生科研实践中研究场所和学校、教师介入方式及程度不同，将大学生科研的已有实践归纳为课外无学分、课外有学分、纳入课程表、嵌入单门课等四个类别。②

西摩（Seymour）等将夏季集中大学生科研分为四种普通的模式成分，包括保留率项目、职业提升项目、研究“学徒”模式、基于研究的学习。③ 每一种模式的目标不同，学生研究经历的时间表和特征也不同。

津巴迪和米亚特（Zimbardia & Myattb）通过大量的访谈，对大学生科研项目进行特征抽取，提出了一个大学生科研的类型模型，揭示了广泛的学科背景下在本科生课程中嵌入科研经历的途径的关键特征。该模型将大学生科研分为学徒模式、行业项目模式、探究模式、方法课模式。④

鲍尔斯（Bowers）等通过对本科生进行访谈，辨认了两种类型——发展型和离散型，来区分关于本科生研究、研究生和教师研究的不同认知概念类

---

① 李正，林风. 论本科生科研的若干理论问题[J]. 清华大学教育研究，2009，30(4)：112-118.

② 刘皓. 强化嵌入单门课的探究式学习——兼论本科生科研分类[J]. 高等工程教育研究，2018(4)：152-157.

③ Seymour E，Hunter A B，Laursen S L，et al. Establishing the benefits of research experiences for undergraduates in the sciences：first findings from a three-year study[J]. Science Education，2004，88：493-594.

④ Zimbardia K，Myattb P. Embedding undergraduate research experiences within the curriculum：a cross-disciplinary study of the key characteristics guiding implementation[J]. Studies in Higher Education，2014，39(2)：233-250.

型。[①] 发展型概念的特征是认知的层次性，认为本科生研究、研究生和教师研究处于研究的不同层次。离散型概念认为本科生研究、研究生和教师研究是不相关联的两种研究，不共享同一个序列。本科生研究和教师研究的研究过程和产出是独立的，两者通过不同的研究路径，产生不同的研究结果，应用不同的研究类型。

贝克曼和汉斯乐（Beckman &Hensel）对大学生科研从八个维度进行分类[②]，将这八个维度整合成三个方面，分别为大学生科研的参与者（who）、过程（how）和目标（what）。从参与者来看，有些大学生科研开放给任何感兴趣的学生，而有些项目仅限于参与顶峰课程的荣誉学生。另外，有些大学生科研通过课堂或小组实验项目由学生组成团队进行合作研究，而另一些侧重于个人独立研究。

在“过程”类别下，不同项目反映了大学生科研经历的启动和过程的差异。以过程为中心的大学生科研引导学生关注学术探究的步骤，如如何进行文献综述、设计研究问题、收集相关证据、分析和解释结果，评估学生的标准通常是看他们对这些步骤的理解和掌握程度。相比之下，以结果为中心的大学生科研意味着学生必须创造出一个产品，比如在学术会议上展示他们的作品或者向期刊社投稿等。另一个“过程”维度涉及大学生科研项目是如何启动的。在有些项目中，教师可能会招募学生参与教师所设计的正在进行的研究项目，而有些项目则是由学生根据自己的兴趣发起，在一些专业或院校，大学生科研被纳入课程。最后，“目标”类别在独创性、学科和受众方面各不相同。对独创性研究的期望可能是本学科所特有的，也可能非某一学科所特有。一些大学生科研项目是建立在一个学科的基础上的，比如化学或历史，而另一些项目则要求学生整合来自多个学科的信息。大学生科研的成果展示有可能是通过他们的课堂或校园，也有可能由专家评委进行评判，在这两种不同的情况下，对学生的努力和成就的评估是不同的。

从美国的实践来看，正式的大学生科研指导可以分为两类，这两种类型目标不同但有重叠。第一类，有一些国家资助的项目，如国家科学基金大学生科研经历项目，在院校层面为大学生科研分配资金。这些项目的目的是减

---

① Bowers J, Parameswaran A. Differentiating undergraduate research[J]. Higher Education, 2013, 18(5): 453-464.

② Beckman M, Hensel N. Making explicit the implicit: defining undergraduate research[J]. CUR Quarterly, 2009,29(4):40-44.

少研究生教育中的种族/民族差异，并保留那些被认为需要更多毕业生的领域的学生。尽管本科生的研究经验和相应的导师职位主要位于STEM领域，但大学生科研的重要性和兴趣，正在其他学科不断增加。

第二类大学生科研计划包括学校资助的大学生研究计划，旨在满足学校的使命。例如，华盛顿州立大学的SURCA(Showcase for Undergraduate Research and Creative Activities)项目，为不同专业的学生提供了展示大学生科研经历和研究成果的空间。同样，重视本科生指导通常也是文理学院的核心价值观，文理学院一贯走在将大学生科研整合到其项目中的前沿。伦斯福德(Lunsford)①指出，有些大学生科研项目是学校支持的荣誉项目或学者项目，在很多情况下，这是一种招生管理工具，用来招收学术上有才华的学生。安德森、里昂和韦纳(Anderson，Lyons&Weiner)指出大学生科研指导也可以作为学院或系的荣誉论文或其他项目的一部分。② 同样值得注意的是，美国的一些大学生科研项目专门为少数族裔服务机构提供资金，作为促进社会公正和公平的手段。

（三）大学生科研机会与参与情况

拉塞尔(Russell)③等人为美国国家科学基金会(National Science Foundation, the United States)评估了大学生科研机会。这项工作提供了当时最广泛的大学生研究活动的调查。拉塞尔分析了来自4 560名大学生的数据，这些大学生参与了NSF资助的各种研究项目。调查还收集了来自2 140名科学教师、822名研究生和博士后的调查，他们参与了国家科学基金会资助的项目，为大学生科研人员提供指导。此外，拉塞尔和她的同事们还收集了科学、技术、工程和数学(STEM)专业和社会、行为和经济科学(SBES)专业的全国代表性样本的数据。根据具有全国代表性的调查，拉塞尔的报告表明，53%的STEM专业学生和52%的SBES专业学生在本科期间从事某种形式的独立或有指导的研究活动，但是只有7%的STEM专业学生表示参与由主

① Lunsford L G. Psychology of mentoring: the case of talented college students[J]. Journal of Advanced Academics, 2011, 22(3): 474-498.

② Anderson M, Lyons K, Weiner N. The honors thesis: A handbook for honors deans, directors, and faculty advisors[M]. Lincoln, NE: National Collegiate Honors Council, 2014.

③ Russell S H, Hancock M P, McCullough J. The pipeline: benefits of undergraduate research experiences[J]. Science, 2007, 316: 548-549.

要国家机构(NSF 等)资助的研究项目。这种差异表明,绝大多数本科科学研究都是通过当地或非正式渠道进行的。参与研究的机会因学科而异,例如,只有 34%的数学专业学生从事研究,而 72%的化学专业学生进行独立研究。参与大学生科研的学生大多数是高年级(三年级或四年级)的学生,他们成绩优异,保持着较高的平均绩点,大多数参与者都表示对科学研究和科学职业感兴趣。

在中国,本科生参与科研主要有三种类型和途径。第一,本科生参与教师的研究项目,包括 2009 年教育部联合中央组织部、财政部共同启动的"基础学科拔尖学生培养试验计划",2012 年中国科学院和教育部联合开展的"科教结合协同育人行动计划"等。这些项目的共同特点是学生在教师的科研项目中开展科学研究活动。第二,大学生创新训练计划项目。该项目 2006 年设立,形成了国家级、省级、校级三级创新训练计划项目,具有完善的组织机构、管理模式、运行机制,成为制度化程度高、覆盖面广、参与人数多的大学生科研模式。第三,大学生科技创新团队。大学生科技创新团队是以科研训练为活动内容的学生社团,它的科研项目或来自从国际性科技竞赛到校级竞赛的各级赛事,或通过在项目市场上竞争获得。

2016 年底的一项全国性调查表明,在四年制本科院校中,36.4%的大四学生拥有科研活动经历,其中研究型大学该比例达到 55.2%。① 由此可见,大学生科研经历已经越来越普遍。

二、大学生科研收获相关研究演变

在美国,大学生科研成为一种潮流,国家投入大量的资金,通过多种基金渠道对大学生科研进行资助,同时指导教师投入大量的时间精力去指导本科生。我国提出大学生创新训练计划,让大学生参与科研。那么,投入了大量人力、财力,大学生科研到底给学生带来哪些收获呢?有必要对这个问题进行深入的研究。目前已有大量的研究试图从不同的方面去揭示问题的答案。对大学生科研收获的研究进行梳理,从以下几个方面阐述在最近的二十年中,大学生科研收获研究的发展趋势和研究结果。

① 郭卉,韩婷.大学生科研学习投入对学习收获影响的实证研究[J].教育研究,2018,39(6):60-69.

（一）大学生科研收获概念：从单一到多元

大量的研究关注大学生科研的收获，研究者关注哪些收获？如何定义收获？在大学生科研收获领域的一项标志性研究中，卡达什（Kardash）对大学生科研夏季项目中的学生和教师进行测量，他所设计的测量学生科研收获的量表包括 14 项研究技能，包括：理解本领域的当代概念，利用本领域科学研究文献，基于本领域的研究确立一个具体的研究问题，基于研究问题形成一个研究假设，设计一个该假设的实验或者理论实验，理解在研究和数据收集中"控制"的重要性，观察和收集数据，系统地分析数据，通过将结果与原始假设相联系来解释数据，修正原始研究假设，将结果与领域中的"大理论"相联系，口头交流研究项目的结果，写一篇供发表的研究论文，独立思考。除了最后一项独立思考，前面的 13 个项目基本上是按照研究过程，将研究中所需要的研究技能进行测量。卡达什对于大学生科研收获的测量是单一的，仅仅关注研究技能。①

从 2000 年起，西摩（Seymour）等人做了一项历时三年的研究，②对四所大学生科研做得好的文理学院的 76 名参与大学生科研的学生、63 名没有参与大学生科研的学生、55 名参与大学生科研指导的教师、9 名管理人员进行访谈，得到了大量重要的研究结果，发表了系列文章和出版了相关书籍。其中，他们对参与大学生科研的学生首次访谈结果进行质性分析，形成了大学生科研收获的概念框架，此概念框架将大学生科研收获分为六个方面：个人、专业收获，像科学家一样思考，技能收获，确定职业路径，提高职业技能、为进入研究生院做准备，态度改变。此概念框架相比较卡达什的量表，有了极大的丰富与完善。在此后的研究中，研究者对西摩的收获概念框架中的某些维度进行深入研究，如斯坦福（Stanford）等，③根据此概念框架而形成大学生科研自我评估量表（Undergraduate Research Self-Assessment Scale），对大学生科研

---

① Kardash C A M. Evaluation of an undergraduate research experience: perceptions of undergraduate interns and their faculty mentors[J]. Educational Psychology, 2000, 92(1): 191-201.

② Seymour E, Hunter A B, Laursen S L, et al. Establishing the benefits of research experiences for undergraduates in the sciences: first findings from a three-year study[J]. Science Education, 2004, 88:493-594.

③ Stanford J S, Rocheleau S E, Smith K P W, et al. Early undergraduate research experiences lead to similar learning gains for STEM and Non-STEM undergraduates[J]. Higher Education, 2017, 42(1): 115-129.

收获进行测量；麦克德维特(Mcdevitt)等[①]对参与大学生科研的生物学专业本科生在研究技能、表达研究能力、未来专业和职业抱负这些收获方面进行研究；肖(Shaw)等[②]关注研究准备(包括研究自我效能、动机、研究环境、研究取向等)，吉尔摩(Gilmore)等关注研究生早期的研究技能。[③] 也有研究根据其他概念框架，对大学生科研收获的概念进一步扩充，比如毕业生素质(交流能力，研究技能，个人和理智自觉，伦理、社会和专业理解，信息素养，自由身份)；交流能力、小组合作能力、领导力；批判性思维、道德推理、探究倾向和终身学习、跨文化效能、具有社会责任感的领导力；研究过程知识，创新性，自主性，学术弹性等。

从以上可以看出，研究者对大学生科研收获概念的理解逐步深化和丰富。从最初仅仅关注单一的研究技能，到更加关注学生的基本素养、一般能力的提升。大学生科研不仅可以提高学生的研究技能，帮助他们为进入研究生院做好准备，更重要的是，大学生科研可以提高学生的一般能力，提升他们的终身学习、交流合作、领导力、创新性、批判性思维等高阶能力。

(二) 研究对象与研究方法演变

早期关于大学生科研收获的研究多集中于夏季项目中的 STEM 学生，比如卡达什的研究，研究对象为夏季项目中的 STEM 学生，其中学生被试为 57 人，教师被试为 45 人；西摩等人的研究是质性研究，被试也是 STEM 的学生。

克雷尼(Craney)等的研究，[④]研究对象还是夏季项目的学生，但是样本量有所扩大，为 314 人。更重要的是，该研究从多学科的视角，比较人类学、社会科学、自然科学不同学科领域中大学生科研学习目标和结果、研究途径和师徒关系。结果表明大学生科研的一般好处在学科间既有一致性，也有差异性，不同学科的学生与导师的关系也有差异。

---

① Mcdevitt A L, Patel M V, Rose B, et al. Insights into student gains from undergraduate research using pre-and post-assessments[J]. Bioscience, 2016,66(12): 1070-1078.

② Shaw K, Holbrook A, Bourke S. Student experience of final-year undergraduate research projects: an exploration of "research preparedness"[J]. Higher Education, 2013,38(5): 711-727.

③ Gilmore J, Vieyra M, Timmerman B, et al. The relationship between undergraduate research participation and subsequent research performance of early career STEM graduate students[J]. Higher Education,2015,86(6): 834-863.

④ Craney C, McKay T, Mazzeo A, et al. Cross-discipline perceptions of the undergraduate research experience[J]. Higher Education,2011,82(1): 92-113.

斯坦福(Stanford)等对STEM与非STEM学生的大学生科研参与，从学业坚持性、毕业率、像科学家一样思考和工作、个人/专业收获、成为一个科学家/专家、关于未来工作意向的变化、做研究的动机等方面进行比较，研究结果发现，STEM和非STEM的大学生科研收获有很大的一致性，而差异很少。①

早期的研究，因为研究对象多为参与夏季项目的学生，样本数量比较有限，在统计分析时，经常是对参与大学生科研的学生进行前后测，采用T检验，对参与大学生科研的收获进行测量。最大的研究局限在于无法排除选择性偏差，也不能对学生背景、特征等其他协变量进行控制。

到了近期，由于研究对象扩展到其他形式的大学生科研，所以样本量有了很大的扩充，卡特尔(Carter)等研究大学生科研对于工程学专业学生的交流能力、小组合作能力、领导力的影响，该研究的样本量为5 126。②

沃巴什国家自由教育研究(The Wabash National Liberal Education Study)是一项多机构的、多年的纵向研究，探索能获得自由教育成果的学术与非学术的学校经历。学校样本来自参加沃巴什国家自由教育研究的60所学院与大学中的17所高校，被试是17所学校的4 193名学生。科尔格(Kilgo)等③研究了大学生科研对自由教育结果(批判性思维、道德推理、探究倾向和终身学习、跨文化效能、具有社会责任感的领导力)的影响效应。在两种回归分析中，大学生科研对几乎所有的自由教育结果具有显著的正向预测作用。科尔格(Kilgo)等又利用以上数据研究大学生科研与教育期望和四年毕业率之间的关系，结果表明大学生科研参与显著增加学生进入研究生院的概率。④

在卡特尔和科尔格的研究中，采用回归分析方法，可以控制一系列协变量，卡特尔的研究同时考虑其他可能影响学生经历的变量：录取身份(全日制/非全日制)、转学身份、英语是否为母语、年龄等。采用偏向分数方法控制

---

① Stanford J S, Rocheleau S E, Smith K P W, et al. Early undergraduate research experiences lead to similar learning gains for STEM and Non-STEM undergraduates[J]. Higher Education, 2017, 42(1):115-129.

② Carter D F, Ro H K, Alcott B, et al. Co-curricular connections: the role of undergraduate research experiences in promoting engineering students' communication, teamwork, and leadership skills [J]. Higher Education,2016,57:363-393.

③ Kilgo C A, Sheets J K E, Pascarella E T. The link between high-impact practices and student learning: some longitudinal evidence[J]. Higher Education, 2015,69: 509-525.

④ Kilgo C A, Ernest T, Pascarella. Does independent research with a faculty member enhance four-year graduation and graduate/professional degree plans? Convergent results with different analytical methods[J]. Higher Education, 2016, 71: 575-592.

选择性偏差，同时考虑学生的课程和其他非课程经历。

（三）大学生科研收获的评价与测量

伴随着大学生科研收获的研究，产生了一些大学生科研收获的测量与评价量表与方法，主要有自我报告式的量表、专家评价式的测评标准、从课程教师学生三方面综合评估的元框架、关注于研究过程的反思式日志。

1. 自我报告式的量表

这类量表是最常见的。卡达什对大学生科研夏季项目中的学生和教师进行测量，他所设计的测量学生科研收获的量表包括 14 项研究技能。

洛帕托（Lopatto）的大学生科研经历量表（Survey of Undergraduate Research Experience，简称 SURE）包括学生人口统计学变量、学习收获、夏季项目评价三部分内容。①

特勒班（Taraban）的大学生科研量表（Undergraduate Research Questionnaire，简称 URQ），从研究倾向、教师支持、研究方法、学术倾向、同伴支持等维度进行测量，测量大学生科研对学生在科学领域继续工作、学习、研究的信心和动机的影响。

亨特（Hunter）等的大学生科研自我评估量表（Undergraduate Research Student Self-Assessment，简称 URSSA），从像科学家一样思考和工作、个人收获、技能、态度和信念、满意度五个方面进行测量和评估。②

2. 专家评价式的测评标准

蒂默曼（Timmerman）等通过科学写作来评价本科生通过科研所获得的科学推理技能，测评标准维度主要包括：引言（研究背景、精确性和相关性），假设（可证明并考虑到可选择性、科学性），方法（控制和重复、实验设计），结果（数据选择、数据表达、统计分析），讨论（基于数据选择的结论、其他解释、设计的局限、研究重要性），写作质量（语法、促进读者理解论文的语言组

---

① Lopatto D. Survey of undergraduate research experience (SURE): first findings[J]. Cell Biology Education, 2004, 3:270-277.

② Hunter A B, Weston T J, Laursen S L, et al. URSSA: evaluating student gains from undergraduate research in science education [J]. Council on Undergraduate Research Quarterly, 2009(29): 15-19.

织)。[①]

3. 综合评估元框架

布劳内尔(Brownell)等基于融入课程的大学生科研经历，提出将课程评价、学生评价、教师评价进行综合评价的元框架。[②] 该评估元框架认为，大学生科研服务于多样的目标，需要专注于测量三种主要的结果类型：课程结果、学生结果、教师结果，以获得对大学生科研影响的完整认识。

在这个元框架中，基于大学生科研的五个关键元素[科学实践(像科学家一样思考、像科学家一样交流、工具使用)、合作、重复、发现、广阔联系的工作]提出相应的测评标准。

4. 反思式日志

威尔逊(Wilson)等认为对大学生科研的终结性评价模型都专注于研究最终结果的交流，一般通过正式报告(论文或者期刊文章的形式)或者会议报告的形式来评价。这些形式的评价忽视了学生在项目过程中的大量工作，忽视了对学生思维过程和发展的理解。[③,④]

为了测量大学生科研过程中的复杂学习，可以通过反思日志来评价独立思考、创造性思维、感觉自己是个科学家等收获。对于学生日志摘录的分析表明，在项目参与中与过程相关的学习和发展可以可视化，并被明确评估。应用关于研究过程的提示性反思，可以帮助揭示发展复杂学习结果和能力的图式和环境。反思日志将学生的反思聚焦于他们的项目和研究过程，发现学生关于过程性的学习，这样可以帮助确认、提升和凸显复杂学习的价值。

国内关于大学生科研收获的研究起步较晚，近几年才有关于大学生科研收获的实证研究，数量偏少，但是具有后发优势。研究对象多为大样本，研究方法多采用回归分析，对学生背景等因素进行控制，在研究大学生科研参与

---

① Timmerman B E C, Strickland D C, Johnson R L, et al. Development of a "universal" rubric for assessing undergraduates' scientific reasoning skills using scientific writing[J]. Higher Education, 2011, 36(5): 509-547.

② Brownell S E, Kloser M J. Toward a conceptual framework for measuring the effectiveness of course-based undergraduate research experiences in undergraduate biology[J]. Higher Education, 2015, 40(3):525-544.

③ Wilson A, Howitt S, Higgins D. A fundamental misalignment: intended learning and assessment practices in undergraduate science research projects[J]. Higher Education, 2016, 41(6): 869-884.

④ Wilson A, Howitt S, Higgins D. Assessing the unassessable: making learning visible in undergraduates' experiences of scientific research[J]. Higher Education, 2016,41(6): 901-916.

对收获的影响时，多采用限制性模型，考虑学生的背景特征、参与频率、强度等对收获的影响。

王辉等[①]对山东某大学学生的学习进行调查，用T检验和方差分析研究大学生科研与学业成绩关系；郭卉等，[②]范皑皑等[③]分别用回归分析研究本科生参与科研对学生创新素质、研究生类型选择的影响；胡灵敏等[④]基于决策树分类数据分析大学生科研活动与毕业走向的关联；李湘萍[⑤]用结构方程模型研究某地本科院校学生科研参与与学生发展的关系，其中学生发展包括思维及语言能力、元认知能力、自我认识能力、社交情绪能力等维度。

发表在《教育研究》2018年第6期的一篇文章中，郭卉等以5所理工科大学学生作为研究对象，用回归分析研究大学生科研学习投入对科研收获的影响。[⑥] 其中自变量科研学习投入包括科研项目持续时间，每周投入时间，认知挑战度，与教师、学长、同辈互动频率等维度，因变量科研收获包括研究能力、学术技能、社会性能力与伙伴关系、专业社会化、职业教育道路选择与准备等维度。

萨德勒(Sadler)等[⑦]分析了1961—2008年间研究学徒制下学生学习结果的实证研究文献，其中涉及大学生科研文献22个。这些研究中涉及的大学生科研项目在项目结构元素(比如持续时间从8周到超过2年)，以及学科专业方面差异很大。大多数与大学生科研相关的报告依赖于学生对学习结果的自我报告。他们从这些文献中总结出参与大学生科研的各种学习结果，这些结果包括科研经历对参与者职业抱负的影响、对科学本质的看法、对科学内容的理解、对科学的信心和认知发展等。

文献中另外一些研究还利用与导师的访谈或调查数据来证实来自学生

---

① 王辉，付晓.大学生科研与学业成绩关系的实证研究[J].中国成人教育，2013(5)：97-100.

② 郭卉，刘琳，彭湃，等.参与科研对理工科大学生创新素质影响的实证研究[J].高等工程教育研究，2014(2)：106-111.

③ 范皑皑，王晶心，张东明.本科期间科研参与情况对研究生类型选择的影响[J].中国高教研究，2017(7)：68-73.

④ 胡灵敏，骆力明，茅潇潇，等.基于决策树的大学生科研活动与毕业走向的关联研究[J].计算机工程与科学，2016，38(6)：1276-1279.

⑤ 李湘萍.大学生科研参与与学生发展——来自中国案例高校的实证研究[J].北京大学教育评论，2015，13(1)：129-147.

⑥ 郭卉，韩婷.大学生科研学习投入对学习收获影响的实证研究[J].教育研究，2018，39(6)：60-69.

⑦ Sadler T D, Burgin S, McKinney L, et al. Learning science through research apprenticeships: a critical review of the literature[J]. Research in science teaching, 2010, 47(3): 235-256.

来源的结果。大多数研究都提出了大学生科研的总体趋势，即研究经历对特定的结果有积极的影响，但总体上很少讨论过程、机制或效果。

通过以上对大学生科研收获相关研究文献的梳理可以看出，对于大学生科研收获的研究内容已经相当丰富，大多数研究都得出了一致的研究结果，即大学生科研经历对于学生有着广泛、深刻的积极影响。但是，在这种影响的过程、影响机制及影响效果方面，研究还是相对缺乏的。接下来关于大学生科研的研究将更多地关注这些方面。

第三章

大学生科研收获影响因素理论及分析框架

一、非限制性模型与限制性模型

对于大学生科研收获的研究几乎无一例外地证明大学生科研对于学生多种收获具有强大的促进作用。那是否可以说大学生科研是一剂"包治百病"的良药呢？还是有所条件，有所限制，应该对症下药？早期关于大学生科研收获的研究，采用的是非限制性模型，一般仅仅研究是否参与，得出的结果一般都是大学生科研参与能够获得广泛的好处，而不管学生、教师、项目、机构等方面的差异和因素。如果对大学生科研参与的学生特征、项目特征、机构特征、指导教师特征进行细化分析，或许会有更多丰富的结果。有些研究开始进行这方面的尝试，形成大学生科研收获的限制性模型。

特勒班(Taraban)等对597名大学生科研参与者进行研究，研究参与者的年级(完成的学分数)、GPA、性别、专业、大学生科研参与程度、教师指导等因素对大学生科研收获的影响，提出大学生科研的限制性模型。[①] 研究结果证明积极参与和教师指导对于收获的预测作用。同时研究发现年级(完成的学分数)和GPA的交互作用，这种交互效应否定了现存的理想化，即研究经历将对所有的学生在任何时候有利。事实上，大学生科研参与是否有收获取决于学生的能力，收获主要属于高GPA的学生。

吉尔摩(Gilmore)等对58名STEM早期研究生进行访谈与测量，研究本

① Taraban R, Logue E. Academic factors that affect undergraduate research experiences[J]. Educational Psychology, 2012, 104(2): 499-514.

科期间是否参与研究与研一期间的研究技能是否相关。[①] 该研究同时考虑本科期间的研究参与的特征与元素，包括学生自主性、研究网络规模、学生动机等对收获的影响。

格里泽(Griese)等利用一个行动者-伙伴独立模型去研究学生-导师二人群体中大学生科研的收获。[②] 该研究的理论框架认为参与双人群体关系的个人能够彼此影响各自的信念和行为，研究结果确实也证明了导师的信念能够影响学生参与大学生科研的收获。

大学生科研收获受到诸多因素的影响，其中最关键的就是对大学生科研经历的有效指导。另外，学生参与大学生科研的持续时间越长，在大学生科研中拥有的自主性越多，他们的研究能力发展得越好。马丁内斯(Martines)发现，当学生对他们的研究具有更多的自主权时，他们会对研究更具有激情，感到与研究领域具有更大的联系，更有可能接受 STEM 研究生教育。学生对于大学生科研中收获的感知还受到指导教师的不同意图和学生期望的影响。

综上，导师对大学生科研的认知、导师的有效指导、学生参与大学生科研的持续时间、学生对大学生科研的不同期望、学生学习能力、自主性都是大学生科研收获的影响因素。

二、参与理论

(一) 参与概念的提出与发展

参与的概念在文献中已有 70 多年历史，其含义随着时间推移而变化。最早提出参与概念的是著名教育心理学家拉尔夫·泰勒，在其开创性工作中，他将参与定义为，在任务上所花费的时间，展示了时间对学习任务的积极影响。20 世纪 70 年代，罗伯特·佩斯提出参与为“努力的质量”，并基于此定义，利用自己 30 年的研究成果，开发了“大学生经历问卷”(College Students Experience Questionnaire，简称 CSEQ)。佩斯的研究表明，当学生在教育上

① Gilmore J, Vieyra M, Timmerman B, et al. The relationship between undergraduate research participation and subsequent research performance of early career STEM graduate students[J]. Higher Education, 2015, 86(6): 834-863.

② Griese E R, McMahon T R, Kenyon D Y B. A research experience for American indian undergraduates: utilizing an actor-partner interdependence model to examine the student-mentor dyad[J]. Higher Education, 2017, 10(1): 39-51.

投入更多的时间和精力，参与有目的的任务，比如参与研究、与同伴和老师交流实质性问题、将他们所学应用到具体情况和任务中时，学生从他们的学习及其他大学经历中收获更多。1984 年，奥斯丁(Astin)用他的“参与理论”充实并推广了“努力的质量”概念。[①] 同时，奥斯丁是美国《学习参与报告》(National Institute of Education, 1984)的主要撰稿人之一，这份颇具影响力的报告强调了参与对学生成绩的重要性。从那时起，学者欧内斯特·帕斯卡尔拉、加里·派克、帕特里克·特伦齐尼和文森特·廷托发表了几十篇论文，讨论学生在任务上的努力和时间投入的不同维度，以及它们与大学各种预期结果的关系。[②,③]

目前，学习参与这个词通常用来表示“努力的质量”和“参与有效学习活动”等含义。在美国，全国学生参与度调查(National Survey of Student Engagement，简称 NSSE)，以及对两年制社区大学学生的参与调查(Community College Survey of Student Engagement，简称 CCSSE)的广泛使用，促使学生参与在高等教育中被逐渐重视。NSSE 和 CCSSE 证明，学生参与度可以在大多数院校中得到可靠衡量，用于评估、问责和改进高等教育机构的工作。

(二) 参与理论模型

参与理论认为，对于某个学习主题，学生学习得越多，参与更多的写作和协作解决问题实践，从教师和工作人员那里获得的反馈越多，他们越能更深入理解他们所学习的内容，变得更善于处理复杂问题，容忍不同意见，并与来自不同背景或持不同观点的人合作。从事各种富有教育意义的活动也能为学生打下技能基础，使学生在大学毕业后过上富有成效、令人满意的生活。[④] 总之，参与有助于培养学生心智习惯，增强学生持续学习和个人发展的能力。

《在大学里重要的是什么？四年关键回顾》是一项基于参与理论，关于美国 200 多所四年制高校 2.5 万名学生的跨度四年的纵向研究，主要研究大学

① Astin A W. Student involvement: a developmental theory for higher education. [J]. Journal cf College Student Personnel, 1984, 25(4):297-308.

② Kuh G D. The national survey of student engagement: conceptual and empirical foundations [J]. New Directions for Institutional Research, 2009, 141:1-17.

③ 吕林海. 大学生学习参与的理论缘起、概念延展及测量方法争议[J]. 教育发展研究, 2016, 36(21): 70-77.

④ Kuh G D. The national survey of student engagement: conceptual and empirical foundations [J]. New Directions for Institutional Research, 2009, 141:1-17.

环境如何影响学生成绩。[①] 大学环境包括学生所接触到的教育项目类型和师资，以及本科经历其他方面，如同辈群体等。调查问卷中要求学生说明他们花了多少时间学习和做作业。

研究结果表明了参与对于学生学术发展、个人发展和满意度的影响。几乎任何形式的学生大学经历参与都有利于学习和学生发展，对 82 项结果指标中的三分之二以上有显著影响。基本上，花在学习上的时间与所有的学业成果几乎都呈正相关。这些学业成果包括保留率、以优异成绩毕业、研究生入学概率、标准化考试成绩，以及所有自我报告的认知、情感、技能提高。其中影响最大的是学生整体学术发展和进入研究生院的准备。学生参与还显著影响学生的满意度，并促进学生种族理解、净化环境、为科学做出理论贡献的信念，增加学生选择科学、工程和大学教学职业的机会。

其他对学生学习和个人发展有普遍有益影响的学术参与形式还包括参加荣誉课程、参加海外学习项目和大学实习项目、参加种族/文化意识研讨会、独立研究项目、课堂报告和论文考试。

研究还表明，除了同龄人，教师是学生发展中最重要的方面。学生个体与教师之间的互动，如在教授家中做客、参与教授的研究项目、协助教授授课以及在课外与教授交谈等，对学生的发展有着广泛的影响。在控制学生特征、环境变量和学习年限之后，师生互动与学生总体满意度之间存在最强的正相关关系。师生互动对学生满意度的其他方面也有积极的影响，尤其是对教学质量和整体大学体验的满意度。师生互动与学生 GPA、学位获得、以优异成绩毕业以及学生读研或深造率呈显著正相关。

师生互动与学生自我报告的智力和个人成长存在正相关关系，并促进学生确立种族理解、参与环境净化项目、为科学做出理论贡献这三种人生目标。师生互动对学生自我评价能力均有正向影响。师生互动与许多行为结果呈正相关，特别是能促进学生参与辅导其他学生。其他受到师生互动积极影响的行为结果包括被选入学生办公室，参加独奏会或音乐会。师生互动对多样性取向和社会变革取向这两种感知结果具有显著的正向影响。

最后，师生互动对学生职业结果有深刻影响，特别是对学生选择大学教学职业产生积极影响。显然，这一结果表明，经常与教师互动，会让学生对导师产生更强的认同感。师生互动对所有科学领域的职业选择和专业选择都

---

① Astin A W. What matters in college? [J]. Liberal Education，1993，79(4)：4.

有积极影响。

（三）参与理论在大学生科研中的应用

参与理论认为，学生参与教育过程的程度可以很好地预示他们的毕业和学术成就。奥斯丁（Astin）整合一系列关于大学影响的实证研究，得出结论："现在有大量的研究证据表明，在学习过程中学生投入更多时间和努力，学生参与教育强度越大，他们的成长和成就越大，对教育经历满意度越大，越有可能坚持学习。"①

在参与理论的框架下，大学生科研作为一项教育实践，是学习参与的一种方式，是一种高影响力、高挑战度的学习参与。大学生科研收获也是学习收获的一种。因此，学习参与理论为本研究提供了大的理论框架。

在参与理论的框架下，大学生科研指导也是一种师生互动。大学生科研中的导师指导可以被视为促进学习参与的一种手段。导师指导将鼓励和激励学生加深对学习的参与，并通过提供研究资助等为特定类型的参与提供机会。

从参与理论中衍生出来的对导师指导的实证研究，将导师指导作为自变量，将学生科研收获作为因变量，将学生科研参与作为中介变量。学生科研参与可以通过参与科研程度和投入时间来测量。

在导师指导的三种广泛功能中，对学生专业发展的直接帮助与学生参与联系最紧密，从而对学生学术成功影响最大。一方面，导师通过向学生提供具有挑战性的任务、对他们的教育活动进行指导或提出建议，或为学生提供特殊教育机会的资助来促进他们的参与。另一方面，导师可以通过角色示范或通过自己的活动展示参与的好处来促进参与。最后，情感支持可以鼓励那些缺乏自信的学生采取更积极的方式去参与活动。

三、大学生指导理论

长期以来，关于指导的研究缺乏理论或概念基础来解释指导与学术成功之间的联系。尽管不少研究表明指导关系和本科教育成果之间的联系，但是

① Astin A W. Student involvement: a developmental theory for higher education[J]. Journal of College Student Personnel, 1984, 25: 287-300.

对于指导关系与学生成果之间的关系理论，以及这些关系如何促进学生发展知之甚少。上文提到的参与理论，以及整合理论、社会化理论和社会资本理论等其他理论都可以用以解释指导与学术成就之间的关系。然而，这些理论往往是更加宽泛的理论，而不是特定于指导关系。此外，以上理论可能只能解释与指导相关的具体结果的一部分，如学业坚持、学生归属感、学术成就等，没有一个理论框架可以解释为什么指导关系与广泛的职业和心理社会结果相关。

除了参与理论等这些更加宽泛的理论，有研究人员提出了指导的原始理论或模型。亨特和迈克尔（Hunt & Michael）提供了较全面的模型。① 他们的指导关系研究框架描述了五类因素之间的相互关系：(a)情境或环境因素；(b)导师特征；(c)门徒特征；(d)指导关系的阶段和持续时间；(e)导师、门徒和组织的结果。该模型有助于理解不同组织环境下指导关系的动态性。理解指导和本科生学术成就之间的联系时，需同时考虑指导关系的动态性和本科生成就的动态性。

在此基础上，学者们继续致力开发新的理论框架和概念模型，更全面地解释指导与收获结果之间的关系。有研究者整合现有理论，提供一个大学生指导模型，该模型假设了指导关系各因素和特征之间的关系（图 3-1）。

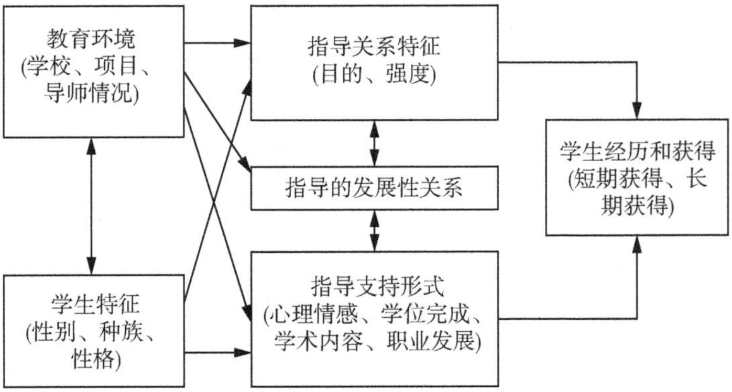

图 3-1 大学生指导模型②

① Hunt D M, Michael C. Mentorship: a career training and development tool[J]. Academy of Management Review, 1983, 8(3):475-485.

② Crisp G. Mentoring undergraduate students[A]//ASHE Higher Education Report[C]. Hoboken : John Wiley & Sons, 2016.

（一）大学生指导模型及各因素分析

基于亨特和迈克尔的工作，克里斯普（Crisp）提出了本科生指导模型（如图3-1）。该模型整合了指导关系的功能、指导支持形式以及经验与结果之间关系等理论，识别了学生特征和教育环境（包括学校或项目背景和导师特点）、指导关系特征（如指导目的和强度）、指导支持形式、指导发展性关系以及学生经历和获得之间的联系。

1. 学生特征和教育环境

大学生指导概念框架基于学生特征和教育环境，承认学生和他们的教育环境之间的相互联系。学生特征包括性别、种族、一般身份地位、少数民族身份、接受指导的倾向等。教育环境指围绕指导和其他支持性关系环境，包括学生所处的学校、院系、项目，导师的背景、能力等。学生选择并影响其所处的环境，教育环境同时作用于并塑造学生，推动其在指导关系中的需求和可用资源。大学生的社会人口特征和身份、抱负和职业选择，以及现有的支持性关系共同影响着学生对指导关系的接受程度和态度。例如，有研究结果表明，与来自有大学经历家庭的学生相比，第一代大学生可能从更功利的角度来认识和处理指导关系。

在此模型中，教育环境包括指导关系发生的组织结构，以及参与其中的个人。学校、院系和有组织的项目对师生互动、指导和发展网络有不同的规范、价值观和期望。例如，文理学院、历史悠久的黑人学院和大学，特别是部落学院的教师可能更注重师生互动和指导，因为这些学校的宗旨是优先考虑教学、学生学习和发展。在科学实验室研究的背景下，或夏季研究项目中，导师制指导往往更加常见。

此外，该模型还认为，导师的技能、能力和动机对指导关系和结果有很大影响。大学生指导模型假设，导师特点和先前经验，以及导师对指导关系的能力和承诺，影响这段关系的有效性。该模型还假定，在提供各种类型的指导支持方面，一些资源可能比其他资源更有能力。

2. 指导关系特征

大学生指导模型认为，学生特征和教育环境都影响指导关系的意图、目的、强度和持续时间（长度）。该模型提出，指导关系中学生和老师的目的是指导和发展其他关系的一个重要特征。指导关系可以服务于一个或多个目的，并且关系的目的决定了学生和导师对关系的选择。该模型进一步假设，不同的指导关系具有不同的强度和持续时间。

3. 指导支持形式

大学生指导概念模型提出，学生可能从导师或其他支持性关系中收获多种形式的支持，这些支持形式往往会有重叠，包括：(a)心理和情感支持，例如对学生关心，鼓励、激励学生，认可学生的世界观，和学生成为朋友；(b)学位修读支持，例如提供意见、帮助学生了解学术政策和学位要求；(c)学科知识支持，例如教学和分享资料、让学生参与研究、培养学生获取信息资源的意识；(d)职业发展支持，如提供社交网络，提供实习和学徒机会，设定职业目标和抱负，提供角色模型。① 模型假设教育环境影响向学生提供的支持类型以及学生的需求。同时，该模型假设学生特点影响学生所需要的指导支持类型。②

4. 指导发展性关系的类型

指导关系特征和指导支持形式汇聚在一起形成指导的发展性关系。该模型的重点在于学生是否能够获得指导，同时强调在教育环境中提供的指导支持形式以及指导关系特征如何区分不同指导关系。

模型区分了不同形式的指导发展性关系。顾问、指导、榜样和辅导等这些不同的指导关系在意图、目的、强度和持续时间方面相互重叠而又有不同。并不是所有的支持性关系都应该被归类为指导关系，例如，贝克和格里芬(Baker &Griffin)认为，辅导关系可能侧重于学科知识和学位支持，比指导关系强度小、持续时间短，而指导关系往往包含心理和情感支持以及职业支持。③ 与此同时，人际关系的形式会随着时间而改变，例如，顾问可以发展成导师。

该模型承认指导模式的重要性。例如，线上指导关系与面对面指导的功能不同，其目的和持续时间不同。同样，团体指导提供独特的支持形式，可能不同于一对一的指导关系。

5. 学生经历和获得

大学生指导模型假设指导支持形式和指导关系特征是学生成绩的驱动

---

① Crisp G. Conceptualization and initial validation of the college student mentoring scale (CSMS)[J]. Journal of College Student Development, 2009,50(2):177-194.

② Nora A, Crisp G. Mentoring students: conceptualizing and validating the multi-dimensions of a support system[J]. Journal of College Student Retention: Research, Theory and Practice, 2007, 9(3):337-356.

③ Baker V L, Griffin K A. Beyond mentoring and advising: Toward understanding the role of faculty "developers" in student success[J]. About Campus, 2010, 14(6): 2-8.

因素。假定不同类型和形式的指导支持对本科生的收获影响既有重叠，也有不同。指导对结果的影响，有条件地依赖于指导关系的特征（如目的和强度）和形式。模型假设指导可以对学生的各种结果产生直接的、积极的影响，比如职业发展、学业成就或学位获得。指导也可能影响学生的中间结果，所谓中间结果是大学环境经验的直接结果，包括：(a)增加社会和文化资本；(b)大学环境的社会化；(c)参与和融合；(d)自我效能感；(e)职业意识；(f)公民意识等，并通过指导与中间结果的关系对学生的长期结果产生间接影响。

学生参与或投入校园生活、学术的精力，是一个重要的中间结果的例子，而参与又对重要的长期教育成果，如职业和个人发展、学术进步和成功等有影响。例如，那些与教师建立了支持性指导关系的学生，会提高参与度，更有可能融入他们的学术和社会生活机构，这将使他们更有可能坚持在大学学习，获得更大的教育成就。同样，在指导关系中可以促进学生社会化，或者促使学生学习所在学校或领域的规范和价值观，并假定这会促使学业成就提高和学位完成。

（二）大学生指导模型在大学生科研中的应用

大学生指导模型假设在大学生指导情境下，学生特征、教育环境、指导关系特征、指导支持形式、指导发展性关系以及学生大学经历和获得之间的联系。认为学生特征和教育环境会影响指导关系特征和形式，而指导关系特征和形式又会影响到学生的大学经历和获得。这种学生获得包括短期的中间收获如学生参与，也包括长期收获如职业发展、学生成就等。指导可以通过影响中间收获，进而影响长期收获。

大学生科研指导是在大学生科研情境下的指导关系，属于大的指导范畴。在大学生科研中，导师对本科生的指导应该也会受到学生特征和不同教育环境的影响而有所不同。不同院校具有不同的大学生科研制度与条件保障，这会影响导师对大学生科研的指导。另外，不同的导师特征，如导师的年龄、所处的职业阶段等也会影响导师的指导。

导师指导会影响学生科研投入，进而影响学生的科研收获，如研究技能收获、职业路径确定或为进入研究生院做准备等。在这里，学生科研投入是导师指导影响的中间结果，而学生的学术成就、专业社会化发展、职业准备等收获是学生科研的相对长期收获。

四、情境学习理论——从获得隐喻到参与隐喻

（一）情境学习理论的含义

情境学习理论是20世纪90年代以来当代西方学习理论研究的热点，是心理学领域继"刺激—反应"学习理论、认知学习理论、人本主义学习理论、建构主义学习理论之后的又一重要研究取向。该理论在已有相关研究的基础上，提出关于学习的新隐喻，即学习是合法地参与实践共同体的一个社会协商过程。该理论的核心概念和特征是基于情境的行动、认知学徒制、实践共同体、合法的边缘性参与。总的来说，情境学习理论依赖其深刻而广泛的理论基础，超越传统基于心理学的情境观，并善于从人类学、批判理论、生态学与政治学等相关学科的研究中反思自身发展，进而成为当前学习理论研究领域的前沿与主流。

情境学习理论基于新的知识论和认知论基础，强调知识的建构性、社会性、情境性、复杂性和默会性等。相应地，在情境学习理论中，清晰显示出人的学习的建构本质、社会协商本质和参与本质。它们对应的教学隐喻就是"学习环境设计"。[①] 情境学习理论认为学习是意义建构的过程，而不是知识传输的过程。人与世界中的其他人及人工制品进行互动，并持续地试图理解互动的意义。

情境学习理论强调交互的相互性，在互动中，个体认知和意义被认为是社会性和文化性地建构的。后来的情境学习论（起源于人类学），认为与世界的互动不仅形成了关于社会世界的意义，而且形成了人的身份。也就是说，个体身份通过与世界的关系而被建构起来。

（二）情境学习理论的两种视角：心理学视角和人类学视角

情境学习理论有两种视角。首先，从心理学和教育学的视角来看学校情境中的学习。由于其学校情境，研究重点集中在达到特定学习目标和学会特定内容上。布朗等人指出，知与行是交互的——知识是情境化的，通过活动

① 戴维·H.乔纳森，苏珊·M.兰德. 学习环境的理论基础（第二版）[M]. 徐世猛，李洁，周小勇，译. 上海：华东师范大学出版社，2015.

不断向前发展。心理学视角的中心观点是参与实践促成了学习和理解。①

第二,与情境学习理论的心理学观点并行发展的还有人类学的方法,这一方法主要反映在莱夫及其同事的著作中。人类学方法关注的不是意义或内容的情境性,而是关注共同体以及学习意味着什么。分析的单元从个体情境转向了共同体情境,这导致了其关注点从技能学习和发展理解转向"形成一种作为共同体成员的身份,成为知识化的有技能的人"。②

人类学的视角强调身份,这种情境学习理论强调在实践共同体中人的建构,而不是简单的"识知"。从这个更为广泛的视角看,在莱夫称为"情境化的社会实践"中,个体和世界之间没有界限;"学习、思考和识知是参与活动的人们之间的关系,活动处于社会性和文化性地建构的世界之中,活动利用了这个世界,也源自这个世界"。从这种人类学的观点看,产生的不仅仅是意义,还有整个身份;这些身份为经验所改变,同时也改变着经验。换句话说,互动促成了所有的成分,也是由所有的成分促成的,这些成分包括个体、内容和情境等。在知识化技能的发展和身份发展之间没有明显的界限,都是在个体参与时出现的,也都是实践共同体的中心。

对认知产生兴趣的心理学情境论,为远离心理表征理论和教学的说教模式迈开了决定性的步伐。而人类学框架进一步丰富"情境化"的含义。情境学习理论的这两种观点认为意义和身份都是在互动中建构的。这些意义和身份的建构受到广泛的情境的极大影响。这个观点拓展了建构主义的早期思想,建构主义的早期思想认为主观世界是被建构的东西,但它忽略了对个体建构者(身份)的建构。情境学习理论把个人和环境结合起来,因而超越了二元方法,把个人和环境看作是相互建构的。

(三) 情境学习理论中的脚手架:一种支持机制

脚手架的理论由维果茨基提出,是指在学习者从事任务时给予的帮助。脚手架用以表征一个特别的指导过程的类型,这种指导过程基于教师和学生共同参与的任务分享场景。随着学习者从事任务的能力越来越强,能够越来

① Brown J S, Collins A, Duguid P. Situated cognition and the culture of learning[J]. Educational Researcher, 1989, 18(1): 32-41.

② J. 莱夫,E. 温格. 情景学习:合法的边缘性参与[M]. 王文静,译. 上海:华东师范大学出版社,2004.

越独立地工作，给予的帮助也逐渐减少。①

脚手架为个体理解意义的努力提供帮助的支持机制，它一般被设计用来提供以下功能：对与问题相关的概念进行概念指导；对如何反思、规划和监控进行元认知指导；对如何使用环境特性和在环境中的进程进行过程指导；对如何处理任务或改善策略进行策略指导。

坎塔纳在对以学生为中心的环境的评论中提出一个包含三种主要脚手架的框架：(1)意义建构。即提供脚手架使学习者能够生成和验证假设、操作和检查表征、进行对比、构建解释或者突出学科策略；(2)过程管理。即提供脚手架约束和引导学习者能够更好地管理环境的复杂性；(3)表达和反思。即提供脚手架支持回顾、反思、综合和表达。脚手架扮演了帮助学习者富有成效地融入环境的复杂性、真实性和开放性的角色。②

(四) 情境学习理论中的实习场和实践共同体

基于实习场的概念对实习场进行设计的学习形式包括基于问题的学习和认知学徒制等。认知学徒制强调在专家的指导下学习，专家在现场对认知活动进行指导和示范，其设计原则包括：(1)从事与专业领域相关的实践。学习者必须积极从事与专业领域相关的实践，而不是被动接受从课本中总结出的经验或发现。(2)探究的所有权。学生必须把问题作为一个值得去努力的真实困境，通过自己的努力寻找解决方法，并感到对解决方法负有责任。(3)思维技能的指导和示范。教师对学习和问题解决进行指导和示范，这种指导和示范是参与性的，而不是指令性的。学生可以获得指导和示范以及其他脚手架的支持，包括对反思活动的支持。(4)反思的机会。作为一个积极的、严格的和分析的过程，反思过程对学习质量而言是很关键的。(5)问题是结构不良的。(6)支持学习者而不是简化问题。(7)工作是合作性和社会性的。(8)学习的情境具有激励性。③

实习场的设计与情境学习理论的含义一致。更广泛地来说，这个观点提出，在教育中强调情境，从而推动教育者对学习和认知的理解超越表征的

---

① 张春兴. 教育心理学[M]. 杭州：浙江教育出版社，1998.

② Quintana C, Reiser B, Davis E, et al. A scaffolding design framework for software to support science inquiry[J]. Journal of the Learning Sciences, 2004, 13(3):337-386.

③ 戴维·H.乔纳森，苏珊·M.兰德. 学习环境的理论基础(第二版)[M]. 徐世猛，李洁，周小勇，译. 上海：华东师范大学出版社，2015.

观点。如果与世界的互动形成了意义和身份，那么教育者就需要更加重视互动的类型，由此，身份在学校情境中产生。实习场的设计强调“自我”发展的重要性，强调自我在发展中作为共同体的一部分进行合法参与的重要性。

莱夫和韦格纳提出了“实践共同体”这个术语，来体现活动把个体和共同体联系起来的重要性以及共同体使个体实践合法化的重要性。实践共同体是诸多个体的集合，这些个体长时间地共享共同确定的实践、信念和理解，追求一项共同的事业。实践共同体具有共同体成员参与的共同任务，具有相关的实践和资源，具有没有异议的背景假设、共同认可的一些常识和世俗理性。①

实践共同体并不必然意味着一起出现，或有一个明确界定的小组，或存在可以看见的社会界限。它意味着对一个活动系统的参与，在这个活动系统中，参与者对于他们在干什么，这在他们的生活中意味着什么，对他们的共同体意味着什么有着共同的理解。实践共同体的四个重要特征包括共同的目的或事业、共同的文化历史传统、相互依赖的系统和再生产循环。

学习共同体有几种定义。科米托将学习共同体定义为一种学习文化，在这种文化中每个人都参与到集体和个体对理解的追求之中。② 韦格纳及其同事把学习共同体定义为“有着共同关切、面临共同问题或者对某一主题有着共同热忱的一群人，通过持续不断的彼此交互来加深他们的知识和专长。”以上两个定义的根本含义都是指一群共同努力以促进学习过程的人。③

实践共同体中的个体，关于世界的信念和知识会受到共同体及其信念和价值观的影响。通过合法的边缘性参与，个体可以吸收该共同体整体文化的一部分，同样共同体的文化也会受到每个成员的影响。当个体参与实践共同体时，他的知识和信念就会受到共同体的影响，身份也随之形成，这也是学习的主要结果。

（五）情境学习理论的两个关键假设

1. 学习者在学习中需确立自主性

① J. 莱夫，E. 温格. 情景学习：合法的边缘性参与[M]. 王文静，译. 上海：华东师范大学出版社，2004.

② Komito L. The net as a foraging society：flexible communities[J]. The information Society，1998，14：97-106.

③ Wenger E. Communities of practice：learning，meaning，and identity[M]. Cambridge，MA：Cambridge University Press，1998.

以学习者为中心的学习环境，支持学习者积极地建构意义。虽然学习目标可以被外部确立，但是学习者需根据个体需要，检验学习过程中产生的问题，来决定自己的学习如何进步。虽然设计了富有成效的学习环境，但学习者需自己努力去理解意义，并且积极地在已知知识之上进行意义建构。

学习者具有做出选择和追求个人兴趣的机会，对自己的学习承担更大的责任。在传统的学习环境中，学习者经常被剥夺发展决策、自我监督、调整注意力等技能的机会，这些技能对于优化学习经验是十分必要的。成功的学习者会发展出多种策略来规划和追求目标，整合新知识和现有知识，确切地阐述问题和推断结果，不断地评论和重组他们的思维。

因此，以学生为中心的环境为学生的思维和行动提供脚手架，促进学生对他们已知知识的持续管理和改进。学习者在新进入一个领域时可能缺少重要的管理学习过程的策略知识，可能被可用观点的复杂性搞得不知所措，使得难以看清有效的关键步骤、做出有效的活动决定。因此，对探究进行管理，通过记录研究结果来完成一项开放式任务，决定下一个步骤，得到解决问题的工具和资源，反思所学内容，这些过程需要通过嵌入环境中的结构和引导得到支持。学习者对理解加以监控可以提升学习过程的自主权和所有权，但是这个过程往往需要得到明确的支持，否则通常不会自然发生。

2. 在脚手架支撑下参与真实任务和社会文化实践

情境学习理论认为知识、思维和学习的情境紧密联系并且都存在于实践中。巴拉布写道：情境理论“提出了一种关于学习的新阐释，该理论认为实践不是独立于学习的，认为意义不能脱离实践和它被协商的情境”。一个实践共同体包含“一个诸多个体的集合，这些个体长时间地共享共同确定的实践、信念和理解，追求一项共同的事业”，这一团体认可、使用和发展一个领域的实践。①

在学习情境中，学习者试图使用知识解释、分析和解决真实世界的问题，学习就自然而然地发生了。但是在这一过程中，需要为新手学习者搭建脚手架，让学生逐渐加深理解，提高专长水平，跨越新手与专家之间的鸿沟。如果没有这样的脚手架，参与真实实践就不能实施成功。

---

① 戴维·H.乔纳森，苏珊·M.兰德. 学习环境的理论基础(第二版)[M]. 徐世猛，李洁，周小勇，译. 上海：华东师范大学出版社，2015.

（六）大学生科研与情境学习理论

大学生科研本质上是一种情境学习，情境学习理论对理解大学生科研过程特别有用。参与研究和创新活动超越传统的知识获得，提供大学生在最近发展区最大化他们学习的机会。在这个学习过程中，教师或者其他人的指导作为支架去帮助学生的技能掌握，让学生在知识发现和学习过程中从他规则向自规则转移。学生在这个实践社区中获得意义和身份的双重建构。

大学生科研情境相当于实践共同体和实习场。布朗和他的同事们的认知学徒模式及莱夫和韦格纳的实践社区模式，都是在理论上将知识创造置于社会和文化的领域中。在认知学徒模式下，学徒通过与学科专家密切交流互动、合作解决真实的学科问题来获得学科知识和技能。这个模式强调“认知”，关注认知技能和实践，它通过交谈、写作、数据分析等使得思维可见化，期望教师和学生对他们正在做的事情进行明确的思考。

情境学习理论的认知学徒模式和实践社区模式都强调学生的自主性。在大学生科研经历中合作与自主性同样重要。在大学生科研经历中，学习如何在研究社区中有效地交流对于研究者的发展来说是关键的。大学生在专门化的研究社区中，常常是作为一个外围的成员，并在教师、研究生、博士后的指导下，学习操作化的程序和学科规范。大学生常常在研究者网络中进行互动交流，这些对于他们的技能发展具有影响。莱夫和韦格纳认为，最有效的学习经历是那些让学生参与“行动、讨论、反思，改变他们所认可的社区”。

最后，情境学习理论强调脚手架的支持机制。大学生科研中也需要导师的指导。洛帕托指出，对大学生科研经历的有效指导是关键的，因为学生“从导师身上学习科学家如何思考，如何忍受障碍，如何发展事业之路”。① 教师作为学科方面正确的思考模式和行为表率，来使得思维可见化。另外，教师为学生提供支架，让大学生在真实学科任务的努力中，成功地发展独立完成任务的能力，当学生在他们的研究中发展和显示自主性的时候，认知学徒的最终目标达成了。为了支持这个模式，大学生科研的文献强调了发展学生自主性的重要性。

① Lopatto D. The essential features of undergraduate research[J]. Council on Undergraduate Research Quarterly, 2003, 23: 139-142.

五、分析框架

（一）研究路径

大学生科研获得影响因素的分析采用质性研究与量化研究相结合的方法，在质性研究方面，对参与大学生科研（大学生创新训练计划项目）的大学生进行访谈，了解学生参与大学生科研的过程和导师指导过程，对访谈内容进行编码，分析大学生科研中导师指导内容及学生在大学生科研中的收获，形成导师指导内容维度分类和大学生科研收获分类。

根据质性研究的研究结果，对导师指导内容维度和学生科研收获分类进行操作化，形成测量项目，编制《大学生科研经历调查问卷》，问卷包括大学生科研的学生特征、教育环境、导师情况、导师指导、学生科研投入、学生自主性、学生科研收获等变量。在江苏省 10 所高校进行问卷施测，收集数据，对变量间的关系进行分析，得出研究结论。

同时，质性访谈中的内容，在后期对量化研究结果的解释方面，起到了质性访谈与量化研究互相印证的作用。研究路径如图 3-2。

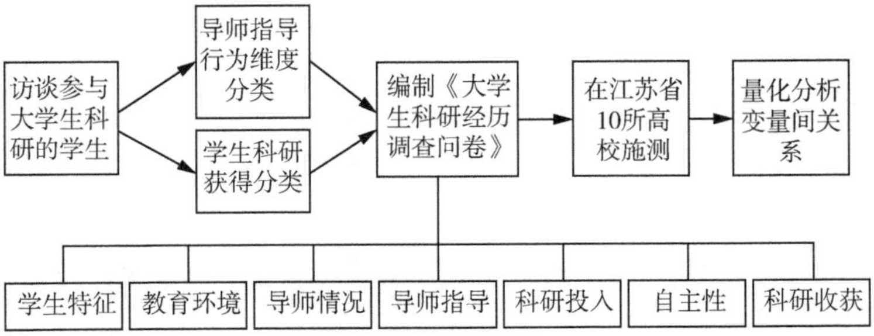

图 3-2　研究路径图

（二）质性研究

采用访谈法。对参与大学生科研的大学生进行访谈，了解学生参与大学生科研过程，对访谈内容进行编码，分析大学生科研中导师指导内容及学生在大学生科研中的收获并分类。

对参与大学生科研（大学生创新训练计划项目）的学生进行深入的半结

构化访谈。半结构化访谈使研究人员能够探索研究问题确定的特定主题，同时也使采访者能够自发地跟进被采访者的访谈内容。这类访谈试图了解研究不够充分的复杂行为、互动和社会过程。在这项研究中，我们试图揭示在大学生科研中导师（包括教师、研究生）是如何对大学生进行指导的，导师对大学生科研进行指导的内容有哪些维度，大学生是如何在导师指导下进行、完成研究，并且通过大学生科研过程而获得多方面的收获和发展。其先使用描述性、定性的方法来探索大学生科研指导内容维度，作为后期定量研究的基础。通过从学生研究经历中对大学生科研指导及其自身收获的感知来探索，然后才能构建测量的量化工具。

访谈提纲的设计是探索性的，并能引出丰富、详细的信息。访谈内容包括学生如何申请大学生创新训练计划项目，如何在项目实施过程中与教师、研究生导师互动，教师、研究生导师如何对学生进行指导，学生感知到哪些研究收获，以及参与科研对其认知、能力、情感、个人发展等各方面的影响有哪些。

2018 年初夏，本书作者对参加过大学生创新训练计划项目的学生进行访谈。作者从所在学校教务处的实践教学办公室获取 2016 年度大学生创新训练计划项目立项的学生名单。因为作者所在学校在制度设计中，要求学生完成项目的周期为两年，因此该批学生已经于 2018 年春季完成大学生科研项目。根据名单，研究者随机抽取学生并邀请对其进行访谈（访谈提纲见附录 A），每位参与者接受访谈的时间为 30～40 分钟。根据信息饱和原则，最终有 15 名同学接受并完成了访谈。参与访谈学生的基本信息见表 3-1。所有的访谈都被录音并逐字转录成文本。

根据学生的描述，对导师指导内容进行分类。通过对每个文本中与研究问题相关信息的搜索与整理，来开发编码框架。在此分析过程中，属于不同类型问题的文本段被代码名标记。围绕特定主题的代码组又形成一个大类，例如专业社会化支持。编码的过程由本书作者和同学共同进行，研究人员对由数据集而产生的类型进行持续讨论，最终在研究者间达成一致，从而保证内容的有效性和分类的可靠性。

表 3-1　参与访谈学生基本信息一览表

学生编号	性别	年级	专业
1	女	大三	卫生事业管理
2	女	大三	康复治疗学

（续表）

学生编号	性别	年级	专业
3	男	大四	药学
4	女	大四	国际贸易
5	男	大四	信息管理与信息系统
6	女	大三	卫生事业管理
7	女	大四	中药学
8	女	大四	信息技术
9	女	大三	卫生事业管理
10	女	大四	中药学
11	女	大三	中药学
12	女	大四	心理学
13	女	大四	护理学
14	女	大四	中药学
15	女	大四	中药学

（三）量化研究

研究第二阶段采用问卷调查法作为数据收集方法，对来自不同学校、不同专业参与大学生科研的学生进行大学生科研指导和收获的定量评估。在此过程中，测量本科生特征、教育环境、导师指导、大学生科研收获、大学生科研投入、学生自主性等变量，统计分析变量之间的关系。本研究以江苏省 10 所高校参加过大学生创新训练计划项目的本科生为样本。

1. 调查问卷编制

本书作者编制了《大学生科研经历调查问卷》(附录 B)。研究问卷包括三个部分：

第一部分：学生基本情况及参与大学生科研情况

(1) 本科生特征变量，包括学生专业、性别、年级、学生成绩、生源地。

(2) 学生其他变量，包括学生参与项目的级别、学生在项目中的身份(主持人、一般成员)。

(3) 学生科研投入度、学生自主性。

(4) 教育环境变量，包括学校名称与类型、学校大学生科研制度。

第二部分：自编大学生科研指导量表

第三部分：自编大学生科研收获量表

整个问卷的题项主要是基于前期文献综述中的理论框架、前期已有的一些问卷、本研究中阶段一质性研究的结果而编制。整个问卷编制的结构也体现了研究者的研究思路。

2. 问卷测量

问卷测量对象为江苏省 10 所高校的参加大学生创新训练计划并已经结题的学生，学生具体信息见第四章。

第四章

大学生科研收获的实证研究

大学生科研在全球逐渐成为一种潮流，国家投入大量的资金，通过多种基金渠道对大学生科研进行资助，同时指导教师投入大量时间和精力去指导大学生。我国大学生科研主要是由国家政策层面驱动，设立国家级大学生创新训练计划项目，让大学生参与科研。那么，投入了大量人力、财力的大学生科研到底给学生带来哪些收获呢？在国外，目前已经有不少文献研究了这个问题，试图从不同的方面去揭示问题的答案。

但是对于中国的大学生创新训练计划项目这种大学生科研形式，现有文献对这些问题的发现很少。本章通过实证研究确认在大学生创新训练计划项目中，大学生在教师指导下进行真实研究的收获，澄清这种研究经验的性质和价值，即大学生科研经历会带来哪些直接和间接结果。实证研究通过对943名参与大学生科研的学生的问卷调查及对15名同学的半结构化质性访谈，探讨大学生科研收获的内容及其维度。

一、大学生科研收获的测量

（一）调查问卷编制

关于大学生科研收获的测量，借鉴美国的大学生科研自我评估问卷（URSSA）。[①] 在URSSA问卷中关于大学生科研收获的题项分七个维度。维度1：像科学家一样思考和工作的收获，将知识应用于研究工作；维度2：与研

① Weston T J, Laursen S L. The Undergraduate Research Student Self-Assessment(URSSA): validation for use in program evaluation[J]. CBE Life Science Education, 2015, 14:1-10.

究工作相关的个人收获；维度 3：技能收获；维度 4：关于总的研究经历和作为一个研究者的态度和行为改变；维度 5：关系收获；维度 6：学术成果收获；维度 7：职业准备。其中维度 1～4 采用李克特五点计分：1＝没有收获，2＝很少收获，3＝一些收获，4＝比较大的收获，5＝很大的收获。维度 5 采用李克特四点计分：1＝很差，2＝一般，3＝良好，4＝很好。维度 6 采用两点计分：1＝是，2＝否。维度 7 采用李克特五点计分：1＝强烈不同意，2＝不同意，3＝一般，4＝同意，5＝强烈同意。

为了减少题的项数，以保证被试者能有效答完问卷，研究者对问卷进行了改编。通过试测后，将每个维度中载荷数较少的题项去掉，最后在维度 1～4 中，保留 19 道题目。题项包括：提出一个能用数据回答的研究问题，确认研究方法和设计的局限，理解研究项目的理论和概念，理解项目研究与课程学习的相关性，对自己科学研究能力的自信，与他人合作的能力，独立工作的能力，写科学报告或者论文的能力，口头陈述表达的能力，在实验室或者现场做观察和做笔记的能力，用统计方法去分析数据，理解期刊论文，数据库或者网络搜索能力，管理我的时间的能力，感觉像一个科学家，对这个项目进行创造性思考，独立尝试新的观点或者过程，感觉对这个项目有责任，因为觉得研究有趣而主动加班。每道题目都采用李克特五点计分：1＝没有收获，2＝很少收获，3＝一些收获，4＝比较大的收获，5＝很大的收获。

维度 6 学术成果方面的收获，共有 4 个题项，分别是：在专业会议上作报告、获得专利、在学术期刊上发表论文、基于研究获得奖励或者奖学金。每道题采用两点计分：1＝是，2＝否。

维度 7 职业准备方面的收获，保留了 4 道题目：通过做研究确认了我在该研究领域的兴趣，研究经历为我以后的课程学习和论文做准备，我的研究经历为我进入研究生院做准备，我的研究经历为我的工作做准备。每道题目采用李克特五点计分：1＝强烈不同意，2＝不同意，3＝一般，4＝同意，5＝强烈同意。

（二）参与问卷调查的学校与学生情况

1. 参与调查的学校情况

本研究参与者是江苏省 10 所高校的参加大学生创新训练计划并已经结题的学生。在这 10 所高校中，一流大学建设高校 2 所，一流学科建设高校 4 所，其他一本院校 4 所。每所高校的类别及具体样本数见表 4-1。

表 4-1　参与调研的高校类别与样本数量

高校	学校类别	样本数量(人)
1. 南京大学	一流大学建设高校	72
2. 东南大学	一流大学建设高校	40
3. 南京理工大学	一流学科建设高校	93
4. 南京师范大学	一流学科建设高校	149
5. 南京邮电大学	一流学科建设高校	36
6. 南京中医药大学	一流学科建设高校	160
7. 南京医科大学	一本院校	52
8. 南京工业大学	一本院校	44
9. 南京财经大学	一本院校	241
10. 南京工程学院	一本院校	56

2. 参与调查的学生基本信息

(1) 学生专业

在问卷中让学生填写所学专业。根据《普通高等学校本科专业目录》(2012 年),普通高校本科专业分设哲学、经济学、法学、教育学、文学、历史学、理学、工学、农学、医学、管理学、艺术学 12 个学科门类。

此次参与问卷调查的学生涉及包括哲学、经济学、法学、文学、历史学、理学、工学、医学、管理学、艺术学 10 个学科门类的 79 个专业,具体每个专业的参与学生数见表 4-2。其中参与学生数最多的是工学类,共有 339 人,占比 35.9%;其次是管理学类,有 185 人,占比 19.6%;医学类 143 人,占比 15.2%;经济学类 133 人,占比 14.1%。参与学生数较少的专业门类为法学、历史学、文学、艺术学、哲学,占比均未超过 3%。

为了专业影响分析的简洁性,将 10 个门类又分为两个大类:理工医类(包括理学、工学、医学)和人文社科经管类(包括哲学、经济学、法学、文学、历史学、管理学、艺术学)。理工医类学生 555 人,占比 58.9%,人文社科经管类 388 人,占比 41.1%。相比较而言,理工医类的学生要比人文社科经管类的学生多。

在后续统计中,将这两大类专业转化为虚拟变量,将理工医类作为参照组,编码为 0。设立的专业虚拟变量的含义是"人文社科经管类与理工医类的对比"。

表 4-2　参与调查学生的专业统计

专业类别	专业	数量(人)
法学	法学、社会工作、社会学	23
工学	材料科学与工程、车辆工程、电气工程及其自动化、电子信息工程、光电信息科学与工程、化学工程与工艺、机械工程、计算机、计算机科学与技术、计算机网络技术、粮食工程、软件工程、生物工程、食品科学与工程、食品质量与安全、通信工程、土木工程、新能源科学与工程、信息安全、信息工程、制药工程、智能电网信息工程、自动化、自动化集成	339
管理学	会计、财务管理、房地产开发与管理、工商管理、工业工程、工业中心、公共事业管理、劳动与社会保障、人力资源管理、审计学、市场营销、卫生事业管理、信息管理与信息系统	185
经济学	国际经济与贸易、金融学、金融工程、经济统计学、经济学、贸易经济、税收	133
理学	地球科学与工程、化学、生命科学、生物技术、生物科学、数学与应用数学、心理学、应用化学、应用统计学、应用心理学	73
历史学	历史学	2
文学	汉语国际教育、汉语言文学、网络与新媒体、新闻学	26
医学	护理学、临床医学、基础医学、临床药学、药物制剂、药学、预防医学、中西医结合临床医学、中药学、中药制药、中药资源与开发、中医学	143
艺术学	动画、广播电视、视觉传达设计、环境设计	14
哲学	哲学	5

注：专业分类根据《普通高等学校本科专业目录》(2012 年)

(2) 学生性别

参与调查的学生中，男生为 335 人，占比 35.5%，女生为 608 人，占比 64.5%。性别变量为分类变量，赋值为男生=1，女生=2。在后续统计分析中，将性别变量转化为虚拟变量，将女生作为参照组，编码为 0。设立的虚拟变量的含义为“男生与女生的对比”。

(3) 学生年级

在调查问卷中，学生年级为分类变量，共有五个选项：大一、大二、大三、大四、大五，赋值为大一=1，大二=2，大三=3，大四=4，大五=5。

从年级分布来看，主要是大三和大四的学生。具体来说，大二学生 139 人，占比 14.7%；大三学生 324 人，占比 34.4%；大四学生 432 人，占比 45.8%；大五学生 48 人，占比 5.1%。

在后期数据整理过程中，根据学生回答进行一些调整。第一，本书研究对象是已经完成大学生创新训练计划项目的学生。由于该项目一般在每年的春季进行项目遴选，项目周期一到两年，在进行问卷收集的时候，正处于春季，大一的学生刚进入大学半年多，不可能完成大学生创新训练计划，因此将该题项作答为大一的数据予以删除。第二，本科生学制一般是四年，医学生一般是五年，考虑到大五的样本数比较少，且医学生的毕业实习阶段相对漫长，四年级和五年级基本上都属于毕业实习阶段，因此将大五的样本与大四的样本进行合并。因此，关于年级的最终测量结果，转变成三个类别：大二、大三、大四（大四与大五）。后期回归分析时，将年级变量转化为虚拟变量，将大四作为参照组，大二和大三学生与大四学生相比。设立的虚拟变量的含义为“大二学生与大四学生对比”“大三学生与大四学生对比”。

（4）学生成绩

问卷设计中成绩有四个选项：班级前 10%，班级前 10%～25%，班级前 25%～50%，班级后 50%。参与大学生创新训练计划的学生总的来说成绩处于前列，成绩处于班级前 10%的学生 322 人，占比 34.1%；处于班级前10%～25%的 327 人，占比 34.7%；处于班级前 25%～50%的 209 人，占比22.1%；只有 85 人表示他们的成绩处于班级后 50%，占比 9%。

各个选项赋值为班级前 10%＝4，班级前 10%～25%＝3，班级前 25%～50%＝2，班级后 50%＝1。为统计方便，将学生成绩调整成连续变量，将成绩处于班级前 10%记为 4 分，将成绩处于班级前 10%～25%记为 3 分，将成绩处于 25%～50%记为 2 分，将成绩处于班级后 50%记为1 分。计算调整后，成绩的平均分为 2.94 分，标准差为 0.96。

（5）学生生源地

生源地为分类变量，有三个选项：农村、小城镇、大城市。参与调查学生中 288 人来自农村，占比 30.5%；453 人来自小城镇，占比 48%；来自大城市 202 人，占比 21.4%。

给各个选项赋值为农村＝1，小城镇＝2，大城市＝3。将生源地转化为虚拟变量，将大城市作为参照组，编码为 0。设立的虚拟变量的含义为“农村与大城市的对比”“小城镇与大城市的对比”。

（6）学生在项目中的身份

在大学生创新训练计划项目中，每个项目有一个主持人和若干个项目成员。学校大学生科研制度对每个项目参与人数进行控制，比如不超过三人或五人，以保证每个项目人数不要太多，防止出现只是挂名而实际并没有参与的情况。

学生在项目中的身份包括两种：项目主持人和项目一般成员。在本研究中，参与调查的学生中，项目主持人为 442 人，占比 46.9%；项目一般成员为 501 人，占比 53.1%。

（7）学生参与项目级别

大学生创新训练计划有国家级、省级、校级三级，各个级别项目的要求和所获支持力度会有所不同。在参与调查学生中，参与国家级项目学生为 152 人，占比 16.1%；参与省级项目学生为 406 人，占比 43.1%；参与校级项目学生为 385 人，占比 40.8%。参与国家级项目学生数相对较少，参与省级和校级项目学生数目相当，都为 40%左右。

对项目级别的三级变量赋值为国家级＝1，省级＝2，校级＝3。将项目级别转化为虚拟变量，将校级项目作为参照组，编码为 0。设立的虚拟变量的含义是"国家级项目与校级项目的对比""省级项目与校级项目的对比"。

表 4-3　参与调查学生的基本信息

统计变量	分类	数量（人）	比例（%）
性别	男	335	35.5
	女	608	64.5
年级	二年级	139	14.7
	三年级	324	34.4
	四年级	432	45.8
	五年级	48	5.1
成绩	班级前 10%	322	34.1
	班级前 10%～25%	327	34.7
	班级前 25%～50%	209	22.1
	班级后 50%	85	9.0
生源地	农村	288	30.5
	小城镇	453	48
	大城市	202	21.4
专业	工学	339	35.9
	理学	73	7.7
	医学	143	15.2
	法学	23	2.4
	管理学	185	19.6
	经济学	133	14.1
	历史学	2	0.2

（续表）

统计变量	分类	数量(人)	比例(%)
	文学	26	2.8
	艺术学	14	1.5
	哲学	5	0.5
项目中身份	项目主持人	442	46.9
	项目一般成员	501	53.1
项目级别	国家级	152	16.1
	省级	406	43.1
	校级	385	40.8

注：①理工医学类包括工学、理学、医学专业，人文社科经管类包括法学、经济学、管理学、历史学、文学、艺术学、哲学。

②本书中数值均按四舍五入计。

3. 导师基本信息

在大学生创新训练计划项目中，每个项目均有一位导师。一般是在项目申报之前，导师就已经确定。

(1) 主要指导者及导师性别

在项目实际实施过程中，本科生进行项目研究的主要指导者有可能是教师导师，有可能是教师委托授权的研究生，也有可能是教师和他的研究生共同指导。本研究将主要指导者分为三类：教师导师、研究生导师、教师与研究生共同指导。在学生回答中，主要指导者是教师的为 548 人，占比 58.1%；主要指导者为研究生的为 136 人，占比 14.4%；教师和研究生共同指导的为 259 人，占比 27.5%。从结果可见，占比最多的是教师直接指导本科生。

在参与调查的学生中，其导师性别为男性的有 586 人，占比 62.1%；导师性别为女性的为 357 人，占比 37.9%。男性导师为大多数，占比大约为 2/3。

(2) 导师职务与职称

导师职务分为三类：博士生导师、硕士生导师、非研究生导师。在所有导师中，博士生导师 282 人，占比 29.9%；硕士生导师 420 人，占比 44.5%；非研究生导师 241 人，占比 25.6%。其中硕士生导师人数最多，大约占到一半；博士生导师和非研究生导师各占 1/4 左右。导师职称分为三类：教授、副教授、讲师。在所有导师中，教授 397 人，占比 42.1%；副教授 331 人，占比 35.1%；讲师 215 人，占比 22.8%。在参与指导的导师中，讲师人数最少，副教授和教授人数相当。

(3) 导师年龄

将导师的年龄分布分为三类：青年教师(40 岁以下)，中青年教师(40～50 岁)，中老年教师(50 岁以上)。导师中，青年教师 397 人，占比 42.1%；中青年教师 424 人，占比 45%；中老年教师 122 人，占比 12.9%。其中，青年教师和中青年教师人数相当，两者占了绝大多数，而中老年教师人数较少。具体见表 4-4。

表 4-4　导师基本信息统计

变量	分类	数量(人)	比例(%)
主要指导者	教师	548	58.1
	研究生	136	14.4
	教师与研究生	259	27.5
性别	男	586	62.1
	女	357	37.9
职务	博士生导师	282	29.9
	硕士生导师	420	44.5
	非研究生导师	241	25.6
职称	教授	397	42.1
	副教授	331	35.1
	讲师	215	22.8
年龄	中老年教师(50 岁以上)	122	12.9
	中青年教师(40～50 岁)	424	45.0
	青年教师(40 岁以下)	397	42.1

二、大学生科研收获的基本情况

采用 SPSS19.0 对大学生科研收获的题项进行均值统计，总体而言，得分比较高的是与他人合作的能力(3.97)、独立工作的能力(3.98)、数据库或者网络搜索能力(3.98)、感觉对这个项目有责任(3.98)。在这四个题项上，得分接近于 4 分，即比较大的收获。得分比较低的题项有：对这个项目进行创造性思考(3.40)、独立尝试新的观点或者过程(3.36)、因为觉得研究有趣而主动加班(3.43)，这三个题项的得分均少于 3.5 分，即只有一些收获。得分最低的题项是：感觉像一个科学家(2.83)，低于中间选项“一些收获”。具体见表 4-5。

表 4-5　大学生科研收获维度 1～4 的描述性统计

项目	均值	标准差
提出一个能用数据回答的研究问题	3.72	0.870
确认研究方法和设计的局限	3.71	0.883
理解研究项目的理论和概念	3.90	0.840
理解项目研究与课程学习的相关性	3.78	0.881
对自己科学研究能力的自信	3.71	0.884
与他人合作的能力	3.97	0.824
独立工作的能力	3.98	0.851
写科学报告或者论文的能力	3.85	0.908
口头陈述表达的能力	3.73	0.885
在实验室或者现场做观察和做笔记的能力	3.65	0.992
用统计方法去分析数据	3.72	0.954
理解期刊论文	3.78	0.896
数据库或者网络搜索能力	3.98	0.841
管理我的时间的能力	3.81	0.866
感觉像一个科学家	2.83	0.977
对这个项目进行创造性思考	3.40	0.857
独立尝试新的观点或者过程	3.36	0.907
感觉对这个项目有责任	3.98	0.839
因为觉得研究有趣而主动加班	3.43	0.988

大学生科研收获维度 1～4 的题项是参与者对于收获的自我报告的主观感知。在维度 5，主要涉及收获的一些客观结果指标，包括在专业会议上作报告、获得专利、发表论文、获得奖励和奖学金等。结果表明，约有 1/5 的学生在专业会议上作报告，1/10 的学生获得专利，1/3 的学生发表了论文，超过 1/3 的学生因此获得奖励或奖学金。具体见表 4-6。

表 4-6　大学生科研收获维度 5 的描述性统计

项目	人数(人)	比例(%)
在专业会议上作报告	197	20.7
获得专利	107	11.2
在学术期刊上发表论文	281	29.5
基于研究获得奖励或者奖学金	368	38.6

大学生科研参与还可以让学生在职业方向确认与准备方面获得收获，这

四个题项的得分都比较接近，都在 3.5 分左右。具体见表 4-7。

表 4-7　大学生科研对于职业方向确认与准备方面收获的描述性统计

项目	均值	标准差
通过做研究确认了我在该研究领域的兴趣	3.55	0.778
研究经历为我以后的课程学习和论文做准备	3.69	0.803
我的研究经历为我进入研究生院做准备	3.59	0.844
我的研究经历为我的工作做准备	3.58	0.781

研究中也调查学生接下来的打算，包括五个选项：就业、考研、保研、出国深造和申请直博。准备就业 209 人，占比 22%；准备考研 428 人，占比 45%；准备保研 176 人，占比 19%；准备出国 93 人，占比 10%；准备申请直博 37 人，占比 4%。详见表 4-8。

表 4-8　本科生读研与就业意向

意向	人数（人）	比例（%）
就业	209	22
考研	428	45
保研	176	19
出国深造	93	10
申请直博	37	4

三、大学生科研收获的维度

上文我们将大学生科研的收获分为两种指标，一种是客观指标，另一种是相对主观的指标。客观指标包括参与科研本科生参加会议发言数量、参与者发表论文数量、获得专利和奖学金等。从上文对大学生科研客观指标的描述性统计可见，具有这些明确的客观收获的学生只占少部分，大部分学生没有这些客观收获。但是没有客观指标上的收获不代表学生在大学生科研中没有收获，因此，更多的研究是从学生自我报告的角度去研究收获。

国家在实施大学生创新训练计划时也提出三大原则，其中之一是重在过程，参与计划的学生要在“做中学”，综合应用已学知识，主动探索未知知识，丰富自己的知识结构，使知识内化为素质、外化为能力。规范项目过程管理，淡化结果功利指标，不强调论文、获奖数，宽容失败。重在过程、淡化结果的原则也表明了对于大学生科研收获的研究，需要从更广阔的视角去考虑大学生科研的各种丰富的收获。

本研究通过对学生自我报告收获的测量，对各项指标进行探索性因素分析，归纳出大学生科研收获的三个方面，分别是一般研究技能、科学家思维与身份、职业方向确认和准备。

（一）一般研究技能

在大学生科研中，最显著的收获就是获得研究技能。研究技能包括提出一个能用数据回答的研究问题、确认研究方法和设计的局限、理解研究项目的理论和概念、理解项目研究与课程学习的相关性、对自己科学研究能力的自信、与他人合作的能力、独立工作的能力、写科学报告或者论文的能力、口头陈述表达的能力、在实验室或者现场做观察和做笔记的能力、用统计方法分析数据、理解期刊论文、数据库或者网络搜索能力、管理我的时间的能力等。对这一维度的收获进行描述性统计，大学生科研研究技能收获均值为3.81，得分范围为3.65～3.98，接近于比较大的收获。在这几个题项中，得分最高的是与他人合作的能力(3.97)、独立工作的能力(3.98)、数据库或者网络搜索能力(3.98)。量化研究结果与质性研究结果是一致的。

1. 合作能力

学生在访谈中，经常提到他们在研究技能方面的收获，谈得最多的是合作能力。如有的同学提到他们学会了如何协调和其他同学的任务分工，根据各自不同的性格特征和擅长的方面去分配任务；如何去协调各自不同的想法，通过不断的磨合达成一致意见。对于中国学生来说，更多的学习方式是听讲和做题，很少有机会进行独立的实践活动与小组学习，所以合作学习能力相对欠缺。在大学生创新训练计划项目实施中，本科生可以一起学习工作，互相合作，完成一项研究任务。在这一任务完成过程中，学生们学会了如何去分配任务，互相沟通，达成一致意见等。

我感觉最大的收获就是学会了如何协调和其他同学之间那种任务分工，有的时候真的感觉其他同学可能做得不符合心意，然后就想自己一个人去做，但是很多时候真的力不从心，还是要一起合作完成。一开始我们真的是想法各不相同，后来经过一段时间的磨合，确实大家还是增进了对彼此的了解。(2)[(2)为被访谈者编号，下同。]

在团队之间根据每个人擅长的方面进行分工，我觉得很有帮助。在整个

过程中，团队里面有同学比较擅长跟人沟通，就会主要承担访谈任务，也有男生统计学学得不错，就会主导数据分析部分。(6)

这种合作能力也包括选择合适的团队成员一起工作。有同学讲到他在组队的时候，会有意识地选择跟自己有共同目标和爱好、有责任心的同学。研究也提升了学生的领导力。

我觉得团队的协作能力十分重要，因为很多像这种大学里的项目，往往都是一两个人在做，团队其他人其实参与不多。所以我觉得原来团队是这么重要。然后到大二自己主持项目的时候，就选择了一方面是跟自己比较聊得来的、有共同的一些爱好的，然后另一个方面就是责任心比较强的人，这个很重要的。(11)

我的收获。首先是团队协作能力。以前确实都是一个人做事情，现在就是我觉得很多时候，确实要合作。还要包括领导指挥那种能力。(13)

学生也表达了与教师沟通能力的提升。在做研究之前，由于跟教师的接触比较少，不善于与教师进行沟通。而通过做研究，学生能突破自己内心的障碍，去跟教师多多接触和沟通。

沟通能力真的是提高了，其实我上大学之前，我对老师的印象就是要毕恭毕敬地去小办公室谈话之类的，但是到大学真的是一有想法，立马就会跟老师说，就是突破自己心里的那道门槛，之前觉得对老师有点畏惧，但现在觉得老师其实真的是朋友，或者他是帮你的、引导你的。还有一个就是同学之间。嗯，沟通能力的话，就是分工协作能力会强一点，就是以前总觉得，不太好意思，什么事情自己做了就算了，但是现在觉得事情那么多，你不可能自己一个人做完，而且这样也不利于这个项目嘛。然后我就觉得必须要分工协作，然后你作为一个牵头人、一个负责人的话，要决定哪些工作由谁做，分工的能力提高了，领导力的提高，也是有一点的。(9)

在大学生科研经历中，学习如何在研究社区中有效交流合作对于研究者的发展来说是关键的。从情境学习理论的观点来看，本科生在专门化的研究社区中，常常是作为一个外围成员，并在教师、研究生、博士后的指导下，学习操作化的程序和学科规范。本科生常常与一个研究者网络进行互动交流，这些对于他们的技能发展是具有影响的。莱夫和韦格纳认为，最有效的学习经历是让学生参与“行动，讨论，反思，改变他们所认可的社区”。因此，认知学徒和实践社区模式都强调在大学生科研经历中合作与自治的重要性。

2. 文献搜索能力

学生通过科研过程，学到具体的研究技能，其中收获最大的就是文献搜索能力，学会如何有效地利用数据库和图书馆去找到自己需要的资料，如何对搜索到的文献资料进行归纳整理。

最大的收获就是文献搜索，其实项目在大二就结束了，现在我已经大三了，文献搜索对我来说是很普通的事情了。但以前我会觉得搜索文献很厉害，比同龄同班的同学要领先一步。文献搜索啊，就是如何有效地去找，不是在知网上乱找，而是知道要找什么，怎么找关键字。还有一个就是资料的收集。嗯，还有图书馆的应用，就是要去找书之类的嘛。因为图书馆里书的排列也是有规律的。嗯，然后知道怎么更快地去找到你最想要的资料。(12)

导师教我怎么整理文献，还有他告诉我一些免费下载文献的网址。他一开始就给我发文献，告诉我一些查文献的途径还有整理文献的方法。他的方法就是把内容相似的文献放在一个文件夹里，然后再放到一个大的文件夹里。(7)

3. 数据收集和处理能力

学生通过做研究，数据收集和处理能力获得提高，学会了专门的统计软件比如 SPSS、SPSS Modeler，对数据进行一些量化处理。

收获挺大的，因为学到了很多数据挖掘方面的知识，比如 SPSS、SPSS Modeler，以后对研究生学习有帮助，可能上研究生的时候做研究也用得到。(5)

数据录入是很简单的，当时我是向另外一个同学请教的。我跟他学一下简单的那种处理，比如计算均数啊，就是数据的这种量化。然后具体研究相关因素的那个分析是问导师的。就问他，我们需要用到哪种方法，然后老师就给我们说用什么方法。知道方法之后，其实挺简单的，因为有选项可以选的。然后那时候我们不在南京，回家了，把截图发给老师，老师跟我讲选哪个选项。(13)

4. 实验技能

在大学生科研过程中，特别是理工医类专业学生要做大量的实验，在具体的实验过程中，学生学到更多的实验技能。比如说有同学在大学生科研中学会了通过走液相，把药材的成分分离出来；还有同学学到关于动物实验的一些实验技能等。

就是那个老师想要把那个药材的成分分离出来，他后面就是要研究具体某一个成分到底是什么在起作用，然后我们就一直在分离那个成分，一直在不停地走液相，其间就会学到很多关于液相的知识。我们现在学习中药这一块，分析就是挺重要的嘛，在后面的很多实验过程中要用到这方面的知识，然后就会感觉那段经历还挺重要的。(14)

嗯，就是比如关于动物实验的一些技能，就是当时培养的。然后现在的话做实验也会涉及这一方面。(15)

5. 报告撰写的能力

学生在导师指导下，学会研究报告的撰写，包括报告内容、报告结构、报告撰写规范等。

后期的比如数据分析、撰写报告什么的，也是第一次接触，然后也在老师指导下学习到了很多。(6)

总之，学生在大学生科研过程中，对整个研究过程都有了解，从项目选择、文献综述、数据收集和分析，到最后研究报告的撰写，都会有所收获。正如一位同学所说："整个流程下来科研能力会有很大提升。查文献啊，找题目啊，写申请啊，实验设计，数据处理，最后写成一篇论文上交，就等于是一个短暂的研究生涯了。"

我觉得收获还是挺大的，因为也是第一次去做实地的调研，然后学会了问卷设计、文献综述之类的方法。实地调研中，根据问卷还有访谈，然后通过这次创业训练计划，对执业这个政策也有了很深刻的了解。(6)

收获就是，真正的实验展开，并不像我们平时做那个验证性实验，其实实验过程中会遇到很多其他问题，然后都是一些小小的问题，一个个解决掉就好了。还有就是，对中药和我们专业更了解了，就是知道以后要干什么，就不像没有参与到这个课题之前，根本不知道学中药专业能干什么。(11)

6. 促进对理论知识的理解

大学生科研的参与也促进了学生对理论知识的理解。大学生在课堂上接受理论灌输，这些理论对于学生来说，有时候是枯燥和遥远的，这导致学生对于知识的疏远。而通过真正的做研究，学生能将学到的理论知识与实践联系起来，一方面促进对于理论知识的理解；另一方面因为实际研究需要，学生会主动去学习理论，这种主动学习的学习效果比起被动的灌输式教学要好很多。正如有一位经济学专业同学提到，通过做研究会了解到一些实际案例，当回到课堂上听老师提到一些案例时，可以产生一种联系，让他觉得很连贯、很舒服。还有一位药学专业同学提到，在做实验过程中，经常会遇到一些问题，这些问题促使她去翻书，去寻找问题的答案，这种带着问题的学习，让她感觉对学习内容记得更牢，印象特别深，不容易忘记。

学习实验操作及相关的实验技术原理，在学习生化技术应用时，可以对书本有更深刻的理解。(3)

我是学那个经济的嘛，很多确实是实际的案例，是理论学习可以用得上的。比如说之前那个国际经济学之类的知识也可以用得上的。哦，还有那个中医药、医药、医药贸易之类的都可以用得上，就是能促进你对书本上的知识的学习。(9)

因为你要做研究，做实验，然后促使你回过头去看那些基本的理论。然后因为走液相的过程中会出现一些问题，就得找原因啊。然后再去翻书，这个时候感觉学习起来就特别记得住。因为是自己亲身操作了，或者说在实验中犯了错误，可能把一个仪器搞坏了或者怎么样，这样就会印象很深刻，以后就会避免发生这种错误。(14)

研究有两个方面，一个是理论方面，还有一个就是实践方面，然后这两个方面综合起来，就觉得很多东西是连贯的，像我一开始学习理论部分的时候，就觉得这个很空洞，然后当我去参与那个实践部分的时候，我不得不回过头去学习理论部分的知识，就是理论和实践相结合，才能构成你整个的一个研究的过程。(14)

以上从问卷调查和质性访谈两个方面，确认了大学生科研中学生在研究过程和研究能力方面的收获。在文献中，也有大量研究阐述了大学生科研在这方面的收获。克雷默和布伦格尔(Kremer&Bringle)①研究参加暑期研究项目的心理学专业大三学生，并将他们与没有参加研究项目的学生进行比较。他们发现，本科生研究参与者对自己的总体研究技能以及进行文献综述、统计分析和撰写研究论文等具体技能的评分高于非参与者。

2000年，美国的卡达什(Kardash)首次对大学生科研中研究技能的收获进行系统的测量和量化研究。为此，卡达什编制了一份调查问卷，以评估在暑期或学年期间参与有指导的科学研究的本科生的研究经历。该调查问卷对14项研究技能进行了测量，包括：理解本领域的当代概念；利用本领域主要科学研究文献；基于本领域研究确立具体的研究问题；基于研究问题形成研

① Kremer J F, Bringle R G. The effects of an intensive research experience on the careers of talented undergraduates[J]. Journal of Research & Development in Education, 1990, 24: 1-5.

究假设；设计一个该假设的实验或者理论实验；理解在研究观察和数据收集中“控制”的重要性；观察和收集数据；系统地分析数据；通过将结果与原始假设相联系来解释数据；修正原始研究假设；将结果与领域中的“大理论”相联系；口头交流研究项目的结果；写一篇供发表的研究论文；独立思考。

卡达什在测量中使用五点量表（从没有收获到很大收获）。在最终获得的测量结果中，学生对 14 项技能的评分基本上在 3.27～4.46（除了撰写一篇供发表的研究论文这一题项得分特别低，为 2.96）。大学生科研收获最大的是“解释数据，将结果与该领域的整体情况联系起来，口头交流研究结果的能力”。

鲍尔和班尼特（Bauer&Bennett）①调查了跨度 15 年的 2 444 名校友，分析他们参与课程外研究的影响。受访者被分成三组：通过大学研究办公室参与正式研究、自我报告参与研究、没有参与过课程外研究。研究结果表明，有研究经验的校友认为参与本科研究是他们大学里最有益的活动之一。他们的收获包括更有能力独立获取信息，批判性地分析文献，理解科学发现，进行研究并有效地发言。他们还认为自己更有求知欲，能够担任领导职务，拥有明确的职业目标。在解决问题的技能、语言技能、个人主动性和沟通能力方面，有研究经验的校友比没有研究经验的校友有更大收获。

多兰和约翰逊（Dolan&Johnson）用质性访谈方法研究参与本科生研究经历的本科生、研究生和教师之间关系的积极和消极结果。② 样本包括 8 名研究生、8 名本科生和 1 名教师顾问。研究结果表明所有 8 名本科生都从研究生那里学会了如何使用实验室设备、操作程序和查找材料。一名本科生提到，通过听研究生在使用实验室设备时的交谈来了解研究过程。有两名本科生表示，他们通过与研究生导师的正式和非正式交流，了解实验室的其他研究项目。

洛帕托（Lopatto）③研究了来自 41 所高校 1 135 名参与科研的本科生，收集本科生的毕业后计划、在该项目中获得的学习经验、对该项目观点和态度

---

① Bauer K W, Bennett J S. Alumni perceptions used to assess undergraduate research experience[J]. The Journal of Higher Education, 2003, 72: 210-230.

② Dolan E L, Johnson D. The undergraduate-postgraduate-faculty triad: unique functions and tensions associated with undergraduate research experiences at research universities[J]. CBE Life Sciences Education, 2010, 9(4):543-553.

③ Lopatto D. Survey of Undergraduate Research Experiences (SURE): first findings[J]. CBE Life Sciences Education, 2004,3(4): 270-277.

等方面的信息。学生们在科研学习中获得的最高评价是对研究过程的理解、对更苛刻的研究的准备、对科学家如何处理实际问题的理解以及对实验室技术的学习。这四个学习成果的总体平均评分为 4.00 或更高。这与本研究的研究结论是一致的,即在大学生科研的众多收获中,最大的收获是对于研究过程、技能的理解和学习。

(二) 科学家思维与身份

1. 科学家思维与身份的构建——情境学习理论的人类学视角

大学生科研本质上是一种情境学习,参与研究和创新活动超越传统的知识收获,提供本科生在最近发展区最大化他们学习的机会。在这个学习过程中,教师或者其他人的指导作为支架去帮助学生掌握技能和在知识发现和学习过程中从他规则向自规则转移。学生在这个实践社区中获得意义和身份的双重建构。

洛帕托指出,对本科生研究经历的有效指导是关键的,因为学生"从导师身上学习科学家如何思考,如何忍受障碍,如何发展事业之路"。① 教师作为学科方面正确的思考模式和行为表率,来使得思维可见化。另外,他们提供支架,让本科生在真实的学科任务研究的努力中,成功地发展独立完成任务的能力,当学生在他们的研究中发展和显示自主性的时候,认知学徒的最终目标达成了。

在大学生科研中,本科生参与研究实践社区,身份形成也是学习的一个重要方面。根据莱夫和温格,"全面参与实践中不仅包括更多的时间承诺,加强努力,更多和更广泛的社区内责任,更多的困难和危险的任务,更重要的是,越来越多的作为从业主人的认同感"。② 因此,培养学生作为一名在职科学家的自我身份认知感是学生从大学生科研经验中学习的关键。

2. 文献中关于科学家思维与身份获得的阐述

在西摩(Seymour)等的一项深入的跨度多年的对参与夏季研究的本科生和教师导师的研究表明,学生认为最大的收益是他们个人和专业能力,可以

① Lopatto D. The essential features of undergraduate research[J]. Council on Undergraduate Research Quarterly, 2003, 23: 139-142.

② 戴维·H. 乔纳森,苏珊·M. 兰德. 学习环境的理论基础(第二版)[M]. 徐世猛,李洁,周小勇,译. 上海:华东师范大学出版社,2015.

"像一个科学家一样工作和思考"。①

特勒班等人(Taraban，Prensky&Bowen)开发的本科生研究问卷(URQ)，用于确认和量化大学生科研经历的关键维度。② 该问卷(URQ)有五个子量表，其中第二个子量表"研究心态子量表"，反映"学生对科学的兴奋，对自己像科学家一样思考的能力的信心，对进行研究的自信和承诺，以及对科学事业的热情"。特勒班等的研究心态子量表所表达的含义基本上与本研究的科学家思维与身份这一维度相似。

希里等人(Thiry，Laursen&Hunter)对四所文理学院的本科生研究经验进行研究，确定了大学生科研收获类别，这些类别中也包括"像科学家一样思考和工作"。

3. "科学家思维与身份"维度获得较少

本研究中，本科生关于科学家思维与身份的获得主要从以下题项测得：感觉像一个科学家、对这个项目进行创造性思考、独立尝试新的观点或者过程、感觉对这个项目有责任、因为觉得研究有趣而主动加班。这几个题项的均分是3.4，得分范围是2.83～3.98。最低的是"感觉像一个科学家"，得分为2.83；最高的为"感觉对这个项目有责任"，得分为3.98。3.4分的均分，介于"一些收获"和"比较大的收获"之间，远低于之前讨论的"研究技能的收获"这一维度3.81的均分，关于科学家思维与身份方面的收获要小一些。

在访谈中，同学们对于科学家思维与身份方面的获得，谈论得也比较少。从量化研究的结果来看，本科生在这方面的收获确实要少一些。但是谈得少也不一定就表示没有收获或者收获确实很少，也有可能只是同学们并没有意识到这种收获。比如说"对项目进行创造性思维"和"尝试新的观点或者过程"，在做大学生创新训练计划项目的时候是必须有的，不然学生就没办法写出项目申报书而获得立项。只不过这种创新性思维的收获对于学生来说不是那么显性，不像学会一项实验技能、学会一项数据分析技能那样能被同学明显感觉到。也有同学在做研究过程中体会到知识的无穷无尽，做实验需要

① Seymour E, Hunter A B, Laursen S L, DeAntoni T. Establishing the benefits of research experiences for undergraduates in the sciences: first findings from a three-year study[J]. Science Education, 2004, 88:493-594.

② Taraban R, Prensky E, Bowen C W. Critical factors in the undergraduate research experience [A]//Creating effective undergraduate research programs in science: The transformation from student to scientist [C]. New York, NY: Teachers College Press, 2008: 172-188.

很大耐心，研究过程需要十分严谨，这些都是科学家所必须要有的素质和特征。

深刻地认识到了学海无涯和知识的无穷无尽，想要做好一个项目需要很多的耐心和知识储备。(1)

我感觉最大的收获就是学会了怎么样去写科研性的论文，因为我们一开始是什么都不懂的那种，然后我们指导老师特别严谨，每交一份东西都要改好多遍。总之，最大的启发和收获就是做事情比较严谨。(2)

（三）职业方向确认和准备

大学生科研有短期收获，也有相对长期收获。除了研究技能收获这些短期收获，从稍微长远来看，大学生科研对学生专业道路选择和准备都有好处，包括“通过做研究确认了学生对于研究领域的兴趣，研究经历为学生以后的课程学习和论文做准备，研究经历为本科生进入研究生院做准备，研究经历为学生的工作做准备”。本科生在这个维度上的平均分值为 3.60。

从我们的访谈内容来看，本科生研究确定了本科生的兴趣与信心，通过观察而了解研究生生活，因为具有研究经历而在研究生入学考试中保持优势，进行更好的时间规划、人生规划和职业准备。

从文献中可以看到，几乎所有大学生科研项目的目标都是鼓励参与者考虑从事科学职业。在所有研究中，促进科学领域的职业抱负是最常被提及的变量。在这些研究中，涉及学生对科学职业的兴趣、攻读研究生学位的意向以及为科学职业做准备。

1. 确认兴趣与信心

有些同学通过做研究确认了自己的兴趣，然后决定在后期考研，继续该专业的学习和研究。也有同学原先虽然也有读研究生的打算，但是犹豫、彷徨和缺乏信心，通过大学生科研过程，确立了自己继续研究的信心。

因为当时培养了兴趣吧，然后才会想考这个专业，然后也挺顺利的，可能就是当时跟老师们都建立了良好的关系。所以就还挺顺利地考上了。(15)

原本我就想考研来着，然后有一段彷徨期，但是做完这个研究之后，还挺有成就感的，对自己很有信心。文章最后发表了，虽然省级期刊也不是特别高级的期刊，但是原来我们以为发表不了了，但最后还是顺利发出去了，还挺高兴的。在调查过程中，你会有想法，而且也会发现一些问题暴露出来，这些问题是你以前从来没有意识到的，是要做实际调查的。因为现在调查问卷的研究，基本上都是以网上问卷的模式，真的实地考察做问卷的比较少，因为实地调查涉及很多人力、物力、财力呀，还有各种现实社会的阻力都很大，但是还是要体验一下。虽然很辛苦，但有成果就还是挺满足的。(13)

因为大三了以后会面临毕业和选择方向，我觉得通过这次调研，我还是希望毕业以后能继续对本专业进行学习，对这些问题进行学习，就是想毕业之后进一步地读研究生。(6)

克雷默和布伦格尔(Kremer&Bringle)研究了参加过暑期研究项目的心理学专业大三学生，并将他们与没有参加研究项目的校友进行了比较。[①] 他们发现，本科生研究参与者更有可能选择从事研究工作，并肯定他们的本科研究经历帮助他们进入了自己选择的职业。

拉塞尔(Russell)的研究要求学生评价他们的研究经历如何影响他们对科学研究事业的兴趣。67%的受访者表示，他们的经历增加了他们对科研事业的兴趣，21%的人表示兴趣下降。有趣的是，只有8%的人表示对STEM事业兴趣下降。拉塞尔对这些结果的解释是，许多受访者拒绝从事科学研究，但仍然希望从事STEM相关行业工作。17%的受访者表示"研究不适合我"。拉塞尔(Russell)[②]对多所大学的近1.5万名本科生进行了研究，学生报告称，研究经历增加了他们如何进行研究的知识，增强了他们在研究生院取得成功的信心，增强了对职业选择的意识。

2. 研究生入学优势

大学生科研经历对于学生的研究生入学来说，是一个重要优势。目前研究生入学考试，面试的分值占比更多，导师更加关注学生在本科阶段的研究经历，优先选择在本科阶段有研究经历的学生。有两位同学提到他们的研究生入学考试经历，他们在复试过程中向老师详细阐述自己的本科研究经历，获得老师的认可，成功考上了研究生。

对我影响最大的一个收获，就是因为我要考研，然后复试的时候我把这个项目讲得很详细，老师对我很满意，而且以后我未来的研究方向可能也要做这一块，因为我以后要做的是循证医学数字化方面的研究。(5)

---

① Kremer J F, Bringle R G. The effects of an intensive research experience on the careers of talented undergraduates[J]. Journal of Research & Development in Education, 1990, 24: 1-5.

② Russell S H. Undergraduate research opportunities: facilitating and encouraging the transition from student to scientist[A]//Creating effective undergraduate research programs in science: The transformation from student to scientist[C]. New York, NY: Teachers College Press, 2008: 53-80.

嗯,因为在考研究生的时候老师会看科研经历的。这其实是一个优势啦。我考的是学硕,老师希望我可以尽快上手,就是更坚定了我走上研究的道路吧。我本来可能还是很迷茫的,或者不确定的,后来发现对这个研究还是有兴趣的啊。然后我老师也说你比较适合做科研,西南大学挺好的,让我去,然后我就考上了。(12)

3. 了解研究生生活

本科生在研究过程中,通过观察研究生的学习工作和生活,了解到真实的研究生生活学习状态。然后根据自己的情况和兴趣,决定是否要走研究生这条道路。有同学通过观察研究生学姐的学习和生活,认为她们对自己的人生规划很有影响。也有同学通过研究,感觉自己并不适合很严肃的研究者身份,决定在未来不会走学者的道路。

学姐就是走在我们前面的人,就可以看她们正在做什么。一直想读研,在参加这个项目之前就很努力,但是看学姐,觉得她们做这个研究好厉害的。这对我的人生规划还是有很大影响。(11)

这种经历对我未来选择的影响,就是让我坚定了可能不会走学者的路。我觉得自己其实不太适合这种很严肃的研究者的身份。虽然它对我有很大帮助,使我认识了很多,让我以比较严肃认真的态度去做很多事情,但是它就会让我感觉其实我不太适合。(4)

杜利(Dooley)等对一名本科生和一名研究生进行案例研究,考察在夏威夷大学进行本科生研究的一名女本科生和一名女研究生之间的互动。杜利报告说,本科生从她的研究生导师那里了解到研究过程和深入研究的重要性。本科生很重视对研究生生活的第一手了解,如果没有本科研究经验,她可能永远无法获得关于研究生院的详细信息,包括研究生申请过程的信息。[①]

多兰和约翰逊(Dolan&Johnson)采用质性访谈方法调查了参与本科生研究经历的本科生、研究生和教师之间关系的积极和消极结果。[②] 样本包括 8 名研究生、8 名本科生和 1 名教师顾问。一些本科生承认,在自己决定考研究

① Dooley D A, Mahon R M, Oshiro E A. An undergraduate research opportunity: collaboration between undergraduate and graduate students[J]. Journal of Food Science Education, 2004, 3: 8-13.

② Dolan E L, Johnson D. The undergraduate-postgraduate-faculty triad: unique functions and tensions associated with undergraduate research experiencesat research universities[J]. CBE Life Sciences Education, 2010, 9(4):543-553.

生之前，能够了解到研究生生活是什么样的，以及为了成为一名成功的科学家，他们必须做些什么，这些都是很有价值的。例如，两名本科生表示，通过观察从新手到专家的不同专业水平，更加了解科学家的道路。一名本科生说，在研究生的指导下，她更加努力地学习，以实现成为研究生的目标。还有一位本科生说，研究生导师让她觉得自己比其他同学更有准备。然而，这项研究的另一位本科生描述说，他对研究生生活的观察使他打消了攻读硕士学位的念头。

4. 人生规划与职业准备

科研经历对于自己以后的人生规划，以后的工作学习，不管是继续读研究生还是工作，都做好了更好的准备。比如有同学提到他们的导师给他们提出实用建议，让他们对自己以后的发展方向更加明确。有同学认为科研经历对自己今后在医院工作中论文撰写和课题申报都有帮助。

老师给我们提出了很多比较实用的建议，比如说这个学期哪几门课程是要多花时间去学习，哪些课程要我们另外去找一些参考书去加深一下学习。我们现在大三了，都要考研啥的，他之前找我们聊过一次，就问我们现在有哪些打算，想考哪些方向，或者考研过程中遇到问题应该怎么解决，他都会跟我们说。现在我的考研方向基本确定了，老师的指导对于我以后的发展方向还是有很大的影响的，也有很大帮助。(2)

收获就是你做整个项目的话，知道一个大体的思路，你要干什么。除了这个收获，主要就是思路方面，就是整个科研设计，但是没有那么细化，只是粗线条的。如果说不读研的话，其实科研经历对之后写论文什么的也是有帮助，因为以后在医院也是要报课题的。(13)

本来我开始准备考研就想选的是分析方面的，然后因为某种原因就来到了中药，但是也算是跟中药炮制或者中药有关，然后中药炮制做研究的时候也会用到分析仪器，就是分析它是贯穿着整个研究过程，其实都还是有影响的。(14)

大学生科研有助于学生确认和澄清他们追求科学职业的决定。坎贝尔(Campbell)[①]的研究探索大学生科研经验如何帮助女性在科学事业上取得成功。她的研究结果表明，与导师的互动鼓励学生从事对科学界至关重要的实践活动，例如在科学会议上发言，这些活动对女大学生对科学事业的兴趣和

① Campbell A M. The influences and factors of an undergraduate research program in preparing women for science careers[M]. Lubbock, TX: Texas Tech University, 2002.

准备工作产生了积极的影响。

5. 读研意愿与比例增加

从以上讨论可以看到，大学生科研参与可以确认学生的研究兴趣和信心；学生在参与科研过程中，通过与研究生和指导教师的互动接触，了解到研究生生活的实际状态；参与大学生科研使学生学会基本研究过程和技能，对于他们申请研究生入学具有很大优势；参与大学生科研可以让学生更好地做好人生规划和准备，这些都影响到学生的读研意愿和实际读研比例。

在关于大学生科研收获的文献中，大量文献确认了大学生科研在职业生涯确认和准备方面的收获。洛帕托(Lopatto)①、伊根(Eagan)等②、鲍尔和班尼特(Bauer&Bennett)③、汉考克和拉塞尔(Hancock &Russell)④报告的实证证据表明，本科生研究与进入研究生院学习的意愿和专业兴趣等变量之间存在关联。

洛帕托(Lopatto)以 41 所高校的 1 135 名本科生为样本，通过收集本科生的毕业后计划、在该项目中获得的学习经验、对该项目观点和态度等方面的信息，研究本科生研究与科学职业的关系。研究结果表明，83%的学生决定继续读研。具体而言，3. 5%的学生表示因为参与了本科生研究才决定读研，27%的学生表示读研计划得到了确认，52. 5%的学生表示原本已有读研计划。最常见的研究生院计划是攻读医学院博士(22%)和生物学相关领域的博士学位计划(20%)，共有 91 名学生报告说本科科研经历使他们改变了读研的决定。⑤

① Lopatto D. Survey of Undergraduate Research Experiences (SURE): first findings[J]. CBE Life Sciences Education, 2004,3(4): 270-277.

② Eagan M K, Hurtado S, Chang M J, et al. Making a difference in science education: the impact of undergraduate research programs[J]. American Educational Research Journal, 2013,50(4): 683-713.

③ Bauer K W, Bennett J S. Alumni perceptions used to assess undergraduate research experience[J]. The Journal of Higher Education, 2003,72(2):210-230.

④ Hancock M P, Russell S H. Research Experiences for Undergraduates (REU) in the directorate for engineering (ENG) 2003-2006 participant survey[M]. Menlo Park, CA: SRI International, 2008.

⑤ Lopatto D. Survey of Undergraduate Research Experiences (SURE): first findings[J]. CBE Life Sciences Education, 2004,3(4): 270-277.

海瑟薇(Hathaway)等研究了大学生科研参与与研究生入学之间的关系。[①] 该样本包括288名申请本科研究机会项目(UROP)的学生。研究生入学调查结果表明,与没有研究经历的学生相比,曾参与过大学生科研项目的学生在毕业后更有可能继续读研并参与研究。该研究还调查不同种族/民族群体在本科生研究中所体验到收获的差异。通过对136名代表性不足学生、152名白人和亚裔学生进行调查,结果表明非代表性的有研究经验的学生更有可能继续读研和研究,并向老师征求建议。

鲍尔和班尼特(Bauer&Bennett)以特拉华大学的校友为样本,研究本科生参与对其本科整体教育经历、研究生学业和博士学位的满意度。被试分成了三组:418名本科生研究项目(URP)校友、213名其他研究校友和335名没有研究经验的校友。59%的受访者主修工程或科学,另外的41%主修艺术、人文或社会科学。研究结果表明,参与大学生科研对于进入研究生院和职业决策的影响,与有其他研究经历的校友相比,参加URP项目校友的影响是前者的两倍以上,分别有81%的URP校友、71%其他研究经验的校友和59%没有研究经验的学生进入研究生院。在那些进入研究生院攻读博士学位的人中,67%是URP校友,21%有其他研究经历,12%是非研究人员。这些结果表明,结构化的大学生科研经验有助于学生追求更高的学术事业。

汉考克和拉塞尔(Hancock&Russell)[②]研究了工程专业学生大学生科研项目的活动、结果和影响。初步调查数据收集来自2 619名本科生和1 319名教师。研究结果显示,参与大学生科研的学生对科学、工程、研究、工业和教学的兴趣更有可能增加。对科学、工程和研究这三个职业领域的兴趣增加影响最大。表明自己对这三个职业领域的兴趣至少有所增加的学生比例为66%,大幅增加的学生比例为33%。在大学生科研项目实施前后分别询问学生未来10年的最高学位期望,53%的参与大学生科研的学生最高学位期望增加,只有8%的学生最高学位期望降低。期望获得学士学位的学生比例下降幅度最大,从37%下降至4%;期望获得硕士学位的比例从25%上升至37%;

① Hathaway R S, Nagda B R A, Gregerman S R. The relationship of undergraduate research participation to graduate and professional education pursuit: an empirical study[J]. Journal of College Student Development, 2002,43(5):614-631.

② Hancock M P, Russell S H. Research Experiences for Undergraduates (REU) in the directorate for engineering (ENG) 2003-2006 participant survey[M]. Menlo Park, CA: SRI International, 2008.

期望获得博士学位的比例从26%上升至48%。

伊根(Eagan)等人研究了参与本科生研究如何影响学生进入STEM和非STEM研究生及专业项目的愿望。研究采用多元回归分析方法研究大学生科研参与与研究生科研意愿之间的关系。研究结果表明,控制性别、种族/民族、社会经济地位、大学预科和大学GPA等变量后,大学生科研参与增加了学生攻读STEM研究生学位的可能性,在不同的研究模型下,这种增加值从9.02个百分点增加到17.73个百分点。对于非STEM专业的学生,他们是否参加过本科研究项目对读研意愿并没有什么影响。这表明本科研究项目促进了他们对STEM研究生项目的兴趣,而不是影响所有专业学生的读研意愿。

在本研究中,调查参与大学生科研的学生接下来的专业和职业道路选择,在参与调查的943人中,准备就业学生为209人,占比22%;准备考研428人,占比45%;准备保研176人,占比19%;准备出国93人,占比10%;准备申请直博37人,占比4%。从以上数据可以看出,有各种深造意向的学生占比78%,与洛帕托的研究中准备读研的83%数据相当。

当然,由于本研究的设计局限,并没有在学生参与科研之前进行前测,无法知晓在参与大学生科研前学生的读研意愿数据,因此,也无法获知读研意愿变化的具体数据与比例。并且,读研意愿也并不等同于实际的研究生入学。因为后期也没有跟踪调查数据,所以读研意愿与实际实施结果之间到底有多少差距也无从得知。

(四)关于大学生科研收获维度的讨论

1. 文献中大学生科研收获维度概述

综观文献,不同研究者团队用不同研究方法构建了大学生科研收获的不同维度。首先,西摩(Seymour)等人[①]对四所文理学院物理、化学、生物、计算机科学、工程学、生物化学、数学和心理学8个科学学科76名参与暑期大学生科研的学生(大部分是高年级学生)进行访谈,阐述了学生所认为的本科研究经历的收获。研究对学生自我报告的收获进行分类和频数统计,结果表明,

① Seymour E, Hunter A B, Laursen S L, et al. Establishing the benefits of research experiences for undergraduates in the sciences: First findings from a three-year study[J]. Science Education, 2004, 88:493-594.

大学生科研收获包括六个方面：①个人/专业收获，即增加做研究的能力和贡献真实知识的信心，在"感觉像一个科学家"方面增加信心，在提供研究、理解科学的性质方面增加信心，与教师导师建立同事工作关系，与同伴发展专业同事关系；②像科学家一样思考和工作，即应用知识和技能方面的收获，对科学和研究工作的理解；③技能收获，即交流技能，实验室/田野技能（使用仪器，测量技术）、工作组织技能、计算机技能、阅读理解技能、合作工作技能、信息收集（图书馆/网络搜索）技能；④澄清、确定和精确化职业/教育路径；⑤提高职业技能/为进入研究生院做准备，即提供真实世界的工作经历，提供与教师、同学和其他科学家的联系的机会，提升简历，提供接触全新经历的机会，提供参加会议接触新的网络/交换思想的机会，合作学习提升职业技能/为进入研究生院做准备；⑥关于像研究者一样学习和工作的态度改变，即增加为项目负责的意愿，学习去独立工作，形成自己的思想，为项目进展做贡献，对自己的能力更有信心，在学习方面有更大的内在兴趣，增加动机，注意细节。

汉考克和拉塞尔（Hancock & Russell）①研究了工程专业大学生科研项目的活动、结果和影响。初步调查数据收集来自 2 619 名本科生和 1 319 名教师。大学生科研收获维度分为四个维度（意识、信心、技能和理解），四个维度共有 18 个题项，其中意识维度 6 个题项，信心维度 3 个题项，技能维度 4 个题项，理解维度 5 个题项。采用四点李克特量表（1＝完全没有，2＝有所提高，3＝比较多，4＝非常多）进行测量。大多数学生认为在与研究相关的意识、信心、技能和理解方面至少有所提高。四个维度的平均评分从 2.5 到 3.4 不等。学生在理解维度的两个项目上得分最高。至少 80％的学生对他们在"理解研究人员的工作性质"和"理解如何进行研究项目"方面的收获评分为 3 分或 4 分。

特勒班等人（Taraban，Prensky & Bowen）开发了大学生科研问卷（URQ），用于确认和量化大学生科研经历的关键维度。② 该问卷依据学生对他们研究经验的描述，采用自下而上的方式创建。URQ 有五个子量表：①学术心态子量

① Hancock M P, Russell S H. Research Experiences for Undergraduates (REU) in the directorate for engineering (ENG) 2003-2006 participant survey[M]. Menlo Park, CA: SRI International, 2008.

② Taraban R, Prensky E, Bowen C W. Critical factors in the undergraduate research experience [A]//Creating effective undergraduate research programs in science: The transformation from student to scientist [C]. New York, NY: Teachers College Press, 2008: 172-188.

表，反映学生以有效方式组织学术生活的能力，以及对学术责任感和独立性的倾向；②研究心态子量表，反映学生对科学的兴奋，对自己像科学家一样思考的能力的信心，对进行研究的自信，对研究的承诺，以及对科学事业的热情；③研究方法子量表，表达学生对自己设计实验、生成假设、进行实验、分析数据和报告实验结果能力的信心；④教师支持子量表，强调教师和导师在为学生提供榜样、鼓励他们完成课程和学术目标、提供反馈以及讨论学生的学习领域和职业选择方面的作用；⑤同伴支持子量表，强调同伴的作用。

洛帕托（Lopatto）[①,②]开发了《大学生研究经历调查》（SURE）来评估本科生暑期研究经历。问卷包括 20 个项目测量学习的收获，类似于卡达什的研究经历问卷。得分最高的项目与理解研究过程、学习实验室技术和理解科学家如何解决问题有关。

希里等人（Thiry，Laursen & Hunter）的研究结果与西摩的研究结果类似。通过对四所文理学院的大学生科研经验进行研究，确定了大学生科研收获类别，这些类别包括“像科学家一样思考和工作、个人/专业收获、成为专业人士、技能收获、职业澄清和职业准备”。《大学生科研自我评估量表》（URSSA）就是基于希里此项研究的收获类别而形成的大学生科研经历调查，包括 136 个项目，目的是收集大学生在本科阶段研究经历的收获数据。该调查已经在多个不同的样本上进行试验和验证，是目前为止关于大学生科研收获的比较成熟的量表，具有心理统计学上的信效度。

2. 本研究与其他文献中大学生科研收获维度的比较

鉴于 URSSA 调查问卷是比较成熟的问卷，本书在测量大学生科研收获时，采用的就是经 URSSA 改编过来的问卷。但是经过测量分析，在本书中形成的大学生科研的几个维度与 URSSA 原来设定的几个维度并不完全一致。本研究中采用 URSSA 问卷中的 19 个题项，分别来自维度 1：像科学家一样思考和工作的收获，将知识应用于研究工作；维度 2：与研究工作相关的个人收获；维度 3：技能收获；维度 4：关于总的研究经历和作为一个研究者的态度和行为改变。但是经过对搜集数据的探索性因素分析，在本研究中这 19 个题项形成了两个共同因素“一般研究能力”和“科学家思维与身份”，而不是四个。

---

① Lopatto D. Survey of Undergraduate Research Experiences (SURE): first findings[J]. Cell Biology Education, 2004,3:270-277.

② Lopatto D. Science in solution: the impact of undergraduate research on student learning [M]. Tucson, AZ: Research Corporation for Science Advancement, 2009.

因此，这两个共同因素包括了原来4个维度的内容。

将本书确定的几个收获维度与特勒班的《本科生研究问卷》(URQ)相比，[①]他的学术心态子量表和研究心态子量表跟本研究中的“科学家思维与身份”这一维度相似，它反映了学生对学术责任感和独立性的倾向，反映了学生对科学的兴奋，对自己像科学家一样思考的能力的信心，对研究的承诺，以及对科学事业的热情。而特勒班的研究方法子量表，与本研究中的“一般研究能力收获”这一维度相似，表达学生对自己设计实验、生成假设、进行实验、分析数据和报告结果的能力的信心。

总之，关于大学生科研收获维度的划分虽有所不同，但是包含的内容大同小异。比如在西摩的研究中，收获包括“澄清、确定和精确化职业/教育路径”和“提高职业技能/为进入研究生院做准备”，在本书研究中，这两个维度合并为“职业方向确认和准备”。西摩研究分类中的另外两个维度“像科学家一样思考和工作”和“关于像研究者一样学习和工作的态度改变”，在本研究中合并为“科学家思维与身份”。本研究中大学生科研的三个维度基本上涵盖了文献中所阐述的大学生科研的各种收获分类。

---

① Taraban R, Prensky E, Bowen C W. Critical factors in the undergraduate research experience [A]//Creating effective undergraduate research programs in science: The transformation from student to scientist [C]. New York, NY: Teachers College Press, 2008: 172-188.

第五章

导师指导对大学生科研收获的影响

一、指导的相关理论与文献梳理

（一）指导的概念

由于指导可以在广泛的环境中（例如商业、不同层次的教育中）产生，关于指导的定义并不是很明确。最初关于指导的理论和方法研究大多集中在企业领域，涉及管理者与员工的关系。然而现在，关于师生关系中的指导的文献越来越多。

班杜拉（Bandura）的社会学习理论为指导提供了早期的理论基础。班杜拉认为，行为是在社会环境中习得的。更具体地说，学习是一个认知过程，通过观察、模仿和建模来实现。在指导关系中，被指导者可能希望发展一项新技能或获得新知识，并以导师为榜样。在指导过程中，指导者展示技能，被指导者作为学徒实践和模仿这一行为，被指导者的动机和指导者的期望作为学习的积极强化物。

莱文森（Levinson）等人提出的“成年生活结构”也影响了指导研究。这种发展模式强调了正式指导关系在成年早期新手阶段的重要性，指导关系帮助被指导者发展更强的自我意识和他们在周围世界中的位置。因此该模式指出这些指导关系应该持续数年。虽然这种模式鼓励了更多关于指导的当代研究，雅克比（Jacobi）认为莱文森的主要关注点是成人发展，可能不适用于本科生。①

还有研究者基于指导的功能或结果对指导进行概念化。克拉姆(Kram)通过对工作中的导师的研究，确认了导师两个关键角色：职业支持(发起、教练、提供挑战性的工作)和社会心理支持(角色示范、咨询、友谊、接纳)。亨特和迈克尔(Hunt & Michael)的模型考虑导师行为和指导结果，同时还包括环境因素、指导关系特征、持续时间等因素。②

在更近的研究中，罗兹(Rhodes)等人的模型受社会学习理论和亨特、迈克尔的主要功能和环境因素理论的影响。他们将指导关系概念化为促进年轻人的社会情感、认知和身份发展。指导关系的发展结果受前期依恋、指导关系持续时间和指导关系质量的影响。

莱丘加(Lechuga)探讨了研究生导师在师徒关系中所扮演的角色和承担的责任。③ 通过对一所研究型大学15名非代表性教员的采访，归纳出研究生导师的角色包括顾问、教练、雇主和社会化媒介。教师与研究生之间的关系可以用三个宽泛的描述符来描述，即教师作为盟友、大使和专家，这三个描述符描述了参与者的角色和责任。

约翰逊(Johnson)的关系连续体模型认为，随着时间的推移，指导关系在指导连续体上不断发展，这些关系变得更具变革性、具有更高的社会支持、更高的承诺和亲密度。

约翰逊(Johnson)认为，导师和学生之间的认知和情感纽带是大学生活的一个基本要素。他将指导定义为“一种更加紧密的相互关系，在这种关系中，教师导师既要促进学生的个人和专业发展，又要促进其职业生涯”。

在另一个经常被引用的定义中，厄比(Irby)将指导关系定义为：导师/被指导者两人组合中的发展性的指导关系是一种渐进的关系，它通过递归的渐进意识和行动流来构建支持、信任、信心、冒险，以及通过对话(包括协商、倾

① Jacobi M. Mentoring and undergraduate academic success: A literature review[J]. Review of Educational Research, 1991, 61: 505-532.

② Hunt D M, Michael C. Mentorship: a career training and development tool[J]. Academy of Management Review, 1983, 8(3): 475-485.

③ Lechuga V M. Faculty-graduate student mentoring relationships: mentors' perceived roles and responsibilities[J]. Higher Education, 2011, 62:757-771.

听、反思、挑战、计划)进行可见的积极转变。[①]

以上这些关于指导的定义和模型并不是专门针对本科学生的,但它们对于大学生科研中通过指导获得的发展成果和能力也具有一定的解释力。

尽管在定义和概念模型上存在差异,但是在文献中发现的大多数指导定义都有一些共同的组成部分:指导关系是一种持久的人际关系;指导关系日益互惠互利;导师相比学员有更大的成就和经验;导师提供直接的情感和心理支持,对被指导者职业和专业发展提供直接帮助,树立榜样;指导往往涉及直接的互动;指导关系为自我探索和自我管理提供了一个安全的环境;指导关系实现被指导者的身份转换;指导关系能产生积极的职业和个人成果。

(二) 指导的功能和角色

雅克比(Jacobi)[②]通过对1970年代中期到1991年关于指导的大量文献进行综述,归纳出指导的十五种功能,包括接受/支持/鼓励、建议/指导、获得资源、获得挑战/机会、澄清价值/确认目标、教练、获取信息、获得保护、角色示范、获得社会地位、社会化引导、发起/宣传、促进知识获取、培训/指导、获得知名度。

虽然说这些功能或角色本身需要进一步澄清,但是展示这些功能是因为它们具有生成的目的,这些功能激发了对一系列行为的思考。这些行为具有指导关系的特征,但是它们在高等教育环境中的出现频率和有效性问题还有待证实。

一些研究人员将这些众多的指导功能分为两大类。例如克拉姆(Kram)[③]对大型企业组织中门徒和导师进行深度访谈并做内容分析,将职业指导与心理社会指导两种成分区分开来。奥里安(Olian)等[④]收集来自企业经理的调查反馈,并对其进行定量分析,形成指导的两个分类:工具性和内在

---

① Irby B J. Editor's overview: defining developmental relationships in mentoring for mentor/mentee dyads, for mentors, and for mentoring programs[J]. Mentoring & Tutoring: Partnership in Learning, 2013, 21: 333-337.

② Jacobi M. Mentoring and undergraduate academic success: A literature review[J]. Review of Educational Research, 1991, 61(4):505-532.

③ Kram K E. Mentoring at work: developmental relationships in organizational life[M]. Glenview, IL: Scott, Foresman &Co, 1985.

④ Olian J D, Carroll S J, Giannantonia C M, et al. What do proteges look for in a mentor? Results of three experimental studies[J]. Journal of Vocational Behavior, 1988, 33:15-37.

性。诺(Noe)[①]对学校教师和管理者提供的数据进行因子分析，得出指导的职业功能和社会心理功能两个因子。肖克特和哈林(Schockett & Haring)对大学生行为的因子分析再次表明，指导具有心理社会功能和职业功能。[②]

基于克拉姆、耐温和奥里安等人的发现，与导师具有密切联系的学生从指导关系中获得的好处主要有两个维度：通过导师所提供的信息和外部中介所带来的工作和职业福利，通过从关系中获得的情感支持和友谊所带来的心理好处。

另外，奥里安在分析中提出了导师的榜样作用，虽然克拉姆将角色塑造视为一种心理社会功能，但奥里安的分析并不支持这种方法。伯克(Burke)[③]对80位职业发展课程管理者的问卷调查结果进行探索性因素分析，得出了指导的三个不同的功能：职业发展功能、心理社会功能和角色模型功能。因此，可以将角色塑造考虑为指导的第三个元素。总之，指导提供了雅克比所归纳的15种不同功能中的任何一种或全部功能。这些功能反映了指导关系的三个组成部分：情感和心理支持、对职业和专业发展的直接帮助、角色塑造。

（三）科研指导的相关文献梳理

1. 研究生导师科研指导风格类别

在高等教育领域，关于指导的研究更多地是以研究生及其导师为研究对象。例如，随着攻读博士学位人数的不断增长，研究者们关注导师对博士生的指导，盖茨菲尔德(Gatfield)通过梳理与博士指导相关的60个文献项目，来研究导师指导风格及风格变化。[④] 在布莱克和莫尔顿管理网格模型的基础上，盖茨菲尔德利用文献中确定的80个关键变量，构建四象限的指导风格管理网格。根据导师与博士之间指导关系的结构性与支持度高低，归纳出四种指导风格：契约式指导、管理式指导、田园式指导和自由放任式指导。契约式

---

① Noe R A. An investigation of the determinants of successful assigned mentoring relationships [J]. Personal Psychology, 1988, 41: 457-479.

② Schockett M R, Haring-Hidore M. Factor analytic support for psychosocial and vocational mentoring functions[J]. Psychological Reports, 1985, 57: 627-630.

③ Burke R J. Mentors in organizations [J]. Group and Organization Studies, 1984, 9: 353-372.

④ Gatfield T. An investigation into Phd supervisory management styles: development of a dynamic conceptual model and its managerial implications[J]. Journal of Higher Education Policy and Management, 2005,27: 311-325.

指导具有高结构高支持，管理式指导具有高结构低支持，田园式指导具有低结构高支持，自由放任式指导具有低结构低支持。盖茨菲尔德发现，在接受采访的12名教职员工中，大多数采用契约式指导风格。此外，研究者还建立假设模型来研究指导风格随着时间推移的变化，以及对指导者的管理影响。研究发现，教师指导不限于某一种风格，教师会根据不同学生的不同需要，转换到不同的风格。

和盖茨菲尔德一样，墨菲、贝恩和康拉德(Murphy、Bain&Conrad)定义了导师指导博士生的四种指导取向。① 不同的指导取向取决于两个维度，一是导师对关系的控制程度，二是这种关系是侧重于任务还是侧重于人。以任务为中心的导师会优先关注任务的完成，而不是考虑这项任务是否会促进学生的个人发展。具有控制取向的导师对研究负主要责任；具有指导取向的导师指导研究过程而不承担主要责任。因此，可以归纳为四种指导取向：控制和任务为中心、控制和个人为中心、指导和任务为中心、指导和个人为中心。

徐岚的研究与上述研究类似，以一所研究型大学为案例进行质性研究，发现博士生导师的指导风格可分为专制功利型、民主权威型、自由探索型和放任型；导师扮演的角色类型包括家长式的权威人物、亦师亦友的引导者、“老板—雇员式”的支配者和科研伙伴式的合作者。②

莱丘加(Lechuga)通过对15名STEM领域非代表性教师的半结构化访谈，描述了拉丁裔教师和研究生之间的指导关系，根据导师与研究生互动的背景和期望，将导师分为三类：盟友、大使和主人。③ 盟友类导师投入时间和精力于学生的学业和个人发展上；大使类导师对研究生专业社会化进行支持和培养；主人类导师通过“结构化学习环境”培养研究生的研究技能。

包水梅，杨冰冰对“导师论导”的相关文献进行内容分析，结果发现：导师指导行为主要表现在硬软件支持、营造氛围、学术规范教导、技能传授与思想点拨、模范榜样、任务布置和监督控制七大方面。作者借鉴管理风格理论构建方式，以“定规行为”和“关怀行为”为基本维度，建构出研究生导师指导风

---

① Murphy N, Bain J D, Conrad L. Orientations to research higher degree supervision[J]. Higher Education, 2007, 53: 209-234.

② 徐岚. 导师指导风格与博士生培养质量之关系研究[J]. 高等教育研究, 2019, 40(6): 58-66.

③ Lechuga V M. Faculty-graduate student mentoring relationships: mentors' perceived roles and responsibilities[J]. Higher Education, 2011, 62: 757-771.

格概念模型：贫乏型、指令型、牧师型与协作型。①

彭湃认为导师对研究生的指导行为具有教育、生产、支持以及管理功能，可以根据研究生感知的属性进行细致的类别划分。在导师指导行为解释框架——情境互动模型中，个体特征是形成导师指导行为的基础；导师指导观是形成导师指导行为的先导和依据；外在情境塑造着导师指导行为的基本模式，提供其可能性与边界条件；在需求满足和期望达成机制的作用下，导师与研究生的互动决定着具体的指导行为。②

2. 研究生导师科研指导对研究生培养质量的影响

研究生导师科研指导的类型或行为对研究生的培养质量具有影响。姚添涵、余传鹏以445名研究生为调研对象，探讨了导师支持、同门支持、科研自我效能感三者对研究生科研创造力的作用机制。研究结果表明导师支持对研究生的科研创造力有着显著的重要影响，但这种影响过程是通过研究生科研自我效能感的完全中介作用来实现的。③

吴杨、韦艳玲、施永孝等以九所高校的500份问卷调查和28位师生的深度访谈为数据样本，通过分位数回归模型考察研究生主动性不同条件下，导师支持型和控制型指导风格对研究生创新能力的影响。研究表明，导师指导风格对研究生创新能力的影响存在一定的差异性，且因研究生的主动性而异。导师的支持型指导风格对个人主动性较高的研究生群体创新思维和创新行为的影响都很大。而导师的控制型指导风格对个人主动性较低的研究生群体创新思维和创新行为的影响相对较大。这类研究生需要导师制订严格的学习计划和科研训练方案，增加知识积累和储备，以促进其创新能力的提升。④

杜嫱探讨导师指导与博士生自主性在其专业素养发展中的作用。研究发现48%的博士生认为导师对自己的指导关系为控制性的“权威指导型”，52%的博士生认为属于支持性的“伙伴合作型”；回归分析证实导师对博士生

① 包水梅，杨冰冰. 基于内容分析法的研究生导师指导风格概念模型构建[J]. 学位与研究生教育，2019(2)：12-18.

② 彭湃. 情境与互动的形塑：导师指导行为的分类与解释框架[J]. 高等教育研究，2019，40(9)：61-67.

③ 姚添涵，余传鹏. 导师—同门支持、科研自我效能感与研究生科研创造力的关系研究[J]. 高教探索，2019(4)：46-53.

④ 吴杨，韦艳玲，施永孝，等. 主动性不同条件下导师指导风格对研究生创新能力差异性影响研究——基于九所大学的数据调查[J]. 复旦教育论坛，2018，16(3)：74-79.

的支持关系和博士生的自主性对博士生专业素养具有促进作用。①

（四）大学生科研指导相关文献梳理

随着实践中大学生科研的逐渐兴起和增多，文献中关于大学生科研指导的研究也逐渐增多，通过对大学生科研指导的相关文献进行梳理，研究主要包括大学生科研指导结构、大学生科研指导模式、大学生科研指导内容、教师参与大学生科研指导的影响因素等内容。

1. 大学生科研导师的概念

希里（Thiry）等聚焦于科学实验室中本科生和科学家之间的互动，对学生专业和职业发展的好处。他们将研究导师定义为：顾问（advisors），愿意分享他们知识的具有职业经验的人；支持者（supporters），给予情感支持和道德鼓励的人；导师（tutors），基于表现给予学生具体反馈的人；主人（masters），对于新手来说是雇主；发起者（sponsors），学生获得机会和帮助的信息来源；身份模型（models of identity），成为一个专业科学家的同时应该成为什么样子的人。事实上，导师不可能完成所有的指导角色，因此，希里等宽泛地将导师定义为："在学生个人或专业发展的某个或多个方面帮助他的人。"②

在大学生科研过程中，导师是在大学生科研、学习甚至个人发展中，提供各类指导和帮助的人，导师可能是某个特定教师，也可能是在一个学术共同体中的研究生或者博士后。

2. 大学生科研指导结构

大学生科研环境中对本科生的指导不仅仅来自教师，同时还来自研究生、博士后、其他科研人员等。希里在对两所研究型大学的大学生科研的研究中发现，63％的本科生由研究生或者博士后研究者所指导，27％由主要的研究者教师所指导，其余本科生由其他研究教师或者高年级的本科生指导。根据教师、研究生、本科生这三者之间联系的紧密程度与性别匹配与否，有研究者对大学生科研指导关系的结构进行了分类。艾肯斯（Aikens）等根据教师—研究生—本科生三者之间是否有联系，对大学生科研指导提出八种指导

---

① 杜嫱. 导师指导与博士生专业素养的发展：自主性的调节作用[J]. 研究生教育研究，2019，(3)：36-43.

② Thiry H，Laursen S L. The role of student-advisor interactions in apprenticing undergraduate researchers into a scientific community of practice[J]. Sciences Education Technology，2011，20：771-784.

结构：其中重要的一种是开放的三人组，即本科生与研究生或者博士后之间有连接，研究生或博士后与教师导师有连接，但是本科生与教师导师之间没有连接；还有一种是封闭的三人组，即三类成员间彼此都有连接。①

莫拉莱斯(Morales)考察了不同类型的指导关系。② 根据本科生与教师导师的性别匹配与否(性别匹配或性别不匹配)以及他/她与研究生导师的性别匹配与否(性别匹配、性别不匹配或没有研究生导师)，将大学生科研的指导关系分为六类：

第Ⅰ类：教师导师、研究生、本科生性别一致的三人组，即由女教员—女研究生—女本科生或男教员—男研究生—男本科生组成。

第Ⅱ类：教师导师和本科生性别一致的二人组，即男教员—男大学生，或者女教师—女学生二人结构，没有研究生。

第Ⅲ类：为三人组，本科生与教师导师性别相同，而与研究生导师性别不同，即女教员—男研究生—女本科生或男教员—女研究生—男本科生三人组。

第Ⅳ类：为性别不匹配的教师—本科生二人结构，由女教师—男本科生或男教师—女本科生组成。

第Ⅴ类：本科生与教师性别不同，与研究生导师性别相同，即女教员—男研究生—男本科生或男教员—女研究生—女本科生三人组。

第Ⅵ类：本科生与教师和研究生导师的性别都不一致，即女教员—女研究生—男本科生或男教员—男研究生—女本科生三人组。

3. 大学生科研指导模式

随着大学生科研的逐渐兴起和普及，更多的研究开始关注大学生科研的指导关系模式。蔡(Tsai)等通过对两个典型案例的定性研究，研究了导师与大学生科研者之间的指导关系，将导师分为两种类型：监督型和教练型。③ 监督型导师注重研究项目的结果，将之置于与大学生科研人员的关系之上；而

---

① Aikens M L, Sadselia S, Watkins K, et al. A social capital perspective on the mentoring of undergraduate life science researchers: an empirical study of undergraduate-postgraduate-faculty triads [J]. CBE Life Sciences Education, 2016, 15: 1-15.

② Morales D X, Grineski S E, Collins T W. Effects of gender concordance in mentoring relationships on summer research experience outcomes for undergraduate students[J]. Science Education, 2018: 1029-1050.

③ Tsai J Y, Kotys-Schwartz D A, Louie B, et al. "Am I a boss or a coach? graduate students mentoring undergraduates in research."[A]//the 120th American Society for Engineering Education Annual Conference[C]. Atlanta, GA, 2013.

教练型导师将协作和团队合作能力放在首位。

雷韦洛(Revelo)等用扎根理论的方法,研究了在为期八周的本科生暑期研究项目中,导师和本科生之间的师徒关系。[①] 该研究基于格罗的自主学习模型,创建了一个基于数据的发展模型(Developmental Model of Research Mentoring),研究了师徒关系随时间发展的阶段与趋势。该模型整合了导师和学生在师徒关系中的角色,并阐述了当指导者角色与学生的成熟度级别不匹配时,冲突将如何发生。勒娜特的研究指导发展模型(DMRM)是一个四阶段的描述性模型,四个发展阶段依次为:新手和主管、学徒和师傅、合作者和导师、同事和顾问。在第一阶段,导师对研究项目负有主要责任,在这个阶段,学生可能会对项目、成员、研究环境等感到陌生。导师对学生表示欢迎并把该学生介绍给项目其他成员,导师为学生设定期望和目标。学生在从第一阶段过渡到第二阶段时,逐步理解研究项目的目的和背景。导师向学生解释项目的研究背景和"大局",这有利于学生专业社会化的发展,并提高学生的积极性。在第二阶段,这种关系类似于经典的师傅—学徒关系。导师仍然对研究项目的进展负有主要责任,但是学生也可以开始独立取得进展。随着学生从第二阶段过渡到第三阶段,学生为研究项目提供了新的思路,获得了越来越强的独立性。在第三阶段,导师和学生共同承担推进研究项目的责任,学生可以获得项目某些方面的所有权。因此,导师和学生的互动程度增加。在第四阶段,学生承担主要责任,导师担任顾问,学生和导师之间的关系更像同事关系,学生可以为研究开辟新的方向和发展自己的想法。但是在短时期内,很少有师徒关系能发展到第四个阶段。

研究者还指出,当导师和学生在模型中扮演完全相反的角色时,会出现严重的不匹配。这种不匹配包括同事—主管不匹配、新手—顾问不匹配。同事—主管不匹配可能导致师徒关系不成功,因为学生可能对导师的方法不满意。当新手遇到顾问导师时,也会出现严重的不匹配,在这种情况下,对于没有研究经验的学生,导师没有提供学生所需要的初始方向和及时指导。

拉尔夫和沃克(Ralph & Walker)提出了在专业教育环境中大学生科研指导关系的"适应性指导关系"模型,该模型假定每个学员在指导关系中可以置于两个维度——信心水平(他们对自己能力的自信水平)和能力水平(在一定

① Revelo R A, Loui M C. A developmental model of research mentoring[J]. College Teaching, 2016, 64(3): 119-125.

的环境下他们的工作能做到什么水平)。作者认为在最成功的指导关系中，导师应基于每个特定学员在两个维度上的需要而调整其指导行动。这两个维度是任务取向(提供给学员方向或自主的数量)和支持取向(提供给学员个人、情感、社会和职业鼓励及支持的数量)。他们认为，在理想的指导关系中，导师准确地对特定学员的需求做出反应，并相应地调整他们的反应，以及学员能够足够准确地理解自己的需求，从而寻求适当和有意义的师徒关系。

4. 大学生科研指导的内容

希里(Thiry)等通过对 73 位本科生被访者的访谈，讨论本科生被访者认为在研究经历中对他们发展有效的指导过程。经对访谈材料的整理归纳，从专业社会化支持、认知支持、个人/情感支持三个方面来描述指导实践对收获的影响。①

关于指导知识、技能、特质方面维度的研究，安(Ahn)等对研究生或博士后指导者进行了访谈，这些研究生或博士后都被学生评为杰出的大学生科研指导者。根据访谈内容，安分类归纳出重要的指导知识、技能和特质，并据此开发出一个测量指导知识、技能、特质的量表。该量表包括 4 个因素，30 个项目，用来测量指导者关于指导的知识、技能和特质的信念。四个因素分别为：在研究环境中与参与大学生科研的学生建立积极的工作关系，了解学生的需求并进行个性化指导，关注参与大学生科研的学生的日常任务完成，在研究环境之外与学生建立个人的关系。② 该研究所确定的指导知识、技能、特质的四个因素是基于指导者的自我报告，而非基于被指导本科生的视角。

拉曼(Raman)等在研究中根据经验提出"指导者的关键行动"。③ 拉曼提出的有效指导的六个关键维度为安全、准备、前瞻性、耐心、出现、正面的。在该研究中，指导者的关键维度是因经验而假设的，而非基于实证研究而得出。在未来的研究中，可以基于实证研究，从本科生被指导者的角度，对有效指导的维度进行确认。

萨拉汉(Shanahan)等以"大学生科研"、"导师"、"指导"、"最佳实践"、"策

---

① Thiry H, Laursen S L. The role of student-advisor interactions in apprenticing undergraduate researchers into a scientific community of practice[J]. Sciences Education Technology, 2011, 20: 771-784.

② Ahn B, Cox M F. Knowledge, skills, and attributes of graduate student and postdoctoral mentors in undergraduate research settings[J]. Engineering Education, 2016, 105(4): 605-629.

③ Raman R, Geisinger B N, Kemis M R, et al. Key actions of successful summer research mentors[J]. Higher Education, 2016, 72: 363-379.

略”和“挑战”等为关键词，对100余篇同行评议文章进行梳理研究，抽取大学生科研指导的有效特征，以便对教师导师的招募、培训和支持提供信息和依据。[①] 他们通过文献综述，归纳出十项有效大学生科研指导实践，并据此形成教育学的指导列表。这十项实践包括：做好战略性的预先计划，准备好对学生在整个研究过程中的不同需求和能力进行反应；为大学生科研人员设定明确的、严密的期望框架；传授进行研究所需的本学科技术、技能和方法；平衡严格的期望与对学生的情感支持；将大学生科研人员纳入研究社区，该研究社区包括导师、研究生、博士后研究员和其他团队成员；花时间对学生进行一对一的亲自指导；随着时间的推移，支持学生独立研究；通过关系网络和解释学科规范来支持学生的专业发展；为同伴和“近同伴”创造有意的、阶梯式的机会，并为更多的本科生引入学术机会；鼓励学生分享他们的发现，并指导学生如何有效地口头陈述、海报呈现和论文写作。

5. 教师参与大学生科研指导的影响因素

以上我们对大学生科研指导的结构、模式和内容进行了分析，但是大学生科研指导的存在首先需要教师去参与这一活动，如果没有教师的参与，那么一切都无从谈起。那么，究竟哪些因素会影响教师参与大学生科研指导呢？伊根（Eagan）等通过对4 832名STEM本科生教学教师进行测量，研究院校因素和教师个人因素如何影响教师参与大学生科研的可能性，[②]教师个人因素包括背景特征、职位、教学和学术活动、对于学校的感知；院校因素包括院校类型、院校选择性和教师对于院校宗旨的感知。结果表明院校环境与教师参与大学生科研的可能性显著相关，院校变量可以解释因变量59%的变异。比如文理学院、传统黑人学校、高选择性学校的教师参与大学生科研的可能性更大。在个人变量中，教师职业生涯、学科专业、教学及其他学术活动、科研产出和资金来源、教师对于本科生的教育目标的认知、对学校氛围的感知等变量与教师参与大学生科研有显著正向关系。

韦伯（Webber）和他的同事[③]对450多所四年制大学的4万余名教师的大

① Shanahan J O, Ackley-Holbrook E, Hall E, Stewart K, et al. Ten salient practices of undergraduate research mentors: a review of the literature[J]. Mentoring & Tutoring: Partnership in Learning, 2015, 23(5), 359-376.

② Eagan M K, Sharkness J, Hurtado S, et al. Engaging undergraduates in science research: not just about faculty willingness[J]. Higher Education, 2011, 52: 151-177.

③ Webber K L, Laird N T F, Lorenz B A M. Student and faculty member engagement in undergraduate research[J]. Research in Higher Education, 2013, 54: 227-249.

学生科研指导参与度进行调查研究。他们的发现表明，个人因素和院校特征都预示着教师参与大学生科研指导的程度。在个人层面，非裔美国教师和拥有博士学位的教师，更有可能参加大学生科研指导。年轻教师、男性教师、教学工作量较大教师以及教学经验较多的教师，更有可能参加大学生科研指导。在机构层面，他们的研究结果显示，卡耐基类别、学校类型（私立或公立）和学校规模对教师参与大学生科研指导都没有太大的影响。

这两项研究在组织公民行为和社会交换理论下，研究大学生科研中的教师指导关系，但它们都存在局限性，两项研究都没有明确考察教师在正式本科研究项目中指导学生的动机，并没有形成一个更广泛的概念框架来考察教师指导本科生的动机背后的因素。

莫拉莱斯（Morales）等[①]以大学生科研项目为重点，通过实证数据，研究教师在大学生科研项目中指导本科生的动机，研究教师参与大学生科研指导的激励和限制因素。研究者利用 2013 年收集的横断面调查数据，采用广义线性模型分析了来自 13 个院校的 536 名教师的数据，考察了预期成本/收益、性格因素、情境因素、以往经验和人口因素如何预测教师的指导动机。结果显示，更重视通过对少数族裔学生的指导来增加学院多样性机会的教师，将更有可能对担任导师感兴趣。认为指导本科生很费时，且所在院校并无大学生科研指导奖励机制的教师，或者接触本科生的渠道受到限制的教师，不太可能对担任导师感兴趣。职业中期的教师比职业晚期的教师更有兴趣担任导师。研究结果对改善本科生的研究经验具有启示意义，因为培训项目的成功取决于能否让积极性很高的教员成为导师。

海沃德（Hayward）等对美国西部一所授予博士学位的研究型大学的大学生科研项目的导师进行访谈。[②] 访谈对象为 30 位处于不同职业阶段的导师。基于内在动机和工具性动机理论框架，访谈数据呈现了教师参与大学生科研指导的不同动机类型，以及由此导致的指导教师与学生的不同合作方式和学生的不同科研收获。大部分大学生科研导师的动机为内在动机，但一小部分

---

① Morales D X, Grineski S E, Collins T W. Effects of gender concordance in mentoring relationships on summer research experience outcomes for undergraduate students[J]. Science Education, 2018:1029-1050.

② Hayward C N, Laursen S L, Thiry H. Why work with undergraduate researchers? differences in research advisors' motivations and outcomes by career stage[J]. CBE Life Sciences Education, 2017, 16:1-11.

早期职业阶段的导师表达了工具性动机。工具性动机的导师倾向专注于推进他们自己的研究，而内在动机的导师则意识到学生学习和研究效率之间的“矛盾”，并努力找到一种平衡，使学生和他们自己都受益。具有内在动机的导师通过让学生参与研究促使学生获得更广泛的教育成果，会更有效地帮助学生在该专业中取得成功和进步。挖掘和培训能够为本科生提供高质量研究经验的指导教师具有重要的意义。研究还认为，动机类型差异可能是职业阶段和导师与本科生合作方式之间的调节或中介因素。因此海沃德等提出，应该将重点放在创建制度来帮助导师发展这些内在动机，以更好地参与到大学生科研指导中，为学生提供更好的指导。

行动来源于认知。教师是否参与大学生科研指导，教师对大学生科研指导的投入度如何，与教师对大学生科研的认知密切相关。相对于大学生科研的收获，有关教师对大学生科研认知的研究相对较少，主要涉及教师对大学生科研项目的目的、好处、挑战、教师所需要的素质的认知等方面。

威尔逊(Wilson)等从两个维度分析学术人员对大学生科研项目目标的看法：一个维度是项目要传授的是什么(专注于研究还是不专注于研究)，另一个维度是谁将从这个项目中获利(学生、教职工或者机构)。[①] 学术人员认为项目中基于研究成分的目的是提升保留率和选择率，让学生接触研究，发展科学研究技能，让学生像一个研究者那样思考，使学生进入研究文化。

关于教师所认知的指导大学生科研的好处和挑战，戴维斯(Davis)等将教师面对的挑战分成两类：需要侧挑战(基于学生的)，包括学生准备、资源剥夺(钱和时间)；供给侧挑战(基于教师和学校的)，包括接近学生、经费支持机制、工作认可、机构变革和持续性。[②] 肖特利奇(Shortlidge)等也是通过质性访谈的方法，归纳出教师关于指导大学生科研的好处、挑战的看法。[③]

有效地对大学生科研进行指导，对指导教师的知识、能力、素质也提出了一定的要求，肖特利奇(Shortlidge)等通过质性访谈的方法，归纳出教师教学和指导大学生科研所需要的素质。本杰明(Benjamin)通过对学生评出的“杰

---

① Wilson A, Howitt S, Wilson K, et al. Academics' perceptions of the purpose of undergraduate research experiences in a research-intensive degree [J]. Studies in Higher Education, 2012, 37(5): 513-526.

② Davis S N, Jacobsen S K. Curricular integration as innovation: faculty insights on barriers to institutionalizing change[J]. Higher Education, 2014, 39: 17-31.

③ Shortlidge E E, Bangera G, Brownell S E. Faculty perspectives on developing and teaching course-based undergraduate research experiences[J]. Bioscience, 2016, 66(1): 54-62.

出的指导者”进行访谈，确认了大学生科研指导的知识、技能和特质的构成成分。

二、大学生科研指导的结构

（一）大学生科研指导结构类型——传统型与网络型

大学生科研中的指导结构主要有两种类型——传统型和网络型。传统指导模型是教师为本科生提供一对一的指导，在美国的教学型本科院校，这种模型仍然是常用的。然而，在研究型大学中，更多是网络型指导，这是一种基于实验室研究组的层次结构，在研究小组成员、教师、博士后、研究生和本科生之间创建各种导师——被指导者配对组。这种配对组形式多样，最常见的情况是教师指导研究生，并指派研究生指导本科生。

在网络型指导中，大学生科研环境中对本科生的指导不仅仅来自教师，同时还来自研究生、博士后、其他科研人员等。在希里等人的一项对两个研究型大学的大学生科研的研究中，发现63%的本科生的指导者是研究生或者博士后，只有27%的学生由教师导师指导，剩下的被其他研究者或者高年级的本科生指导。① 在霍伦斯坦等人(Horenstein，Roberts & Dix)的研究中，研究人员对两组各5名本科生研究者和5名指导教授进行多案例叙事分析，学生表示他们经常由研究生、技术助理和其他学生指导，他们与指导教授很少会面，有时觉得离教授很遥远。②

在本书研究中，参与大学生创新训练计划项目的学生均有导师。研究中区分指导结构模式，即是由教师导师指导，还是由教师指派研究生指导，或者教师与研究生共同指导。研究结果表明，本研究中的指导结构模型是多样的，既有传统意义上的教师对学生的一对一指导，也有网络指导模型，即教师指派研究生对本科生进行指导或者教师和研究生共同指导。具体来说，主要指导者为教师的比例为58.1%，主要指导者为研究生的比例为14.4%，主要

① Thiry H，Laursen S L. The role of student-advisor interactions in apprenticing undergraduate researchers into a scientific community of practice[J]. Sciences Education Technology，2011，20：771-784.

② Horenstein L S，Roberts K W，Dix A C. Mentoring undergraduate researchers：an exploratory study of students' and professors' perceptions[J]. Mentoring & Tutoring：Partnership in Learning，2010，18(3)：269-291.

指导者为教师和研究生共同指导的比例为 27.5%。从比例中可以看出，占比最多的为教师作为指导者，其次是教师和研究生共同作为指导者，而研究生作为主要指导者的情况最少。

将本研究的调查数据与希里等人的研究相比较，本研究中接受教师直接指导的比例要大许多，直接由研究生指导的比例相对要少许多。这可能是由于大学生创新训练计划项目是正式的结构化研究项目，该项目制度设计要求由教师指导学生研究过程；且中国许多高校没有明确的助教制度，研究生也就没有义务为教师承担指导本科生的责任。

（二）网络型指导的结构类型细分

有研究者对网络型指导结构进一步细分，根据教师、研究生、本科生这三者之间联系的紧密关系，对大学生科研指导关系的结构进行了分类。艾肯斯（Aikens）等根据教师、研究生、本科生三者之间是否有联系，提出八种指导结构[①]：其中重要的一种是开放的三人组，即本科生—研究生连接，研究生—教师导师连接，但是没有本科生—教师导师连接；还有一种是封闭的三人组，三个成员间彼此都有连接。根据艾肯斯等人的指导结构分类，本研究中由教师和研究生共同指导的指导结构属于封闭的三人组，即教师、研究生、本科生三者之间都有联系；只是由研究生进行指导的是开放的三人组，即由研究生直接指导本科生，而教师与本科生之间没有联系。相对于三人组，在大学生创新训练计划项目实施中，最多的还是教师导师—本科生的二人组。

多兰和约翰逊（Dolan & Johnson）的一项研究，基于对教师、研究生和本科生的采访，研究了大学生科研中教师—研究生—本科生三人组，以及每个群体如何相互影响。本科生和研究生都认识到教师的作用，包括给本科生和研究生配对，并为实验室提供资助。本科生也认识到教师指导还包括提供“宏观”研究建议、建立导师关系的“基调”和实验室的研究文化。[②]

① Aikens M L, Sadselia S, Watkins K, Evans M, Eby L, Dolan E L. A social capital perspective on the mentoring of undergraduate life science researchers: an empirical study of undergraduate-postgraduate-faculty triads[J]. CBE Life Sciences Education, 2016, 15: 1-15.

② Dolan E L, Johnson D. The undergraduate-postgraduate-faculty triad: unique functions and tensions associated with undergraduate research experiences at research universities[J]. CBE Life Sciences Education, 2010, 9(4): 543-553.

由上面的分析可见，大学生科研指导有着不同的结构。在不同教育环境和研究项目中，会采用不同的指导结构。总的来说，在国外的大学生科研中，网络型指导似乎更多一些，而在本研究中，更多的是一对一的传统指导结构。

三、大学生科研指导维度

在大学生科研中，导师指导极其重要，具有决定意义。从理论上来说，大学生科研中的指导关系应该能促进学生的成功。但是，研究者们也提出，“这些指导关系的有效因素尚不清楚”，因此，更仔细地研究大学生科研中的指导很有必要。

关于指导本身，文献中已有相当的研究来阐述指导的概念、理论、功能和角色等。就大学生科研中的指导而言，已有一些研究涉及大学生科研指导的结构、模式及阶段。在大学生科研指导的内容维度方面，有研究从教师的视角，或从经验出发，归纳了大学生科研指导的一些内容维度。但是，文献中也存在着一些关键的缺口，比如缺乏从学生的视角，来审视大学生科研（例如大学生创新训练计划项目）中指导的内容维度。基于此，本节通过大学生创新训练计划项目实施过程中，导师对本科生的指导行为的描述和抽象，概括出大学生科研指导的内容维度，并分析大学生科研指导维度在不同导师、不同学生中的差异。

（一）大学生科研指导行为质性分类

根据国家对大学生创新训练计划项目的制度设计和要求，大学生创新训练计划项目是一项正式的大学生科研项目，每个项目均应配有导师，由教师担任。但实践中，参与指导的导师可能是教师，也可能是研究团队中的博士后、研究生或其他有经验的本科生。大学生在其本科研究经历中，有时候可以从研究团队的多个成员那里得到正式或非正式的指导。

本科阶段参与科研是学生科研经历的起点，学生在访谈资料中报告了他们与研究导师或研究小组的互动，在这一过程中导师如何对他们进行指导，帮助他们完成项目，以及他们在此过程中如何获得各种认知、能力和个人发展。

通过对学生访谈资料的整理、编码和归纳，确定了导师对本科生的指导主要在三个方面：专业社会化指导，即传播专业的价值观和规范，设定期望和指引，进行专业发展的建议，以及对学生进行角色示范；具体研究过程指导，为学生的研究提供智力支持，例如帮助解决问题或确定实验的“下一步”；心理情感支持，从一般性的描述中可以看出，导师是支持的、可接近的、友好的、对学生感兴趣等。

接下来以这三个方面的指导为框架，对导师指导的内容维度进行具体的阐述。

1. 专业社会化指导

专业社会化，指的是个人加入某一专业的文化和社会过程。通过专业社会化过程，新手学习专业社区的正式政策、规则和要求，以及非正式的规范、价值观和行为。这些价值观、行为和规范都是通过社会互动来传达的。为了传播该学科的价值观、标准和实践，研究导师还必须树立科学行为的高标准。导师还对学生提供教育或职业道路方面的建议。

在专业社会化这一维度下，学生在访谈中提到，他们的研究导师通过以下方法帮助他们了解科学规范、价值观、语言、工具和实践，引导他们进入专业和研究道路：(1) 为研究项目和专业行为设定期望和指引。(2) 提供专业教育或职业道路方面的建议。(3) 对科学行为和规范进行示范和指导，引导学生在研究中获得更大的独立性和责任感，以身作则地呈现科学家的专业实践。

(1) 设定期望和指引

学生作为新手研究人员，需要从导师那里获得明确的指导方针，才能了解他们在科研实践社区中的角色和责任。导师为学生确定具有可实现目标的项目，设定明确的目标，并定期与学生见面，评估进展和解决问题。一名学生讲述了他的导师是如何帮助他在开始研究时建立预期的，这种定位有助于学生融入科研实践。

我们老师一开始给我们介绍了研究方向，然后我们找到相关资料之后先自己填申报书，然后填完之后给指导老师过目，老师帮我们看了一下，指出了问题，然后给我们讲一下怎么修改，我们再自己去申报，基本没有什么困难。老师一开始先让我们在知网上找了很多文献，然后阅读这方面的材料。(6)

也有导师对本科生不太信任，没有提出一定的期望。

但是老师好像觉得就是大一低年级的学生上的课太少，就是没有办法完

成这个项目，所以当时老师给我的项目其实是研究生已经做得差不多了的。(7)

(2) 专业道路建议

学生们讨论比较多的是专业道路建议，即导师们会经常和学生谈论以后读研的事情，会给学生一些建议。

导师会给予学生关于课程、研究生院和科学职业选择的信息和建议。由于学业指导的不足，本科生可能不太清楚选择和申请研究生院所需的步骤或毕业后的科学职业选择。研究导师是有关该领域内职业和教育可能性的重要信息来源，通过他们的鼓励，学生看到他们进入该领域的可能性。学生经常提到这一主题，或许是因为他们想在本科阶段之后的专业生涯走得更远，并在积极考虑毕业后的选择。

通过观察和与导师、研究生导师在实践社群的互动，学生对研究生的生活和工作有了更深入的了解。

学姐就是走在我们前面的人，就可以看她们正在做什么？就是我们以后的生活。嗯，就是对人生规划什么的，都会有影响。(11)

想读研，因为在参加这个项目之前也一直很努力，但是看学姐，她们做这个好厉害的。她们还是对我人生规划有很大影响。(11)

另一方面，导师拥有学科资源、人脉或经验，这帮助学生拓宽了读研的选择渠道。通过参与研究，指导老师可以成为申请更高学位的推荐人，或者对学生进一步的发展提供建议。

除了研究上的帮助，老师非常关心我们的身心健康和未来发展，我们的指导老师也是我申请国外留学的推荐人之一。(1)

西南大学的心理学很好啊，全国前三。然后我老师也说你比较适合做科研，西南大学挺好的，让我去。然后我就考上了。(12)

因为他本来也是我们学业指导老师，平时也会问一下，就是说你们以后打算做什么？问一下我们以后的发展。我们也有咨询老师这种问题。就是说想知道老师他当年是怎么考上研究生的，也希望能获得老师的指点，就是各种经验。(4)

导师会给学生提供信息，让他们多接触专业研究相关的前沿信息和知识，比如说给学生提供一些专业讲座的信息等。

导师很关心我们，经常会推送给我们一些信息，比如什么时间在哪里有个专业讲座啊什么的，让我们去听听。(12)

但是他还是给我们提出了很多他觉得比较实用的建议。比如说这个学期哪几门课程是要多去学习的，然后哪些课程要我们另外去找一些参考书去加深一下学习。(2)

但是我们老师也是对我们帮助特别大的。就是看到相关的推送都会及时地推荐给我们。(9)

(3) 角色示范和指导科学行为

在大学生科研过程中，导师角色示范成为科研人员所必需的行为和气质。导师使学生感受到科学家的严谨与耐心，认识到接受挫折和失败是研究过程中所必然的。

我感觉最大的指导就是学会了怎么样去写科研性的论文，因为我们一开始是什么都不懂的那种，然后我们指导老师特别严谨，每交一份东西都要改好多遍。几乎每次交个东西都要改个七八遍这样子。然后最大的启发就是做事情比较严谨。(2)

对于学生来说，要想更多地参与到科研实践中，就需要在研究小组中承担更多的责任。与更资深的指导教师并肩工作，使学生对自己的技能和能力充满信心。

原来我是想考研来着，然后有一段彷徨期，但是做完这个研究之后，还挺有成就感啊，对自己很有信心。论文最后发表了，虽说只是省级期刊，但是原来我们以为发表不出去了，但最后还是发表了，还挺高兴来着。(13)

本科生在访谈中强调了这种角色示范的重要性，有同学描述了这种指导和互动的缺失，并且表达了这种缺失导致的失望情绪，抑制了他们对科学实践的理解和科学气质的发展。有机会在导师支持下独立工作，甚至犯错误，对学生的科学发展是至关重要的。一名学生提到，她的研究生导师没有给她机会，以至于她从来没有独立工作和允许失败的机会，而这正是培养坚持和毅力的关键所在。

总之，学生从导师对他们的指导、他们与导师的互动中获得重要的专业社会化益处，这些参与和指导帮助他们"成为科学家"。导师对学生进行学科理论基础的教育，为研究项目和专业行为设定期望和指引；为学生提供专业道路建议；对科学行为和规范进行示范和指导，引导学生在研究中获得更大的独立性和责任感，以身作则地呈现科学家的专业实践。

2. 具体研究过程指导

学生在实施大学生创新训练计划项目中，需要具体研究过程的指导。

学生对研究指导的描述表明，随着学生从实践社区的边缘角色转向更核心角色，他们需要对研究整个过程的认知指导和支持。本科生作为一名新手需要获得对项目和研究过程的基本了解，包括文献综述、提出问题、数据收集、数据分析、形成论文等研究过程，也包括对专业知识的传授、实验技能的掌握等。

除了需要明确的期望和指引外，许多初学的学生一开始并不理解项目背后的概念，也不熟悉他们专业的语言或工具。导师经常向学生介绍他们项目的概况、他们所在领域的主要理论和概念，以及在他们项目中使用的关键术语和研究技术，解答文献中学生看不明白的一些机制。

嗯，学姐一般会指导我们，就是教我们课题应该怎么设计啊，怎么开展实验啊。一般就是过一段时间，我们到实验室，然后学姐直接给我们讲，就是像讲课一样，对着我们几个人坐着，然后教我们。(11)

学姐就是把整个实验流程为什么是这样，然后相关的什么专业知识都会再教我们一遍，然后还教我们怎么用数据库什么的。(11)

老师会帮我修改，改进实验设计、组别啊之类的；老师还解答文献里我不明白的一些机制。(3)

首先就是实验设计这一块儿，告诉我们实验设计好不好。我们的设计还是比较简单的。然后大二学了实验生理学了，就特别麻烦，我们这个项目主要是程序设计的问题，我们刚开始写的程序与设计不兼容，导师就带着我们重新学另一个程序，一起摸索，告诉我们数据不理想时怎么筛选。每一步都与导师有接触。(12)

有的导师对大学生科研过程的指导很到位，从项目选择、文献综述、数据收集、分析等方面，都能给予很细致的帮助和指导。

老师给了我们很大帮助，还让研究生学姐带着我们跑社区发问卷，从项目选择、文献综述、数据收集、分析等各方面给我们提供修改建议，项目的选择是我们先定了大致方向，然后联系老师，发现和老师的研究契合，和老师沟通后确定了题目细节，文献综述主要还是查找资料后找老师修改，数据收集是我们先制作问卷给老师修改，然后寒暑假前后跟老师和学姐一起去基层医院、综合医院对医护人员和患者进行访谈以及发放问卷，问卷回收后进行分析。(1)

在整个研究过程中，数据分析是很多学生的弱项，有时候学生面对一堆数据会很迷茫，不知道该如何分析。导师会指导学生如何做数据分析，有同学提到导师指导他们做聚类分析，并指导他们弄清因子分析和聚类分析结果的关系等。

关于我们这个数据怎么分析，其实我们也很迷茫，拿到数据我们感觉也不知道能做出一个什么评价指标，我们平时的学习很少涉及这些，然后老师他们对于教学评价有自己的感触，然后就问老师这评价应该从哪个角度进行，这种问卷设计也有问老师，老师会给我们建议。(4)

我们做聚类分析，然后我们又做了因子分析，最后我们得出的结果不一致，然后老师就把她当初发表的一篇文章是怎么做聚类的，详细地告诉了我们，就是说聚类分析跟因子分析，最后得出的结果都是要一致的。(5)

对于本科生而言，他们首次接触撰写调查报告或论文，对于报告或论文的内容、结构、规范方面有许多不清楚的地方，需要获得导师的指导。导师会用一些方式，比如详细批注等，给予学生一定的指导。

后期撰写调查报告，从报告的规范方面、报告的内容、报告的结构，然后像数据分析完之后做图表，怎么搜索参考文献什么的，老师都进行了很规范的指导。我们初步自己先写了一份，然后老师就对我们写的报告进行了批注，然后告诉我们哪些需要修改。(6)

然而，有学生提到，他们没有得到这种类型的帮助。这些学生中有些人从事的是琐碎的没有任何技术含量的工作，没有涉及真正的研究。因此，这些工作的性质并没有引起对该学科更高层次的学术讨论。例如，一名学生提到，他只是在研究生做实验的时候，帮助研究生传递一些东西，或者帮助他们计时，至于为什么要这些东西，为什么要计时，他一概不知，他从来没有真正了解整个项目的全貌。

也有同学表达了在某一方面获得的指导比较少，比如数据统计。

总之，在导师帮助学生通过研究发展科学知识和思维能力的过程中，以及具体研究过程中的指导是不可或缺的。学生们最初需要对他们的项目有基本的了解，这样他们就可以独立完成研究程序。后来，学生们需要更高层次的分析和解释的支持，比如独立思考项目的能力。

3. 心理/情感支持

另一个重要的指导来自导师的个人和情感支持。通过导师的行为和态度，如平易近人，对学生友好、耐心、尊重，促进学生的收获和发展。与导师和同伴建立信任和合作的基础有助于学生在科研过程中感到舒适，有助于学生克服困难，坚持研究。

导师与学生建立良好的关系，可以帮助学生在科研中感到舒适。如果导师对学生的研究特别重视，特别负责，把学生的研究当回事，那么学生能从老师认真负责的态度中感受到对他们的认可和尊重。除了经常可以见到导师，学生还需要得到导师对他们个人的支持和指导。当学生感到他们的导师致力于他们的进步，并对他们的专业发展感兴趣时，他们就会从中受益。

有的导师对于学生的项目和研究特别重视和负责，花费很多时间和精力去帮助学生研究。

研究报告给老师看的时候确实是缺点特别多，漏洞特别多，然后他真的就是每天中午时间啊，吃饭的时间给我们看，然后反复斟酌，一直到最后改了好几遍，到最后一遍的时候包括文字、语言表达改得都很细致。(9)

有些导师平易近人，能够与学生形成良好的师生关系，导师与学生之间的关系非常密切。对于学生的问题，教师能够非常及时地解答。导师能让学生心理舒适，学生愿意跟导师交流，学生与导师之间是一种亦师亦友的关系。

在大学里，真的是一有想法，立马就会跟老师说，就是突破自己心里的那道门槛，现在觉得老师其实真的是朋友，或者他是帮你、引导你的。(9)

老师也是，有问题会很快解答，师生之间的活动会非常密切，会有亦师亦友的感觉。(12)

我对我们导师挺满意的。就是如果有导师不能解答的时候，他会推荐学院的其他老师，然后我们和这些老师关系也不错。挺好的。(12)

导师对于学生在研究中的错误很宽容，能容忍学生犯错。哪怕学生搞坏了许多仪器设备，老师也不会责备，而是说没关系，尽量帮助学生解决问题。

我觉得那个老师真的挺好的，就是我们搞坏了挺多仪器，也不是我们要故意搞坏的，可能那个仪器就到了要修的时候了，然后老师态度很和蔼，就说没关系，然后就尽量帮我们去解决问题，出了问题，大家一起想办法。当时带我们的一个学姐，一开始不认识的时候就觉得这个学姐很凶，后来熟了以后就觉得她真的就是想要把知识教给你，然后跟你说，可能每个人的那种交流方式不一样，然后就觉得她很好了。(14)

导师对学生的研究项目很上心，会时刻督促学生的进度，遇到问题随时解决。

导师这一块就跟得挺紧的，就是你每做一步的话，项目主持人就会跟老师沟通。老师都会问进行到了哪一步之类的，就是你做一个实验之后，他就会问一下吧。嗯，灌胃的话要几周，然后再做药代动。反正差不多一两个星期就会问一次。他会根据你前期做的一些准备，然后问你这个事，进度太快了，或者是不是进度太慢了，或者是你哪个地方做得不到位啊，他会指出来，然后告诉你接下来应该怎么改善。(15)

也有学生描述了无法接触到导师，虽然名义上是有导师的，但是导师只是挂个名而已，平时根本就联系不到，导师对于学生的项目也是不管不问，或者只是把本科生交给研究生管理，而研究生对此也没有过问。

还有学生表达了没有深入参与、不被老师信任所带来的失望。

学生在他们的访谈报告中，具体描述了在参与大学生创新训练计划项目过程中，导师是如何对他们进行指导的。总的来说，大多数学生都报告了导师从各个方面对他们进行了一定程度的指导，这些方面可以归纳为三个方面，即专业社会化指导、具体研究过程指导、心理/情感支持。也有一些学生表达了他们在研究过程中，并没有受到导师指导。

（二）大学生科研指导内容维度量化建构

1. 大学生科研指导量表编制

根据前期的质性研究结果，在大学生科研中，导师对本科生的指导行为主要有三个内容维度：专业社会化指导、具体研究过程指导、个人心理/情感支持。每一个指导内容维度，都有相应的一些特定指导行为与属性。将学生描述的导师对他们的具体指导的语言进行概括，形成简洁的可操作化语言，就形成了题项。最终保留了 14 个题项，包括：导师（或学长）教我数据收集和分析；当我需要的时候，我做项目所需要的仪器和材料都准备好了；导师（或学长）教给我实验室技能；导师（或学长）给我提供合适的文献阅读材料；导师（或学长）很尊重我的想法；如果我有什么问题，我的导师（或学长）总是可以找到；我的导师（或学长）对于我的工作，经常给予我正面的反馈；当事情进展不顺利时，我的导师（或学长）会帮我寻找问题原因；当我问问题时，我的导师（或学长）很耐心；导师（或学长）会跟我聊聊以后读研或就业的事；导师会介绍我认识团队外的其他专家和老师；导师会支持我参加一些学术会议或讲座；导师（或学长）会对我以后的发展道路提供一些建议；导师（或学长）会提供给我关于读研或就业的一些信息。每道题目都采用李克特五点计分：1＝不符合，2＝比较不符合，3＝一般，4＝比较符合，5＝符合。

2. 大学生科研指导维度的探索性因素分析结果

通过 SPSS 19.0 对大学生科研指导量表中的项目进行描述性统计。数据分析结果表明，学生的回答都在 4 分左右，即比较符合。其中分数比较高的题项为：当我问问题时，我的导师（或学长）很耐心，为 4.3 分；导师（或学长）很尊重我的想法，为 4.23 分；当事情进展不顺利时，我的导师（或学长）会帮我寻找问题原因，为 4.20 分；我的导师（或学长）对于我的工作，经常给予我正面的反馈，为 4.18 分。分数相对低一些的题项为：导师会介绍我认识团队外的其他专家和老师，为 3.52 分；导师会支持我参加一些学术会议或讲座，为 3.75 分；导师（或学长）会提供给我关于读研或就业的一些信息，为 3.81 分。具体见表 5-1。

表 5-1 大学生科研指导描述性统计

项目	均值	标准差
导师（或学长）教我数据收集和分析	4.14	1.005
当我需要的时候，我做项目所需要的仪器和材料都准备好了	3.84	1.014
导师（或学长）教给我实验技能	3.97	0.985
导师（或学长）给我提供合适的文献阅读材料	4.05	0.932
导师（或学长）很尊重我的想法	4.23	0.819
如果我有什么问题，我的导师（或学长）总是可以找到	4.16	0.863
我的导师（或学长）对于我的工作，经常给予我正面的反馈	4.18	0.805
当事情进展不顺利时，我的导师（或学长）会帮我寻找问题原因	4.20	0.837
当我问问题时，我的导师（或学长）很耐心	4.30	0.762
导师（或学长）会跟我聊聊以后读研或就业的事	3.87	1.020
导师会介绍我认识团队外的其他专家和老师	3.52	1.116
导师会支持我参加一些学术会议或讲座	3.75	1.067
导师（或学长）会对我以后的发展道路提供一些建议	3.91	1.000
导师（或学长）会提供给我关于读研或就业的一些信息	3.81	1.028

通过 SPSS 19.0 进行探索性因子分析和验证性因子分析，验证性因子分析结果如下：

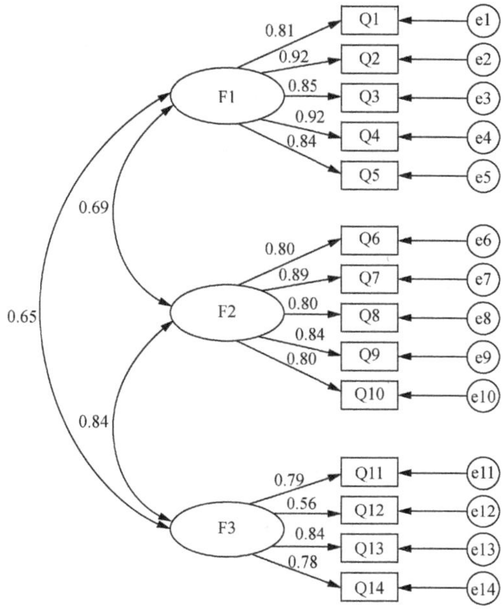

图 5-1　大学生科研指导内容维度的一阶三因子模型

该模型中各个潜变量和指标的描述性特征见表 5-2。

表 5-2　大学生科研指导内容维度指标的描述性特征

潜变量	指标
F1:专业社会化指导	Q1:导师会介绍我认识团队外的其他专家和老师
	Q2:导师(或学长)会对我以后的发展道路提供一些建议
	Q3:导师会支持我参加一些学术会议或讲座
	Q4:导师(或学长)会提供给我关于读研或就业的一些信息
	Q5:导师(或学长)会跟我聊聊以后读研或就业的事
F2:心理情感支持	Q6:当我问问题时,我的导师(或学长)很耐心
	Q7:我的导师(或学长)对于我的工作,经常给予我正面的反馈
	Q8:如果我有什么问题,我的导师(或学长)总是可以找到
	Q9::当事情进展不顺利时,我的导师(或学长)会帮我寻找问题原因
	Q10:导师(或学长)很尊重我的想法
F3:技能指导	Q11:当我需要的时候,我做项目所需要的仪器和材料都准备好了
	Q12:导师(或学长)教我数据收集和分析
	Q13:导师(或学长)教给我实验技能
	Q14:导师(或学长)给我提供合适的文献阅读材料

在鼓励大学生参与科研从而获得各种教育收获的过程中，指导被认为是最具影响力的几个因素之一，但指导在这一过程中所扮演的角色尚未得到阐明。通过质性访谈与量化问卷研究相结合的研究方法，确认在大学生科研过程中，导师对本科生的指导内容可以分为专业社会化指导、心理/情感支持、具体研究指导三个维度。

3. 大学生科研指导内容维度与本科生指导功能分类异同

本研究确定的大学生科研指导的三个维度与文献中对指导的功能分类有重叠的地方，也有不完全一致的地方。诺拉和克里斯普（Nora&Crisp）提出指导的四个功能，包括学术支持、心理或情感支持、角色模型、设定目标和协助职业道路。格尔圣菲尔德（Gershenfeld）对 2008 年到 2012 年共 20 项本科生指导项目的实证研究进行文献综述。① 该综述使用诺拉和克里斯普提出的指导功能类别，评估导师在每个研究中的功能和作用。研究发现 20 项研究中的 12 项，导师指导发挥多种作用。导师提供的功能通常是学术支持（14 项，占比 70%），其次是心理或情感支持（11 项，占比 55%）和作为角色模型（10 项，占比 50%），较少提到的导师功能是设定目标和协助职业发展（3 项，占比 15%）。

以上研究提出的四种指导功能在本研究所确定的大学生科研指导的三个内容维度中均有体现，这是一致的地方。其中学术支持相对应于本研究的具体研究技能指导维度，心理或情感支持这一维度是一样的。不同点在于，在本研究中，本科生指导的专业社会化指导这一维度包括了角色模型和设定目标和协助职业发展等功能。

格尔圣菲尔德的文献综述对象是本科生指导，本科生指导的概念范畴相对宽泛，包括各种类型的指导，如新生学业指导等，而不仅仅局限于大学生科研中的指导。

4. 心理/情感支持维度的提出——基于对大学生科研指导文献的比较

就大学生科研指导而言，格拉博夫斯基（Grabowski）通过对 453 名参与大学生科研的学生进行问卷调查，确认了导师对于参与大学生科研学生的指导主要在于学术专业知识的支持，这种指导有利于参与科研的学生具有更高

① Gershenfeld S. A review of undergraduate mentoring programs[J]. Review of Educational Research, 2014,84(3): 365-391.

的学业坚持率。[①] 麦克里切克和吉布斯(Mekolichick&Gibbs)[②]运用文化资本理论和社会整合理论对参加社会学研究(主要是大三和大四学生)的第一代和续代大学生进行研究,确认导师对于学生的指导包括目标确定和职业规划、学术专业知识支持、角色示范,并认为在续代大学生和第一代大学生之间,对指导的期望和经历是有差异的。续代大学生更认同合作工作机会,而第一代大学生更加注重工具化的方法。亚夫和本德(Yaffe&Bender)对参与科研的生物专业本科生进行研究,发现参与大学生科研项目学生相比较参照组,更多地进入研究生院,表明导师对他们的职业选择具有很大的影响,确认了大学生科研指导的学术专业知识支持和角色示范功能。[③]

以上关于大学生科研指导的研究认为,导师指导主要在于目标确定和职业规划、学术专业知识支持、角色示范,却都没有注意到大学生科研指导中的心理/情感支持维度。事实上,导师对学生的心理情感支持是非常重要的。本书通过研究,明确提出了大学生科研指导对学生的心理/情感支持。

洛帕托(Lopatto)[④]通过对在四所文理学院参与合作本科研究的 41 名教员和 249 名学生的调查,研究学生和教师都认为哪些特征对本科生的研究经验至关重要。在检验教师和学生的回答时,洛帕托区分了两种回答,一种是结构项目,另一种是关怀项目。结构项目是指"本科研究中对研究问题或研究过程的结构有贡献的那些特征",这些项目可能包括有关设施和设备、任务分配、日程安排、协助文献检索、协助学生融入专业以及一系列其他面向学术的活动。关怀项目指的是"那些有助于学生的情感和社会需要的导师行为特征",这包括导师为学生提供咨询,表现出帮助和关心,对学生的意见持开放态度,还包括接受学生的个人关注和发展持续的个人关系。

从洛帕托研究中的结构项目和关怀项目的具体含义可以看出,结构项目更多地与本研究的具体研究技能指导和专业社会化指导类似,同时还包括一些其他外部支持。他所说的关怀项目与本书中的心理情感支持类似。

---

① Grabowski J J, Heely M E, Brindley J A. Scaffolding faculty-mentored authentic research experiences for first-year students[J]. Council on Undergraduate Research Quarterly,2008,29:41-47.

② Mekolichick J, Gibbs M. Understanding college generational status in the undergraduate research mentored relationship[J]. Council on Undergraduate Research Quarterly, 2012,33(2):40-46.

③ Yaffe K, Bender C, Sechrest L. What is a mentor? [J]. Council on Undergraduate Research Quarterly, 2012,33(2): 34-39.

④ Lopatto D. The essential features of undergraduate research[J]. Council on Undergraduate Research Quarterly, 2003,23: 139-142.

5. 心理/情感支持维度的确认——基于对研究生科研指导文献的比较

在研究生指导的相关文献中，关于导师对研究生的心理情感支持有不少的证据。不管在正式还是非正式场合，导师和研究生之间相互支持和全面的关系(即那些超越学术环境的关系)是成功的研究生指导最重要的因素。也就是说，成功的指导关系需要师生双方大量努力，创造互利的合作伙伴关系。王尔德和邵(Wilde&Schau)①在研究研究生对导师指导关系的感知时发现，学生报告的职业和心理因素不仅对他们自己和导师都有更普遍的好处，而且对他们的研究体验也有好处。科马拉朱(Komarraju)等人发现，"积极促进学生和教师之间密切和频繁接触的学院和大学更有可能从这些举措中获益"。②

导师和研究生之间关系的重要性已经通过各种方式得到了检验。埃和鲍恩(Ei&Bowen)通过关注导师和研究生之间的特殊互动来探索这些关系，发现其中一些互动比其他互动更有益。③ 克里斯坦森和门泽尔(Christensen& Menzel)④发现，在师生互动中，语言和非语言的即时行为，例如微笑、放松的姿势、提供积极反馈、直接称呼学生名字，会影响学生的状态动机。海因里希(Heinrich)⑤研究女教师和博士学生之间的指导关系，展示了权力动力学如何影响学生接受建议的类型以及他们对与导师之间关系的看法。王尔德和邵(Wilde&Schau)⑥发现男女学生对指导关系的感知是不同的。虽然男女学生都观察到指导关系中的心理成分，但女学生认为指导者与被指导者之间工作环境之外的广泛交流是更重要的。

作为指导者，教师对于指导行为的看法也确认了心理/情感因素的重要性。莱丘加(Lechuga)等通过对一所研究型大学 15 名非代表性教员的采访，

---

① Wilde J B, Schau C G. Mentoring in graduate schools of education: mentees' perspectives[J]. Journal of Experimental Education, 1991, 59(2): 165-171.

② Komarraju M, Musulkin S, Bhattacharya G. Role of student-faculty interactions in developing college students' academic self-concept, motivation, and achievement[J]. Journal of College Student Development, 2010, 51(3): 332-342.

③ Ei S, Bowen A. College students' perceptions of student-instructor relationships[J]. Ethics &Behavior, 2002, 12(2): 177-190.

④ Christensen L J, Menzel K E. The linear relationship between student reports of teacher immediacy behaviors and perceptions of state motivation, and of cognitive, affective, and behavioral learning [J]. Communication Education, 1998, 47(1): 82-90.

⑤ Heinrich K T. Doctoral advisement relationships between women: on friendship and betrayal [J]. The Journal of Higher Education, 1995, 66: 447-469.

⑥ Wilde J B, Schau C G. Mentoring in graduate schools of education: mentees' perspectives[J]. Journal of Experimental Education, 1991, 59(2): 165-171.

探讨导师在指导关系中所扮演角色和承担责任。[①] 教师为研究生提供学术指导是导师职责的一部分，然而指导教师更经常讨论对学生心理和情绪健康以及整体幸福感的关注。一位工程学助理教授对导师—研究生关系评论说，“有很多问题，我的意思是，这成为了一个非常有趣的咨询经验，超越了学术关系……”一些教师表达了确保学生身体健康的重要性。另一些教师则讨论如何确保自己的少数族裔研究生在情绪上得到很好的调整。一位教员说，他理解家庭在拉美文化中的重要性，虽然他的工作可能会受到影响，但为了保证研究生的心理健康，他给学生一定的照顾。“例如，我有来自哥伦比亚的学生。每年圣诞节，他们在 12 月初消失，1 月初又回来了，这有点太长了。但如果不这样，他们将无法生存。就像植物，如果你剥夺了它们的光它们就会死亡，你知道吗？他们需要它……”他说，作为一名拉丁裔美国人，他明白与家人和朋友保持联系的文化重要性。

从以上关于导师和研究生之间指导关系的研究可以看出，导师对于学生的心理情感支持是非常重要的。本研究的发现也是如此，在质性访谈阶段，本科生经常谈到教师在指导中对于他们的心理情感支持，包括导师对于学生总是很有耐心，能经常地鼓励学生，给予他们尊重和正面的反馈，能容忍学生的错误，能关心学生的成长等。

6. 大学生科研指导内容维度建构——从质性到量化

在关于大学生科研指导内容维度的研究中，有不少通过质性访谈对大学生科研指导进行分类。希里（Thiry）等通过对 73 位本科生被访者的访谈，讨论本科生被访者认为在研究经历中成长和发展成为科学家的有效的指导过程。[②] 从专业社会化支持、认知支持、个人/情感支持三个方面来描述指导实践对收获的影响。本研究分析出来的大学生科研指导的三个维度验证了希里的研究。

拉曼（Raman）等的研究提出了假设的“指导者的关键行动”。[③] 假设有效指导的六个关键维度为提供实验室安全性、进行项目准备、具有前瞻性计划、

---

① Lechuga V M. Faculty-graduate student mentoring relationships: mentors' perceived roles and responsibilities[J]. Higher Education, 2011, 62: 757-771.

② Thiry H, Laursen S L. The role of student-advisor interactions in apprenticing undergraduate researchers into a scientific community of practice[J]. Sciences Education Technology, 2011, 20: 771-784.

③ Raman R, Geisinger B N, Kemis M R, et al. Key actions of successful summer research mentors[J]. Higher Education, 2016, 72: 363-379.

对学生耐心、能经常出现在学生面前、对学生进行正面反馈。在这里，指导者的关键维度来自经验假设，并不是基于实证研究。拉曼所提出来的六个维度，其中提供实验室安全性、进行项目准备、具有前瞻性计划属于导师对学生的具体指导，而对学生耐心、能经常出现在学生面前、对学生进行正面反馈属于指导中的心理/情感支持维度。拉曼提出的六个维度只是基于经验，因此并不具有心理测量学意义上的有效性。且他完全没有提到专业社会化指导这一维度，所以这种分类存在很大的缺陷和不足。

坎帕尼利（Campanile）的博士论文对大学生科研中的指导进行分析。[①] 在访谈中，要求本科生深入描述他们受到的指导。研究结果确定了三个指导的维度，包括认知发展指导、人际关系指导和专业发展指导。认知发展指导描述导师对研究过程和内容的指导，包括背景概念、执行程序、使用设备和技术、分析数据、故障诊断、写作和演讲。人际关系指导描述导师对学生的帮助，指导学生进行研究时表现出耐心和鼓励，引导学生或给其提供独立工作的自由，导师指导或管理研究项目，设定目标和期望，分配任务和时间表，检查进展情况；导师花时间和学生一起做项目，平等对待学生，导师表现出对谈论研究工作以外事情的兴趣；为彼此提供情感支持等。专业发展指导描述导师演示和讨论作为一个研究生意味着什么和如何成功，包括研究和课程的期望、角色和责任、时间承诺和管理、挑战和享受；导师示范并帮助本科生发展或认识到他们拥有处理研究实际问题的行为和性情，包括耐心、坚持和激情；导师关于研究生院和职业相关话题的交谈和经验分享；按照他们的计划和目标提供工具支持和激励等。

以上关于大学生科研指导的研究均为质性研究，虽然对导师指导行为进行了详细描述，但并未在此基础上进一步进行量化研究。本书通过质性的访谈将大学生科研中导师指导归纳成三类，然后将这三类指导进行操作化形成题项，编制成问卷。经过大样本的施测，经探索性因子分析和验证性因子分析，形成了大学生科研指导的一阶三因子模型。将本书研究与坎帕尼利的研究结果相比较。本书中指导的三个维度与他的论文中的三个维度基本上是对应的。本书的具体研究技能维度相当于认知发展；心理/情感支持相当于

① Campanile M F. The impacts and “best practices” of undergraduate - graduate student mentoring relationships in undergraduate research experiences[D]. Chicago：Illinois Institute of Technology, 2015.

人际发展维度；专业社会化支持维度相当于专业发展。本书提出的大学生科研指导的一阶三因子模型对于大学生科研指导的维度进行了确认和深化，拓展和丰富了关于大学生科研指导的文献。

7. 大学生科研指导内容维度建构——从教师视角到学生视角

安（Ahn）等通过对被学生评为杰出指导者的研究生或博士后进行访谈，确认重要的指导知识、技能和特质，并据此开发了一个量表，用来测量指导者关于指导的知识、技能和特质的信念。该量表具有 4 个因子上的 30 个项目，[①]这四个因子分别为：在研究环境中与大学生科研学生建立积极的工作关系，辨认学生的需求并进行个性化指导，关心大学生科研学生的日常任务完成，在研究环境之外与学生建立个人的关系。该研究所确定的指导知识、技能、特质的四个因子是基于指导者的自我报告，而非被指导者视角。安等人在研究中提出的四个维度，与学生建立积极的工作关系和个人关系属于指导的心理情感支持维度，关心大学生科研学生的日常任务完成属于具体指导。安等人没有专门提出专业社会化维度，这部分指导只是在导师与学生建立关系中有所表述。总之，安等人的研究中提出的四个因子与本研究的研究视角是完全不同的。

（三）大学生科研指导导师特征差异

1. 大学生科研指导内容维度的描述性统计结果

对大学生科研指导三个维度数据进行描述性统计，三个方面的得分均高于中间值 3 分，表示导师在大学生科研中均给予了学生一定的指导。其中，得分最高的是导师给予学生的心理情感支持，均值为 4.23；其次是导师给予学生的具体技能指导，均值为 4.03；得分最低的维度为导师给予的专业社会化指导，均值为 3.72。这表明，在导师指导大学生科研的过程中，导师给予了学生比较多的心理情感支持，但是相比较而言，在专业社会化指导方面要少一些。

2. 三类主要指导者之间指导内容差异比较

在大学生创新训练计划项目的实际实施过程中，主要指导本科生进行研究的有可能是导师，有可能是教师将本科生交给研究生管理，也有可能教师

---

① Ahn B, Cox M F. Knowledge, skills, and attributes of graduate student and postdoctoral mentors in undergraduate research settings[J]. Engineering Education, 2016, 105(4): 605-629.

和他的研究生都参与了指导工作。将主要指导者分为三类：教师导师；研究生导师；教师与研究生共同指导。

表 5-3　大学生科研指导各维度的描述性统计

维度	最小值	最大值	均值	标准差
专业社会化指导	1.00	5.00	3.72	0.93
心理情感支持	1.00	5.00	4.23	0.72
具体技能指导	1.00	5.00	4.03	0.78

采用 SPSS 19.0 的方差分析对三类指导者之间在指导内容维度上的差异进行了研究。研究结果表明，三类指导者在不同的指导维度上均有显著差异。具体来说，对于本科生的心理情感支持，教师指导者或者教师与研究生共同指导相比研究生指导者要显著高（$p<0.000$）。对于本科生的专业社会化指导，共同指导相比教师指导者要显著高（$p<0.000$），教师指导相比研究生指导要显著高（$p<0.000$）。对于本科生的具体研究技能指导，共同指导相比教师指导和研究生指导要显著高（$p<0.000$），教师指导与研究生指导之间差异不显著，见表 5-4。

表 5-4　大学生科研指导各维度的导师指导结构差异

指导维度	分组	平均数	标准差	F 检验(Sig)	LSD(Sig)
心理情感支持	教师	4.25	0.70	11.514(0.000)	教师>研究生(0.000)
	研究生	3.96	0.79		共同>研究生(0.000)
	教师与研究生共同指导	4.31	0.68		共同指导与教师指导之间差异不显著
专业社会化指导	教师	3.68	0.97	12.552(0.000)	教师>研究生(0.028)
	研究生	3.49	0.80		共同>教师(0.000)
	教师与研究生共同指导	3.94	0.83		共同>研究生(0.000)
具体技能指导	教师	3.95	0.82	15.514(0.000)	共同>教师(0.000)
	研究生	3.90	0.75		共同>研究生(0.000)
	教师与研究生共同指导	4.25	0.68		教师指导与研究生指导之间差异不显著

3. 不同年龄阶段导师之间指导内容差异比较

大学生科研指导的某些维度在不同年龄阶段导师间有显著差异。具体来说，在对本科生的心理情感支持方面，中老年导师相比中青年教师要显著高（$p<0.05$）。在具体技能指导方面，中老年导师相比青年教师要显著高

($p<0.05$),其他方面没有差异。在专业社会化指导方面,不同指导结构之间没有显著差异。具体见表 5-5。

表 5-5 大学生科研指导各维度的导师年龄差异

指导维度	分组	平均数	标准差	F 检验(Sig)	LSD(Sig)
心理情感支持	青年	4.24	0.70	2.363(0.095)	中老年>中青年(0.032),其他差异不显著
	中青年	4.18	0.71		
	中老年	4.34	0.77		
专业社会化指导	青年	3.73	0.96	0.048(0.953)	组间差异不显著
	中青年	3.71	0.90		
	中老年	3.74	0.99		
具体技能指导	青年	3.98	0.79	2.161(0.116)	中老年>青年(0.042),其他差异不显著
	中青年	4.04	0.76		
	中老年	4.14	0.82		

4. 不同职务导师之间指导内容差异比较

大学生科研指导的各维度在不同职务导师间基本上没有差异。唯一差异显著的是,博导相比非研究生导师,在具体技能方面的指导要显著高($p<0.01$)。具体见表 5-6。

表 5-6 大学生科研指导各维度的导师职务差异

指导维度	分组	平均数	标准差	F 检验(Sig)	LSD(Sig)
心理情感支持	博导	4.25	0.72	0.163(0.849)	组间差异不显著
	硕导	4.22	0.73		
	非研究生导师	4.22	0.68		
专业社会化指导	博导	3.73	0.93	0.296(0.744)	组间差异不显著
	硕导	3.74	0.91		
	非研究生导师	3.69	0.95		
具体技能指导	博导	4.12	0.79	4.631(0.010)	博导>非研究生导师(0.002),其他差异不显著
	硕导	4.03	0.78		
	非研究生导师	3.91	0.78		

5. 不同职称导师之间指导内容差异比较

大学生科研指导的各维度在不同职称导师间基本没有差异。唯一差异显著的是,教授相比讲师,在具体技能方面的指导要显著高($p<0.05$)。具体见表 5-7。

表 5-7　大学生科研指导各维度的导师职称差异

指导维度	分组	平均数	标准差	F 检验(Sig)	LSD(Sig)
心理情感支持	教授	4.22	0.73	0.245(0.783)	组间差异不显著
	副教授	4.25	0.71		
	讲师	4.20	0.69		
专业社会化指导	教授	3.72	0.92	0.485(0.616)	组间差异不显著
	副教授	3.76	0.94		
	讲师	3.68	0.91		
具体技能指导	教授	4.08	0.79	2.787(0.062)	教授>讲师(0.019)，其他差异不显著
	副教授	4.03	0.77		
	讲师	3.92	0.78		

6. 指导结构因素——研究生单独指导的劣势

上文阐述了大学生科研指导结构及其比例。不同指导结构对于导师指导行为有影响，研究表明导师指导内容的三个维度在不同的指导结构上，均有着显著的差异。具体来说，对于本科生的心理情感支持，教师指导或教师与研究生共同指导高于研究生单独指导($p<0.000$)。对于本科生的专业社会化指导，共同指导相比教师指导者要显著高($p<0.000$)，教师指导相比研究生指导要显著高($p<0.000$)。对于本科生的具体研究技能指导，共同指导相比教师指导和研究生指导要显著高($p<0.000$)，教师指导与研究生指导之间差异不显著。

简单来说，教师和研究生共同指导要优于教师单独指导，教师单独指导又要优于研究生指导。这一点似乎并不难理解。在教师和研究生共同指导的情况下，本科生相处于教师—研究生—本科生这一研究实践社区中，与教师和研究生都有着更多的互动，理应受到更多的具体研究过程指导、专业社会化指导和心理情感支持。而如果仅仅是由研究生来指导，教师导师在此过程中缺位，没有尽到应有的指导责任，而研究生无论在专业知识水平、研究技能、心理成熟度上都未能达到一定的水平，对本科生的指导效果自然存疑。

在尼克尔斯(Nichols)的研究中，参与大学生科研的一些学生提到，他们希望与导师有更紧密的合作。具体来说，一些参与者很不满意他们必须与导师的研究生助理互动频繁。对于这些参与者来说，不得不与导师的研究生助理进行互动是令人失望的，因为他们期望教师能有更多的指导，能提供更多的机会让他们与教师进行互动和学习。[①] 大学生科研参与学生对于研究生助理充当导师的不满，也从侧面反映出研究生对本科生的指导是不够的。

7. 职业生涯阶段因素

(1) 高年资教师参与度较低——师徒关系的职业阶段模型

从参与指导教师的年龄结构来看，青年教师(40 岁以下)比例为 42.1%，中青年教师(40～50 岁)比例为 45%，处于职业生涯后期的教师(50 岁以后)比例为 12.9%。总体上，处于职业生涯后期的教师担任研究导师比例较低。这项研究结果与莫拉莱斯(Morales)等的研究结果一致。[②]

处于职业生涯后期的资深教师往往是他们所在部门最忙的教师，因为有太多其他事务。因此，与处于职业生涯前期的教师相比，处于职业生涯后期的教师担任大学生科研导师的比例要低得多，这支持了师徒关系的职业阶段模型。[③] 道尔顿(Dalton)和他的同事认为，处于职业生涯前期和后期的人影响、引导和指导他人的能力类似。然而，与那些处于职业生涯前期的人相比，处于职业生涯后期的人往往在他们的组织中有更多责任。因此，他们通常没有足够的时间和精力去指导他人。职业生涯中期和后期的职业教师具有类似的指导能力，但是在职业生涯后期教师更可能在他们的大学和专业社区中具有行政责任，因此致力于指导本科生的精力在下降。

从职业生涯阶段来看，一般来说，非研究生导师、硕导、博导依次先后处于职业生涯的不同时期，讲师、副教授、教授也依次先后处于职业生涯的不同时期。所以，参与大学生科研指导导师的年龄结构、职务、职称在指导内容维度上的差异，都可以用职业生涯阶段模型加以解释。

(2) 高年资教师对学生情感支持和技能指导都更多——指导动机理论

职业生涯后期的教师虽然担任大学生科研导师的可能性要低，但是一旦他们担任了大学生科研导师，他们对于本科生的指导，无论在具体研究技能指导还是心理情感支持方面，都比处于职业生涯早期的导师要更多。

---

① Nichols M L. Faculty-mentored undergraduate research: a qualitative examination of its influence on student engagement and academic achievement[D]. Philadelphia: the University of Pennsylvania, ProQuest LLC, 2016.

② Morales D X, Grineski S E, Collins T W. Effects of gender concordance in mentoring relationships on summer research experience outcomes for undergraduate students[J]. Science Education, 2018: 1029-1050.

③ Dalton G W, Thompson P H, Price R L. The four stages of professional careers: a new look at performance by professionals[J]. Organization Dynamics, 1977, 6(2): 19-42.

本研究证明了不同年龄阶段，不同职业生涯阶段的导师对于大学生科研指导，在各个维度上是有差异的。这种差异体现在两个方面：一是心理情感支持方面，处于职业生涯后期的中老年导师相比职业生涯中期的中青年教师显著要高（$p<0.05$）。二是在具体技能指导方面，中老年导师相比青年教师显著要高（$p<0.05$），博导比非研究生导师显著要高（$p<0.01$），教授比讲师显著要高（$p<0.05$）。

这个结果并不令人意外。处于职业生涯后期的教师一般比较忙碌，并且他们还有研究生要带，所以一般都没有时间来指导本科生。如果愿意担任大学生科研导师，一般不是因为学校的强制要求或者其他外在原因，更多是出自内心真实想法，真心愿意指导年轻一代的学生，带领他们走入科学的殿堂。因此，他们对于大学生科研的指导，无论在心理情感支持方面，抑或在具体研究过程指导方面，会更加用心指导。

不同职业生涯阶段的导师指导大学生科研方面的差异，也可用指导动机理论来解释。不同阶段导师具有不同指导动机，这种不同指导动机会引发不同的指导行为。根据海沃德（Hayward）等①的研究，职业生涯早期指导者具有更多的工具性动机，而职业生涯后期有经验的指导者，他们的指导动机均为内在动机。工具性动机的导师倾向于只关注指导的少数功能。而具有内在动机的职业生涯后期的导师更多地发挥导师的作用，包括提供情感支持或友谊等人际关系功能，以及根据学生的需要量身定制项目，对学生个人发展感兴趣。莫拉莱斯（Morales）等发现虽然参与指导的职业生涯后期的指导者相对较少，但是职业生涯后期的指导者相比较职业生涯中期指导者，对本科生有更多的心理情感支持。② 这与本书的研究结论是一致的。

从指导动机来看，一旦资深教师参与大学生科研指导，他们的指导动机多为内在动机，他们把对本科生的指导看作是一种个人责任，因此他们对于本科生会给予更多的心理情感支持和技能指导。而处于职业生涯中期教师的指导动机多为外部动机，他们本身更有可能忙于自己的研究事业，因此不

---

① Hayward C N, Laursen S L, Thiry H. Why work with undergraduate researchers? differences in research advisors' motivations and outcomes by career stage[J]. CBE Life Sciences Education, 2017, 16:1-11.

② Morales D X, Grineski S E, Collins T W. Effects of gender concordance in mentoring relationshipson summer research experience outcomes for undergraduate students[J]. Science Education, 2018:1029-1050.

愿花费多少时间或精力去指导或"培训"一名本科生新手。

莱丘加(Lechuga)关于对研究生指导的研究也证明了这一点,他发现早期职业生涯导师希望他们的研究生具有自主工作的能力,具有较高的计算和数学技能,并具有主动性。[①] 从本书的研究结论可以看出,青年教师或处于职业生涯早期的教师对于本科生的技能指导相对较少,也说明职业生涯早期导师希望学生能更多地自主学习、自主研究。

(3) 专业社会化指导在不同职业阶段导师中无差异

以上讨论了不同职业阶段时期导师对本科生指导的差异。这种差异主要体现在具体研究过程的指导和心理情感支持。在大学生科研指导的第三个维度——专业社会化支持方面,不同职业阶段导师之间并没有显著差异。

莱丘加的研究表明,职业生涯后期资深导师同时也注重培养研究生在国家和国际会议上发言的能力,支持学生与其他机构的资深教员建立联系,并指导学生如何建立自己的联系网络,这些指导更多属于科研指导的专业社会化指导维度。另外,职业生涯后期的导师注重培养学生的社交技能,以及他们与其他学者以非学术方式良好相处的能力。

但是本研究并没有发现在大学生科研指导的专业社会化维度,不同年龄阶段或职业生涯阶段的导师间有所差异。这可能是因为本研究的对象是本科生,对于本科生来说,参加学术会议发言等还是比较遥远的事情,所以导师对学生这方面的支持会比较少。从大学生科研指导内容的三个维度的描述性统计来看,在三个维度中,大学生科研指导的专业社会化指导方面得分相对最低,即不管是哪个职业阶段的导师,对本科生的专业社会化指导都不如其他方面的指导多。

从以上的研究与讨论可见,导师的因素,比如不同的指导结构(教师指导、研究生指导、教师与研究生共同指导),导师处于不同的职业发展阶段(导师年龄因素、职务因素、职称因素)都会影响导师对于大学生科研的指导。

在大学生科研指导关系研究时,研究人员倾向于将以上导师特征(如职称等)因素视为控制变量,而没有对结果的影响提供更详细的讨论或解释。但事实上,研究人员需重点关注教师职业生涯阶段与参与大学生科研指导之间的关系,研究结果也表明,职业生涯后期的教师能提供更多指导,因此应该

① Lechuga V M. Faculty-graduate student mentoring relationships: mentors' perceived roles and responsibilities[J]. Higher Education, 2011, 62: 757-771.

让更多处于职业生涯后期的教师成为大学生科研结构化项目的导师。

（四）大学生科研指导学生特征差异

导师的个人特征因素可以影响到导师对大学生科研指导的内容维度，不同身份的导师，不同职业阶段的导师在导师指导内容维度上有差异。同时学生的个人特征也会影响到导师对他的指导。本研究发现学生专业、年级、生源地等因素，在大学生科研指导各维度上有显著差异。

采用 SPSS 19.0 的方差分析和 T 检验对于指导各维度在学生专业、年级、生源地、性别等方面的差异进行比较。

1. 学生专业：理工医类专业获得更多具体技能、专业社会化指导

不同专业类别，在大学生科研指导各维度具有一些差异。理工医类专业相比较人文社科经管类专业，在专业社会化指导（$p<0.05$）和具体研究技能指导（$p<0.001$）方面都要高。不同专业类别学生在获得心理情感支持方面没有差异。

表 5-8　大学生科研指导各维度的专业差异

指导维度	分组	平均数	标准差	T 检验(Sig)	LSD(Sig)
专业社会化指导	理工医类	3.83	0.88	2.535(0.011)	理工医类>人文社科经管类
	人文社科经管类	3.67	1.00		
具体研究技能指导	理工医类	4.10	0.73	3.509(0.000)	理工医类>人文社科经管类
	人文社科经管类	3.92	0.84		
心理情感支持	理工医类	4.22	0.71	−0.401(0.689)	无显著差异
	人文社科经管类	4.24	0.72		

理工医类专业，其本身研究氛围比较浓厚，研究范式比较成熟，且研究需要借助一定的实验仪器设备，其技术门槛更高一些，本科生作为新手，更需要导师的指导，才能逐渐步入研究的轨道。而人文社科经管类研究，很多并没有形成严格的研究范式和框架，研究方法主要是访谈、问卷调查等，学生可以在更少导师指导的情况下，通过自身的努力去摸索进行，完成研究。

另外，理工医类专业和人文社科经管专业，其指导结构是不同的。在本研究中，由教师和研究生共同指导的理工医类学生为 211 人，占理工医类样本 555 人的 38%；而由教师和研究生共同指导的人文经管社科类为 48 人，占人文社科经管类样本 388 人的 12%。由上文对指导结构的分析可以看到，教师和研究生共同指导这一指导结构，在专业社会化支持和具体技能指导维度上

都显著高于其他两种指导结构。因此，采用更多教师和研究生共同指导这一模式的理工医类专业在这两方面获得更多的指导。

尼克尔斯(Nichols)使用定性数据，探讨了公立综合性学校的12名大学生科研参与者认为导师指导对他们的学习参与和学术成就的影响。结果表明社会科学专业的参与者通常比STEM相关专业的参与者，倾向于强调指导对他们知识和智力获得的影响。而STEM相关专业的学生，更有可能强调教师的个人关怀作用，倾向于表达指导所带来的个人和专业利益，比如他们在教师指导下的研究经历，使他们有机会与其他学术部门的教师建立持续的个人和专业关系。①

石山(Ishiyama)研究了33名自然物理科学、社会科学和人文科学专业领域本科生在参与科研中，导师指导的职业支持、研究支持和个人关怀得分。结果表明，在三个专业领域中，没有统计学意义上的显著差异。唯一的例外是人文科学的学生，他们往往比其他学生更强调个人的关怀(尽管这种差异在统计上并不显著)。②

以上两个研究虽然探讨了不同专业学生在导师指导下不同维度的差异。但是研究样本量都比较小，研究效度很有问题，研究结果也有一些矛盾的地方。

2. 学生年级:高年级学生获得更多指导

不同学生年级，在大学生科研指导各维度具有差异。在具体研究技能指导方面:四年级学生比三年级学生高($p<0.05$)；在心理情感支持方面，四年级学生比二年级学生要高($p<0.01$)；各年级学生科研收获的专业社会化指导没有显著差异。

高年级学生相比低年级更加成熟，在专业知识上更加丰富，在学习研究上更加主动，在与人交往上更加自如自信，这些都有利于他们与导师有更多的互动，也有利于导师对他们有更多的指导。

在尼克尔斯(Nichols)的博士论文研究中发现高年级学生和他们导师之

① Nichols M L. Faculty-mentored undergraduate research: a qualitative examination of its influence on student engagement and academic achievement[D]. Philadelphia : the University of Pennsylvania, ProQuest LLC, 2016.

② Ishiyama J. Expectations and perceptions of undergraduate research mentoring: Comparing first generation, low income White/Caucasian and African American students[J]. College Student Journal, 2007, 41: 540-549.

间的互动水平比低年级学生和他们导师之间的互动水平更高、更频繁。[①] 本书研究结果与该研究结果基本上一致，即高年级学生相比低年级学生，在导师指导各维度方面的得分要高一些。

表 5-9　大学生科研指导各维度的学生年级差异

指导维度	分组	平均数	标准差	F 检验(Sig)	LSD(Sig)
专业社会化指导	二年级	3.74	0.93	1.471(0.230)	组间差异不显著
	三年级	3.70	0.93		
	四年级	3.81	0.93		
具体研究技能指导	二年级	3.96	0.77	3.480(0.031)	四年级>三年级(0.016)
	三年级	3.96	0.79		
	四年级	4.09	0.78		
心理情感支持	二年级	4.09	0.76	3.709(0.025)	四年级>二年级(0.007)
	三年级	4.22	0.69		
	四年级	4.27	0.71		

3. 学生生源地：来自小城镇的学生获得更多指导

按照学生的生源地，对农村、小城镇、大城市学生接受的导师指导的三个维度进行方差分析。结果表明，生源地为小城镇的学生在各个维度上，导师指导的值都显著高于大城市学生。

表 5-10　大学生科研指导各维度的学生生源地差异

指导维度	分组	平均数	标准差	F 检验(Sig)	LSD(Sig)
专业社会化指导	农村	3.74	0.83	5.012(0.007)	小城镇>大城市(0.002)
	小城镇	3.85	0.91		
	大城市	3.60	1.07		
具体研究技能指导	农村	3.98	0.78	4.091(0.017)	小城镇>农村(0.040) 小城镇>大城市(0.010)
	小城镇	4.10	0.72		
	大城市	3.93	0.92		
心理情感支持	农村	4.19	0.67	3.627(0.027)	小城镇>大城市(0.012)
	小城镇	4.29	0.68		
	大城市	4.14	0.82		

① Nichols M L. Faculty-mentored undergraduate research: a qualitative examination of its influence on student engagement and academic achievement[D]. Philadelphia: the University of Pennsylvania, ProQuest LLC, 2016..

为什么生源地为小城镇的学生比起大城市学生，在大学生科研中获得了更多的指导呢？这方面的研究比较少。石山(Ishiyama)研究了参与大学生科研的来自低收入家庭的第一代白人大学生、低收入家庭的第一代非裔大学生、非第一代非裔大学生在导师指导方面的感知，以研究大学生科研指导方面基于种族或大学世代地位的差异。[①] 研究结果表明，三个测试组的职业支持获得感基本相同，研究收获方面的感知也是如此。然而，对个人关怀的感知方面有差异，相比第一代低收入家庭非裔学生或非裔非第一代学生，白人大学生不太可能认为个人关怀是导师角色的一个重要组成部分。这一结果表明，与白人学生相比，非裔美国学生通常更看重导师指导中的个人关怀。

四、导师指导对大学生科研收获影响的实证研究

上文通过质性访谈和量化研究确认了在大学生科研情境中，导师指导结构和指导内容维度。指导内容的三个维度包括专业社会化指导、具体研究过程和技能指导、心理情感支持。已有研究认为导师指导对大学生科研收获具有重要影响，但是导师指导结构和指导内容三个维度对于大学生科研学习收获的影响，尚未经过大样本的实证研究确认。本节尝试确认不同指导结构和指导内容维度对大学生科研几个方面收获的影响。通过对导师指导的细化分析，从更微观的角度剖析导师指导与学生收获之间的关系。

（一）导师指导对大学生科研收获影响的文献梳理

导师指导的质量是大学生科研收获重要的预测因素之一，这几乎是不言而喻的。一些研究者尝试研究大学生科研指导对大学生科研收获的影响。

石山(Ishiyama)用质性访谈的方法，通过对来自低收入家庭第一代非裔大学生、低收入家庭第一代白人大学生、非第一代非裔大学生参加大学生科研过程中对大学生科研指导的期望和看法的比较，来研究大学生科研过程中指导关系特征的文化和种族差异。

---

① Ishiyama J. Expectations and perceptions of undergraduate research mentoring: Comparing first generation, low income White/Caucasian and African American students[J]. College Student Journal, 2007, 41: 540-549.

希里(Thiry)等通过对73位本科生被访者的访谈，研究本科生被访者认为在研究经历中成长和发展成为科学家的有效的指导过程。① 经对访谈材料的整理归纳，从专业社会化支持、认知支持、个人/情感支持三个方面来描述指导实践对收获的影响。

霍洛维茨(Horowitz)等的行动研究，让5组本科生和研究生结对完成研究项目，结果表明该项目对于本科生学习和发展具有相当的积极影响。②

佩雷斯(Perez)通过大学生科研指导的一个案例研究，记录一名大学生科研旅程中的一些转折点及导师指导，阐述学生从科研经历中得到的有价值的收获。③

拉曼(Raman)研究假设的"指导者的关键行动"与"学生关于指导行为和整个项目质量的认知"、"学生参与大学生科研的学术产出"、"大学生科研对于学生进入研究生院决定的影响"之间的关系。④ 该研究是第一次用量化研究的方法，研究指导行为与大学生科研收获之间的关系。研究局限在于样本数量有限(66人)，不能对被试进行人口统计学方面的分析。未来研究可以精细化和有效化该研究所使用的指导维度，并分析机构和人口统计学背景上的差异，比如指导对于不同家庭背景学生和不同类型高校学生的影响。

关于样本数量有限而不能进行人口统计学方面的分析这一局限，在艾肯斯(Aikens)的研究中得以发展。艾肯斯研究大学生科研指导结构(学生与导师联系的开放式结构和封闭式结构)对学生科研收获影响的种族和性别差异。结果发现，男生和非代表性少数族裔学生比起女生、白人和亚洲裔显著更有可能报告与导师有直接联系。指导结构对学生科研收获影响具有种族和性别差异：女生在开放指导结构下，具有更低的科学身份认同，更低的攻读STEM博士的意图，更低的学术产出；非代表性学生在封闭的指导结构下，具有更高的科学身份认同，更高的攻读STEM博士的意图，更高的学术产出。

---

① Thiry H, Laursen S L. The role of student-advisor interactions in apprenticing undergraduate researchers into a scientific community of practice[J]. Science Education Technology, 2011, 20: 771-784.

② Horowitz J, Christopher K B. The research mentoring program: serving the needs of graduate and undergraduate researchers[J]. Higher Education, 2013, 38:105-116.

③ Perez I, Bowers J, Salamon P. Mentoring student participation in undergraduate research: a case study of twists and turns from two perspectives[J]. Taylor & Francis, 2017,10:526-536.

④ Raman R, Geisinger B N, Kemis M R, et al. Key actions of successful summer research mentors[J]. Higher Education, 2016,72: 363-379.

不管在何种指导结构下，亚洲学生具有更低的科学身份认同和攻读 STEM 博士的意图。

莫拉莱斯(Morales)的研究考察了导师与本科生的性别一致与否对学生研究收获的影响。[①] 学生收获包括"像科学家一样思维和工作"、"个人收获"和"知识和技能收获"三个方面。结果也阐明了导师与学生的性别一致如何对收获产生影响，男性和女性学生从 10 周的大学生科研经历中收益是不同的。在类别Ⅱ指导关系下的学生收获最高(即男生—男教师二人组，女生—女教师二人组)；与异性教师导师和异性研究生导师(类别Ⅵ)一起工作的学生，在这三个方面的收获最低。然而，与同性教师导师和同性研究生导师(类别Ⅰ)一起工作与学生成绩的提高并无显著关系。在不同的学生收获中，最有益和最有害的类别在一定程度上有所不同。在"像科学家一样思考和工作"方面的收获，无论性别是否一致，双人组(类别Ⅱ和Ⅳ)都与较高的分数有关。在知识技能方面，性别不匹配的三人组(第Ⅵ类)得分显著低于其他类别的指导结构。研究同时考察了指导关系结构类别和学生性别之间的交互作用对这三种学生受益的影响。结果表明，导师与学生性别一致对女大学生的影响大于男大学生。

(二) 导师指导结构对大学生科研收获的影响

采用阶层回归分析方法分析大学生科研指导对大学生科研收获的影响，第一步投入控制变量：学生特征变量、学校环境、学生科研投入、自主性；第二步，分别投入自变量指导结构和导师指导的三个维度。分析结果具体见表5-11、5-12、5-13、5-14。

不同的导师结构对于大学生科研收获的影响不同。对于学生的一般研究技能而言，不同的导师结构对此没有影响。

对于学生的科学家思维与身份获得而言，相比较教师和研究生共同指导，研究生单独指导对学生科学家思维与身份获得具有负向影响($\beta=-0.147, t=-4.300, p<0.001$)。

对于学生的职业选择和准备而言，相比较教师和研究生共同指导，研究

① Morales D X, Grineski S E, Collins T W. Effects of gender concordance in mentoring relationships on summer research experience outcomes for undergraduate students[J]. Science Education, 2018:1029-1050.

生单独指导对学生职业选择和准备获得具有负向影响（$\beta = -0.076$，$t = -2.341$，$p < 0.05$）。

在大学生科研收获的三个维度中，导师指导结构对于学生科学家思维与身份的获得影响最大。

表 5-11 大学生科研指导结构对学生科研收获影响的回归分析

变量	一般研究能力		科学家思维与身份		职业方向确认与准备	
	β	SE	β	SE	β	SE
大二 & 大四	0.008	0.104	0.070	0.104	0.046	0.098
大三 & 大四	−0.052	0.080	0.097*	0.080	0.062	0.075
男生 & 女生	0.011	0.066	0.099**	0.066	0.038	0.062
成绩	0.028	0.033	0.008	0.033	0.022	0.031
农村 & 大城市	−0.042	0.083	−0.007	0.084	−0.042	0.079
小城镇 & 大城市	0.048	0.076	−0.013	0.077	−0.007	0.072
专业类	−0.029	0.071	0.087*	0.072	−0.072*	0.067
国家级 & 校级	−0.009	0.094	0.035	0.095	−0.037	0.089
省级 & 校级	−0.060	0.069	0.075*	0.070	0.002	0.065
一流大学 & 普通	−0.058	0.111	−0.009	0.112	−0.083*	0.105
一流学科 & 普通	−0.107**	0.080	0.005	0.081	−0.046	0.076
大学生科研制度	0.426***	0.030	0.166***	0.031	0.394***	0.029
参与研究时间跨度	0.068*	0.041	0.043	0.042	0.105**	0.039
时间投入	0.054	0.035	0.234***	0.035	0.191***	0.033
自主性	0.046	0.042	0.196***	0.042	0.130***	0.040
教师 & 共同指导	−0.032	0.073	0.050	0.074	−0.060	0.069
研究生 & 共同指导	−0.061	0.097	−0.147***	0.097	−0.076*	0.092
R	0.483		0.471		0.555	
R^2	0.233		0.222		0.308	
VIF≤1.488						

注：*** 表示在 0.001 的水平上显著；** 表示在 0.01 的水平上显著；* 表示在 0.05 的水平上显著。

1. 指导结构类别及比例

本研究中导师指导结构包括三种：教师导师、研究生导师、教师和研究生共同指导。主要指导者是教师的有 548 人，占比 58.1%；主要指导者是研究生的有 136 人，占比 14.4%；教师和研究生共同指导的有 259 人，占比27.5%。在文献中，也有一些指导结构的描述，比如在拉曼等人的一项研究中，主要指导者是教师的比例为 27.3%，导师为研究生的比例为 50.5%，导师为博士后的比例为 13.6%，其他科学家的比例为 9.1%。① 相比较而言，大学生创新训练计划项目中指导者是教师的比例相对较高，从下文分析可见，这是一个好现象。

在乌尔塔多（Hurtado）等的研究中，79%的本科生认为教师导师为他们“提供了必要的指导方向”。除了教师导师，本科生研究人员还与其他教师（14%）或另一位本科生（19%）合作。但是也有 12%的本科生没有受到任何指导。②

2. 研究生单独作为指导者对大学生科研收获的负向影响

那么在这几种指导结构中到底哪一种更有效？研究者试图用不同的研究来解答这个问题。

本研究发现导师指导结构对于大学生科研收获的影响不同。对于学生的一般研究技能而言，导师结构对此没有影响。对于学生科学家思维与身份获得而言，研究生作为指导导师相比较教师和研究生共同指导，对于学生的收获具有显著负向影响（$\beta=-0.147$，$t=-4.300$，$p<0.001$）。对于学生的职业选择和准备而言，研究生作为指导导师相比较教师和研究生共同指导，对于学生的收获具有显著负向影响（$\beta=-0.076$，$t=-2.341$，$p<0.05$）。导师指导结构对于学生科学家思维与身份的获得影响最大。

3. 文献中关于研究生作为指导者对收获负向影响的证据

指导结构对大学生科研收获有影响。文献中不少研究证明研究生作为指导者，对大学生科研收获的负面影响。坎帕尼利（Campanile）③研究大学生科研指导关系因素对本科生学业和职业道路的影响。本科生研究人员被要求评价并解释他们与导师（包括教师导师、研究生导师和其他实验室技术员/管理者或本科生）之间的关系，对他们学术和职业道路的影响，用李克特五点量表（1＝完全没有影响力，2＝稍微有点影响力，3＝有一些影响力，4＝很有

---

① Raman R, Geisinger B N, Kemis M R, Mora A. Key actions of successful summer research mentors[J]. Higher Education, 2016, 72: 363-379.

② Hurtado S, Eagan M, Cabrera N, et al. Training future scientists: predicting first-year minority student participation in health science research[J]. Research in Higher Education, 2008, 49: 126-152.

③ Campanile M F. The impacts and “best practices” of undergraduate-graduate student mentoring relationships in undergraduate research experiences[D]. Chicago: Illinois Institute of Technology, 2015.

影响力，5＝极具影响力）来评估这些关系的影响。研究结果表明，学生认为教师指导的影响更大。在参与研究的 84 名本科生中，14 名直接受教师指导的本科生对导师影响力评分最高，为 3.86 分；受研究生指导的 62 名本科生研究人员报告的影响评分为 3.51 分，比教师导师要低；受其他导师（其他实验室技术员/管理者或本科生）指导的 8 名本科生研究人员报告的影响评分最低，为 2.88 分。

本文研究结论表明研究生作为导师对大学生科研收获具有负面影响，这与坎帕尼利的研究结论一致。相对于研究生，教师导师和研究生共同对本科生进行指导，这种双重指导对于本科生显然更有利，更有影响。教师可以更好地使本科生对他们的研究有更广泛的概念理解，教师导师在帮助本科生理解研究的“大局”问题方面帮助尤其大。而研究生虽然被教师委派去指导本科生，如果教师对此不闻不问，不予参与，那么研究生能够尽心指导的可能性也不会多大。且研究生本身在研究领域还是新手角色，对本科生的指导和影响可想而知。而如果教师把本科生纳入教师—研究生团队，那么本科生在这一实践社区中接受指导，通过参与真实的实践来发展意义，形成科学家思维与身份，澄清职业发展道路并为此做好准备。

多兰和约翰逊（Dolan & Johnson）用质性研究方法调查参与本科生研究的本科生、研究生和教师之间关系的积极和消极结果。① 样本包括 8 名研究生导师、8 名本科生和 1 名教师导师。访谈涉及指导结构及指导关系对大学生研究经历和收获的影响。

其中有 4 名本科生表示，教师—研究生—本科生三人组创造了一种消极的等级观念。其中一名本科生说，他的研究生导师在向教师报告研究出现问题时责备了他。大学生与研究生在时间、注意力、兴趣等方面存在分歧。另外本科生报告说，研究生向他们提供的信息或指导与他们从教师那里得到的信息或指导相矛盾。另外，本科生提到像研究生一样总是待在实验室里做研究，这让他们感到有一种压力。

多兰和约翰逊的研究是质性研究，其研究结果比较丰富而多样，能让我们详细了解指导结构对大学生科研收获的动态影响，但是存在的致命缺点没有代

---

① Dolan E L, Johnson D. The undergraduate-postgraduate-faculty triad: unique functions and tensions associated with undergraduate research experiences at research universities[J]. CBE Life Sciences Education, 2010, 9(4), 543-553.

表性。莫拉莱斯(Morales)等的研究对此又更进一步。① 他们对103名参与夏季大学生科研学生的调查表明,对于大学生科研收获,存在研究生导师是一种"惩罚"。一般来说,在指导结构关系的六大类中,有一个明确的趋势,相比较"教师—本科生"双人组,四个"教师—研究生—本科生"三人组导致更低的收获分数。这表明存在研究生导师可能会对本科生产生负面影响。

以上研究基本上是认同教师指导者相比较研究生指导者,大学生科研收获更多。存在研究生对于大学生科研收获是一种"惩罚"。

4. 研究生作为导师的积极影响:指导时间的中介作用

也有研究者对研究生作为导师对大学生科研收获的影响效应进行研究,并得出了相反的结论。拉曼(Raman)等②研究了主要指导者与大学生科研总的经历的关系。研究对象为美国中西部一所大型大学中的跨学科性大学生科研项目中的66名被试。研究结果表明:当主要指导者为教师时,本科生与教师接触的时间少于每周20小时,而其他主要指导者与学生接触的时间大部分超过每周20小时。当主要指导者是教师时,与总的经历呈负相关;相反当主要导师是研究生时,与本科生总的经历呈正相关,即研究生比教师能提供更好的指导。为什么会得到与上文相反的结论?作者的解释是大部分研究生指导者比教师花了更多时间,所以指导结构与最终研究经历之间的关系,也可能是不同的指导者对学生的指导时间的差异所导致。

在多兰和约翰逊的质性研究中,大多数本科生(7名)报告,在本科生研究经历上,研究生导师比教师导师更容易获得和接近。当他们有问题时,更容易找到研究生,因为研究生通常总是在实验室工作。此外,本科生提到他们更喜欢问研究生问题,以获得他们需要的信息,而教师导师并不知道他们缺乏知识或能力。

5. 导师与学生性别一致的积极作用

莫拉莱斯的研究还考察了导师与学生的性别一致与否对大学生科研收获的影响。研究发现导师与学生的性别一致有利于学生科研收获。作者对此解释为,性别一致的指导关系比性别不一致的指导关系能够为学员提供更

---

① Morales D X, Grineski S E, Collins T W. Effects of gender concordance in mentoring relationships on summer research experience outcomes for undergraduate students[J]. Science Education, 2018:1029-1050.

② Raman R, Geisinger B N, Kemis M R, et al. Key actions of successful summer research mentors[J]. Higher Education, 2016,72: 363-379.

表 5-12　导师指导维度对一般研究技能影响的回归分析

变量	一般研究技能									
	模型 1		模型 2		模型 3		模型 4		模型 5	
	β	SE	β	SE	β	SE	β	SE	β	SE
大二 & 大四	0.000	0.103	−0.010	0.101	0.005	0.102	0.015	0.101	0.015	0.095
大三 & 大四	−0.054	0.080	−0.054	0.078	−0.044	0.079	−0.057	0.078	−0.044	0.074
男生 & 女生	0.005	0.066	−0.009	0.065	0.015	0.065	0.024	0.064	0.025	0.061
成绩	0.025	0.033	0.019	0.033	0.036	0.033	0.023	0.032	0.030	0.031
农村 & 大城市	−0.044	0.083	−0.054	0.082	−0.041	0.082	−0.040	0.081	−0.049	0.077
小城镇 & 大城市	0.046	0.076	0.025	0.075	0.041	0.075	0.045	0.074	0.013	0.071
专业类	−0.026	0.065	−0.020	0.064	−0.005	0.065	−0.053	0.064	−0.021	0.061
国家级 & 校级	−0.011	0.094	−0.009	0.092	−0.021	0.093	−0.019	0.092	−0.032	0.087
省级 & 校级	−0.055	0.069	−0.050	0.068	−0.056	0.068	−0.058	0.067	−0.054	0.064
一流大学 & 普通	−0.055	0.111	−0.031	0.110	−0.044	0.110	−0.076*	0.109	−0.036	0.104
一流学科 & 普通	−0.105**	0.080	−0.107**	0.079	−0.091*	0.080	−0.102**	0.078	−0.083*	0.074
大学生科研制度	0.431***	0.030	0.393***	0.030	0.386***	0.032	0.353***	0.032	0.224***	0.033
参与研究时间跨度	0.069*	0.041	0.066*	0.041	0.070*	0.041	0.060	0.040	0.056	0.038
时间投入	0.058	0.034	0.036	0.034	0.046	0.034	0.043	0.034	−0.005	0.032
自主性	0.050	0.042	0.035	0.041	0.046	0.042	0.058	0.041	0.035	0.039
专业社会化指导			0.194***	0.030					0.237***	0.029
具体研究技能指导					0.147***	0.031			0.212***	0.030

（续表）

变量	一般研究技能									
	模型 1		模型 2		模型 3		模型 4		模型 5	
	β	SE	β	SE	β	SE	β	SE	β	SE
心理情感支持							0.220***	0.031	0.269***	0.030
R	0.481		0.514		0.499		0.520		0.589	
R^2	0.231		0.265		0.249		0.270		0.347	
VIF≤1.927										

注：*** 表示在 0.001 的水平上显著；** 表示在 0.01 的水平上显著；* 表示在 0.05 的水平上显著。

表 5-13　导师指导维度对科学家思维与身份影响的回归分析

变量	科学家思维与身份									
	模型 1		模型 2		模型 3		模型 4		模型 5	
	β	SE	β	SE	β	SE	β	SE	β	SE
大二 & 大四	0.035	0.105	0.027	0.103	0.035	0.105	0.086*	0.104	0.039	0.102
大三 & 大四	0.088*	0.081	0.088*	0.080	0.088*	0.081	0.096**	0.080	0.089*	0.079
男生 & 女生	0.085**	0.067	0.072*	0.066	0.085**	0.067	0.001	0.067	0.087**	0.066
成绩	0.002	0.034	−0.003	0.033	0.002	0.034	−0.008	0.034	−0.002	0.033
农村 & 大城市	−0.010	0.085	−0.019	0.084	−0.010	0.085	−0.027	0.084	−0.017	0.083
小城镇 & 大城市	−0.027	0.078	−0.045	0.077	−0.027	0.078	0.131***	0.077	−0.048	0.076
专业类	0.147***	0.066	0.152***	0.065	0.147***	0.067	0.017	0.066	0.140***	0.066
国家级 & 校级	0.022	0.096	0.024	0.094	0.022	0.096	0.077*	0.095	0.016	0.093
省级 & 校级	0.079*	0.070	0.084*	0.069	0.079*	0.070	−0.012	0.070	0.082*	0.068
一流大学 & 普通	0.000	0.114	0.021	0.112	0.000	0.114	0.007	0.113	0.012	0.112
一流学科 & 普通	0.005	0.082	0.003	0.080	0.005	0.082	0.132***	0.081	0.009	0.080
大学生科研制度	0.178***	0.031	0.145***	0.031	0.178***	0.033	0.042	0.033	0.074*	0.035
参与研究时间跨度	0.047	0.042	0.044	0.042	0.047	0.042	0.223***	0.042	0.038	0.041
时间投入	0.232***	0.035	0.213***	0.035	0.232***	0.035	0.215***	0.035	0.197***	0.035
自主性	0.211***	0.043	0.198***	0.042	0.211***	0.043	0.131***	0.043	0.201***	0.042
专业社会化指导			0.170***	0.031					0.186***	0.031
具体研究技能指导					−0.001	0.032			0.042	0.032

（续表）

变量	科学家思维与身份									
	模型 1		模型 2		模型 3		模型 4		模型 5	
	β	SE	β	SE	β	SE	β	SE	β	SE
心理情感支持							0.086*	0.032	0.152***	0.032
R	0.447		0.475		0.447		0.462		0.494	
R^2	0.200		0.225		0.200		0.214		0.244	
VIF≤1.926										

注：*** 表示在 0.001 的水平上显著；** 表示在 0.01 的水平上显著；* 表示在 0.05 的水平上显著。

表 5-14　导师指导维度对职业方向确认与准备影响的回归分析

变量	职业方向确认与准备									
	模型 1		模型 2		模型 3		模型 4		模型 5	
	β	SE	β	SE	β	SE	β	SE	β	SE
大二 & 大四	0.037	0.098	0.022	0.092	0.041	0.097	0.045	0.097	0.039	0.089
大三 & 大四	0.059	0.075	0.060	0.071	0.066	0.075	0.058	0.075	0.068*	0.069
男生 & 女生	0.032	0.062	0.008	0.058	0.039	0.062	0.041	0.062	0.031	0.057
成绩	0.019	0.031	0.008	0.029	0.027	0.031	0.018	0.031	0.018	0.028
农村 & 大城市	−0.044	0.079	−0.061	0.074	−0.043	0.078	−0.043	0.078	−0.058	0.071
小城镇 & 大城市	−0.009	0.072	−0.042	0.068	−0.013	0.072	−0.009	0.072	−0.052	0.066
专业类	−0.077*	0.062	−0.068*	0.058	−0.061*	0.062	−0.091**	0.062	−0.062*	0.057
国家级 & 校级	−0.038	0.089	−0.034	0.083	−0.045	0.089	−0.042	0.088	−0.051	0.081
省级 & 校级	0.010	0.065	0.018	0.061	0.009	0.065	0.009	0.065	0.016	0.059
一流大学 & 普通	−0.078*	0.106	−0.040	0.100	−0.071*	0.105	−0.089**	0.105	−0.040	0.097
一流学科 & 普通	−0.043	0.076	−0.047	0.071	−0.032	0.076	−0.041	0.075	−0.028	0.069
大学生科研制度	0.401***	0.029	0.340***	0.028	0.368***	0.030	0.361***	0.031	0.223***	0.030
参与研究时间跨度	0.105**	0.039	0.100**	0.037	0.106**	0.039	0.101**	0.039	0.094**	0.036
时间投入	0.197***	0.033	0.162***	0.031	0.188***	0.033	0.189***	0.032	0.133***	0.030
自主性	0.136***	0.040	0.112***	0.038	0.132***	0.040	0.139***	0.040	0.111***	0.036
专业社会化指导			0.309***	0.027					0.340***	0.027
具体研究技能指导					0.109***	0.030			0.171***	0.028

(续表)

变量	职业方向确认与准备									
	模型 1		模型 2		模型 3		模型 4		模型 5	
	β	SE	β	SE	β	SE	β	SE	β	SE
心理情感支持							0.113***	0.030	0.164***	0.028
R	0.553		0.625		0.562		0.562		0.656	
R^2	0.306		0.391		0.315		0.316		0.430	
VIF≤1.925										

注：***表示在 0.001 的水平上显著；**表示在 0.01 的水平上显著；*表示在 0.05 的水平上显著。

多心理社会支持。也有可能是，与性别一致的关系相比，性别不一致的指导关系提供的榜样作用更少。如果学生有性别不一致的教师导师，他们可能会感到不舒服或不自信，所以获得更少的“个人收获”和“知识和技能增长”。

结果还表明，与师徒二元相比，师徒三元中的性别一致对学生收获的影响更为复杂。具体地说，当本科生与教师导师性别一致时，与研究生性别一致与否在学生收获方面没有显著差异；然而，当本科生与教师导师的性别不一致时，同时与研究生性别不一致的学生收获最小，即当学生在三人组中没有性别一致性时，研究生导师的“惩罚”效应最大。

（三）导师指导内容维度对大学生科研收获的影响

控制参与学生特征变量、环境变量、科研参与变量之后，考察导师指导的三个维度（专业社会化支持、心理情感支持、具体技能指导）对于因变量（一般研究技能、科学家思维与身份、职业方向确认与准备）的影响。

专业社会化支持对于一般研究技能获得影响的回归系数为 $\beta=0.237$（$p<0.001$）；具体技能指导对于一般研究技能获得影响的回归系数为 $\beta=0.212$（$p<0.001$）；心理情感支持对于一般研究技能获得影响的回归系数为 $\beta=0.269$（$p<0.001$）。

专业社会化支持对于科学家思维与身份影响的回归系数为 $\beta=0.186$（$p<0.001$）；心理情感支持对于科学家思维与身份的影响的回归系数为 $\beta=0.152$（$p<0.001$）；具体技能指导对于学生的科学家思维与身份的获得没有显著影响。

专业社会化支持对于学生职业方向确认与准备的影响的回归系数为 $\beta=0.340$（$p<0.001$）；具体技能指导对于职业方向确认与准备的影响的回归系数为 $\beta=0.171$（$p<0.001$）；心理情感支持对于职业方向确认与准备的影响的回归系数为 $\beta=0.164$（$p<0.001$）。

已有文献中，研究者尝试研究大学生科研指导对大学生科研收获的影响，但是大部分的研究基于质性研究。如石山（Ishiyama）用质性访谈方法，通过对来自低收入家庭第一代非裔大学生、低收入家庭第一代白人大学生、非第一代非裔大学生参加大学生科研过程中对指导的期望和看法的比较，来研究大学生科研过程中指导关系具体特征的文化和种族差异。

霍洛维茨（Horowitz）等的行动研究，让 5 组本科生和研究生结对完成项目，结果表明该项目对于本科生学习和发展具有相当的积极影响。①

佩雷斯(Perez)等描述了大学生科研指导的一个案例研究，通过记录一名大学生科研旅程中的一些转折点和导师的评论，来描述学生从科研经历中获得有价值的收获。②

希里(Thiry)等通过对 73 位本科生的访谈，讨论本科生被访者认为在研究经历中成长和发展成为科学家的有效指导过程。③ 从专业社会化支持、认知支持、个人/情感支持三个方面来描述指导实践对收获的影响。希里等人的研究给了我们很大的启发，对导师指导内容维度的划分，本研究也是顺着希里的框架进行质性研究分类，后期对于三个维度的量化研究，证明这三个维度的划分与大样本的数据相匹配。

1. 指导内容维度对研究过程和技能的影响

在大学生科研指导中，教师对学生科研进行具体指导，包括强调实验室安全的重要性，给学生准备研究所需要的仪器和材料，教给学生实验技能，给学生提供合适的文献阅读材料等。导师对学生进行心理和情感支持，比如在研究过程中很尊重学生的想法，在学生有问题的时候，经常可以找到并且对学生具有耐心，对于学生的工作，经常给予正面的反馈，当事情进展不顺利时，会帮学生寻找问题原因。导师除了给学生具体的研究过程指导、给予学生心理情感支持外，还有一个维度就是导师对于学生的专业社会化支持，包括会跟学生聊聊以后读研或就业的事，介绍学生认识团队外的其他专家和老师，支持学生参加一些学术会议或讲座，对学生以后的发展道路提供一些建议，给学生提供关于读研或就业的一些信息等。

控制参与学生特征变量、环境变量、科研参与变量之后，专业社会化支持对于一般研究技能获得影响的回归系数为 $\beta=0.237(p<0.001)$；具体技能指导对于一般研究技能获得影响的回归系数为 $\beta=0.212(p<0.001)$；心理情感支持对于一般研究技能获得影响的回归系数为 $\beta=0.269(p<0.001)$。

在导师对学生的科研指导中，本科生可以获得研究知识和技能。本科生

---

① Horowitz J, Christopher K B. The research mentoring program: serving the needs of graduate and undergraduate researchers[J]. Higher Education, 2013, 38:105-116.

② Perez I, Bowers J, Salamon P. Mentoring student participation in undergraduate research: a case study of twists and turns from two perspectives[J]. Taylor & Francis, 2017,10:526-536.

③ Thiry H, Laursen S L. The role of student-advisor interactions in apprenticing undergraduate researchers into a scientific community of practice[J]. Sciences Education Technology, 2011,20: 771-784.

研究人员最常报告的收获方面与研究方法有关。本科生研究人员报告他们学会如何执行研究程序，以及如何使用实验室设备和技术。① 除了学习研究方法，他们还获得背景概念、解决问题的技巧、科学写作和表达技巧。② 之前的研究阐述了本科研究人员获得类似的研究知识和技能。

从本研究可以看到，在大学生科研指导中，三个维度对于学生一般研究技能方面的收获具有比较相似的影响，即不管是直接的技能指导，还是间接的心理情感支持，或是专业社会化支持，对于学生一般研究技能的获得都有影响作用。

在前面第四章关于大学生科研收获的研究中，有许多同学描述了导师指导对他们研究技能的收获。

2. 指导内容维度对科学家思维和身份的影响

专业社会化支持对于科学家思维与身份影响的回归系数为 $\beta=0.186$ ($p<0.001$)；心理情感支持对于科学家思维与身份的影响的回归系数为 $\beta=0.152$ ($p<0.001$)；具体技能指导对于学生的科学家思维与身份的获得没有显著影响。

身份发展是通过指导获得的最不容易触及的好处。然而，约翰逊(Johnson)认为这是指导最重要、最持久的好处，可以通过本科生的研究机会来实现。在关于学生科研收获的质性访谈中，学生对于“科学家思维与身份”这一收获的谈论较少。

指导本科生研究已被确定为一种高影响的实践，它会影响学生的学业、情感和行为结果。然而，目前文献中关于学生在大学生科研中“科学家思维与身份”认同发展相关的收获研究刚刚出现。对大学生科研的指导被认为对学生的一般研究能力和学业成功做出了贡献，特别是他们的批判性思维、学术投入以及坚持度。我们也可以从学习科学的研究结论中得到启发，这些研究贡献与当前对学习过程的理解以及与身份发展的关系有关。

(1) “身份”认同概念及其发展过程

在定义和概念化“身份”一词时，埃里克森提出，青少年(和正在成长的成

① Dolan E L, Johnson D. The undergraduate-postgraduate-faculty triad: unique functions and tensions associated with undergraduate research experiences at research universities[J]. CBE Life Sciences Education, 2010, 9(4):543-553.

② Bauer K W, Bennett J S. Alumni perceptions used to assess undergraduate research experience[J]. The Journal of Higher Education, 2003, 72(2): 210-230.

年人)通过模仿父母、朋友和其他人来塑造自己，但不是简单地模仿他们，而是将他们所爱的人的行为、态度和价值观的一部分融入自己的个性，从而创造出一种身份或自我。这种身份或自我反过来又被他们自己对各种生活选择的探索所修正。这意味着个人完整的身份认同，是在社会互动和文化影响中构建的。① 埃里克森提出了个人和文化认同的建构，这与维果茨基对社会文化学习方法的探讨密切相关。

维果茨基采用社会文化方法研究学习和发展，专注于个体功能的转变过程，提出发展的社会文化历史理论，其基本原则是：学生建构他们的知识；发展离不开社会环境；学习可以引领发展；而且，语言在智力发展中起着中心作用——调节学习。他认为，社会文化过程比个人功能更重要。他的支持者罗格夫扩展了他的第一个原则，她的贡献是提出"指导"和"参与"。她认为，对于个人的思维和在社区活动中扮演越来越熟练角色的学徒阶段而言，指导和参与具有文化价值的活动是必不可少的。她进一步提出，有指导的参与的基本过程是主体间性的。②

学习和发展的社会文化方法的最初观点和扩大观点都承认一个简单的前提，即学习显然是一个社会进程。因此，它揭示了指导本科生研究的转化，包括在本科生研究学习实践社区中提供给学生有指导的参与，以及倡导和主办这些社区的机构。此外，本科生参与有指导的研究，作为一种高影响的学习体验，可以让学习者了解作为学术人员以及特定群体的成员意味着什么。此外，它还强调了参与实践社区的关键作用以及在身份发展中的相互作用。综上所述，学习从根本上是与发展身份联系在一起的，在大学生科研中也是如此。作为一种有指导的学习，本科生在科研过程中接受指导，从而发展出一种科学家的思维与身份。

埃里克森身份认同工作的基石不仅仅是个人整合身份，实际上是通过三个交互实现的"个人和文化、身份的统一"，包括对工作的忠诚或承诺，正如题项所表达的"感觉对这个项目有责任""因为觉得有趣而主动加班"。这种统一还包括工作，或参与社会结构，在这种结构中，基于实际希望选择职业目标，并使学生能够从职业或承诺方面看到自我。

① 林崇德. 发展心理学[M]. 北京：人民教育出版社，2009.

② 莱斯利·P. 斯特弗，杰里·盖尔. 教育中的建构主义[M]. 高文，等译. 上海：华东师范大学出版社，2002.

维果茨基的社会文化方法与埃里克森的认同理论相结合，为本科生身份认同发展过程提供了一个清晰的框架。这种整合可以进一步阐明大学生科研中的指导与学生科研收获，特别是学生科学家思维与身份发展之间的关系。

（2）情境学习的人类学观点：在实践社区中获得身份发展

情境学习的人类学观点，其关注点从技能学习和发展理解转向"形成一种作为共同体成员的身份，成为知识化的有技能的人"。人类学的视角强调身份，这种情境理论强调所有人在实践共同体中的建构，而不是简单的"识知"。从这个更为广泛的视角看，在莱夫称为"情境化的社会实践"中，"学习、思考和识知是参与活动的人们之间的关系，活动处于社会性和文化性地建构的世界之中，活动利用了这个世界，也源自这个世界"。从这种人类学的观点看，学习产生的不仅仅是意义，还有整个身份；这些身份为经验所改变，同时也改变着经验。

莱夫等人提出实践社区的概念，在实践社区中，一组人对他们所做事情具有相同的关注或热情，并在定期交互的过程中学习如何更好地完成工作。这样一个实践社区的关键要素是：领域、社区和实践。在这个领域中，成员是由他们共享的学习需求聚集在一起，不管这种共享的学习需求是否明确，不管学习是他们聚集在一起的动机还是它的副产品；在社区中，他们的集体学习随着时间的推移成为他们之间的纽带；无论他们实际是一起实践或单独实践，他们的相互作用产生资源而影响他们的实践。①

在大学生科研中，导师对于学生的专业社会化指导和心理情感支持，能更好地将本科生融入大学生科研的实践社区中，本科生在参加一个实践共同体的过程中，关于科学研究的信念和知识就会受到共同体及其信念和价值观的影响。通过合法的边缘性参与，他们可以吸收该共同体整体文化的一部分，同样共同体的文化也会受到每个成员的影响。在他们参与科学研究的过程中，本科生的科学家思维与身份也随之形成。

3. 指导内容维度对职业方向确认与准备的影响

专业社会化支持对于学生职业方向确认与准备的影响的回归系数为 $\beta=0.340$（$p<0.001$）；具体技能指导对于职业方向确认与准备的影响的回归系数为 $\beta=0.171$（$p<0.001$）；心理情感支持对于职业方向确认与准备影响的回

① J. 莱夫，E. 温格. 情景学习：合法的边缘性参与[M]. 王文静，译. 上海：华东师范大学出版社，2004.

归系数为 $\beta=0.164(p<0.001)$。

马西(Massi)采用个案研究方法,探讨在一所公立大学的本科生夏季研究项目中,教师对学生指导的性质与质量对 11 名参与项目学生的研究生入学意向的影响。① 研究结果表明这种影响有三种模式:导师的积极指导促使学生读研意愿增强(6 人,占比 55%);导师的积极指导对尚未决定是否读研究生的学生的读研意向没有影响(3 人,占比 27%);导师对学生指导不足对学生的影响取决于学生继续读研的动机或动力(2 人,占比 18%)。从这个研究中可以看到,导师的积极指导增强了学生的读研意愿。导师的指导不足以及对指定研究项目缺乏控制,可能会对学生读研的意愿造成消极影响。

坎帕尼利(Campanile)的博士论文通过对参与科研本科生的调查和访谈,考察了本科生研究中的指导对本科生学业和职业道路的影响。② 研究结果表明指导对于学生科研收获的影响,52%的本科研究人员认为导师对他们的学术和职业道路有非常或者极其重要的影响。28%的学生认为指导对他们有相当大的影响,12%学生认为指导对他们有一定影响,认为完全没有影响的占 8%。

坎帕尼利的研究又对大学生科研中的指导进行具体质性分析,确定了三个指导的维度,包括认知发展指导维度、人际关系维度和专业发展指导。被试被要求更深入地解释导师指导的三个方面如何影响他们的学业和职业道路。本科生描述了他们的导师如何耐心地指导和鼓励他们,这提高了他们对自己研究能力的信心。此外,有三位本科研究人员描述了导师是如何为他们提供指导和给予他们独立工作的自由,有些导师可以在这两者之间取得平衡,而有些导师做得并不好。

本科生在科研中所经历的合作都集中在团队合作和沟通方面。大学生科研人员得以进入研究实践社区,从本科生研究人员的角度来看,导师接受他们进入实验室,把他们视为实验室团队中有价值的成员,这让他们有归属感。本科生研究人员经常描述他们的导师是可接近的,并且愿意讨论与他们

---

① Massi L. The Influence of student-faculty interactions on post-graduation intentions in a research experience for undergraduates(REU) program: a case study[J]. The 21st ASEE Annual Conference & Exposition, 2014: 1-16.

② Campanile M F. The impacts and "best practices" of undergraduate - graduate student mentoring relationships in undergraduate research experiences[D]. Chicago: Illinois Institute of Technology, 2015.

的项目相关的问题和主题。导师给学生的心理情感支持有利于学生更好地融入科研实践社区。

本研究结果表明，导师对本科生的专业社会化指导对于本科生职业方向确认与准备的影响是相当大的。这与坎帕尼利的研究结果一致。本科研究人员可以通过导师指导了解研究生院和研究职业。在科研生涯方面，本科科研人员可以体验科研的现实，培养科研人员的行为和气质。导师指导为本科生提供了直接接触研究生院和研究实验室的机会。本科生可以和导师谈论他们的学术和职业道路，分享他们的个人经历和对研究生院和职业的想法。本科生描述他们的指导经历如何直接影响他们的决策，设置与他们的学术和职业道路相关的目标。本科生研究人员描述了他们的导师如何为他们提供相关的工具支持，让他们追求和实现目标。大学生科研经历中导师指导，给本科生以信心，让他们认识到读研是一个可实现的目标。此外，一些导师支持学生的读研或就职决定，为他们的研究生申请提供反馈，撰写推荐信；或在学生求职申请中作为推荐人。

本书研究表明，导师指导的不同维度对于学生职业方向选择与准备的影响程度是不一样的。虽然一般技能指导对于职业道路选择和准备有影响，但是导师对学生的专业社会化支持对于学生职业道路确认和准备的影响是其三倍多。这说明，要想学生在大学生科研过程中获得更多的职业选择和准备，导师就不能忽略对于学生的专业社会化支持。导师不能仅仅关注于一般的研究过程和技能的指导，要更多地关注学生的专业社会化发展，包括多跟学生聊聊以后读研或就业的事，介绍学生认识团队外的其他专家和老师，支持学生参加一些学术会议或讲座，对学生的发展道路提供一些建议，提供给学生关于读研或就业的一些信息等。

大学生科研指导内容的三个维度对于本科生职业方向确认与准备的影响与克拉姆(Kram)等人的指导功能角色有关。克拉姆认为指导具有确认功能。[①] 从本研究的质性访谈也可以看到，在大学生科研指导中，导师和学生"通过分享与工作生活相关的看法、价值观和信仰，以及发现观点中的重要共同点，为学生的职业发展提供确认"。对于一些本科生来说，大学生科研中的指导经历激发了他们的灵感，让他们相信读研是可以实现的目标。此外，和

---

① Kram K E. Mentoring at work: developmental relationships in organizational life[M]. Glenview, IL: Scott, Foresman &Co, 1985.

导师一起工作的本科生也接触到了导师对科学研究的热情和奉献精神。这些经历帮助大学生们认识到，他们对科学有着相似的看法，这增加学生对科学的热情和奉献精神。在大学生科研指导中，导师是学生的角色示范，学生通过观察导师的言行，来习得专业规范。导师具有咨询功能，对于学生的职业发展困惑，进行帮助和解答，给学生提供可行的发展路径，在这一过程中，体现出导师对于学生的友谊，这种友谊超出对学生的具体研究过程和研究技能的指导。

指导的这些维度在研究生社会化的关系中经常被讨论。奥斯丁和迈克丹尼尔斯（Austin &McDaniels）在研究中提到的研究生阶段指导的好处是职业支持，包括直接培训和指导、接受、支持、鼓励、角色示范、经费支持和提供研究机会。① 这些好处也适用于本科阶段。奥尼尔与赖茨曼（O'Neil& Wrightsman）认为本科生研究指导可以通过提高学生学术成就和保持率，给学生带来职业自信和身份发展。②

① Austin A E, McDaniels M. Preparing the professoriate of the future: graduate student socialization for faculty roles[A]//Higher education: Handbook of theory and research[C]. Rotterdam, Netherlands: Springer Press, 2006: 397-456.

② O'Neil J M, Wrightsman L S. The mentoring relationship in psychology training programs [A]//Succeeding in graduate school: The career guide for psychology students [C] Mahwah, NJ: Erlbaum, 2001: 113-129.

第六章

学生个人因素对大学生科研收获的影响

一、性别对大学生科研收获的影响

文献中关于大学生科研收获的性别差异存在着一些矛盾的结果。有些研究表明在某些领域存在性别差异，也有些研究表明并没有性别差异。

（一）大学生科研收获无性别差异文献概述

有研究表明，在大学生科研收获上，男性和女性差异很小。鲍尔和班尼特(Bauer & Bennett)发现，与没有项目研究经验的校友相比，参加本科研究项目的男女校友在解决问题的技能、文学和语言技能、个人主动性和沟通技能方面都取得了类似的进步。[①] 洛帕托(Lopatto)报告说，男性和女性从研究经验中收获的益处是相当的。[②] 在卡达什(Kardash)的研究中，分别让学生自己和导师对学生研究收获进行评价，男性导师对男性和女性的理科本科生的研究技能的评估是相似的。[③]

克雷尼等人(Craney et al.)[④]通过对一所高度多元化的城市四年制文理

---

① Bauer K W, Bennett J S. Alumni perceptions used to assess undergraduate research experience[J]. The Journal of Higher Education, 2003,72(2):210-230.

② Lopatto D. Survey of Undergraduate Research Experiences (SURE): First findings[J]. Cell Biology Education, 2004,3:270-277.

③ Kardash C A M. Evaluation of an undergraduate research experience: perceptions of undergraduate interns and their faculty mentors[J]. Educational Psychology,2000,92(1): 191-201.

④ Craney C, McKay T, Mazzeo A, et al. Cross-discipline perceptions of the undergraduate research experience[J]. Higher Education,2011,82(1): 92-113.

学院的465名参与10周夏季大学生科研项目的本科生，研究不同专业、种族、性别、年级、平均绩点和先前研究经历的长短，对本科研究的收获、结果和学习目标的影响。研究结果表明，女性比男性更强烈地认为，“本科阶段的研究能让学生在大学期间获得声望”，而且“能让我发展自己的沟通和表达能力”。这表明“当进行匿名评价时，女性对自己的评价并不会比男性低”。

在本书中，对于大学生科研一般研究能力的收获，包括理解研究项目的理论和概念、对自己科学研究能力的信心、合作与沟通能力、提出研究问题的能力、文献搜索能力、用统计方法分析数据的能力、理解期刊论文的能力、写科学报告或论文的能力等，男生和女生的收获之间都没有显著差异。

（二）大学生科研收获具有性别差异文献概述

也有其他数据表明，男性和女性从本科研究经历中收获的益处可能存在差异。卡达什（Kardash）发现，在学生自我报告的研究收获上，与女性相比，男性对他们“理解所在领域当代概念的能力”给予了更高评价，男性在“产生研究假设的能力”上略有优势。

特勒班等人（Taraban et al.）[①]对美国西南部一所公立综合性研究型大学的597名心理学专业和生物科学专业本科生进行研究，研究学生GPA、年级、性别、专业、对研究投入的时间、与教师导师和同伴的交互频率对大学生科研经历中学术心态、研究心态、研究方法、教师支持、同伴支持的影响作用。研究结果表明对大学生科研中研究方法的最强预测因子是性别，性别的影响作用表明男性比女性在研究技能上能取得更大的进步。性别同时预测了研究心态的进步，表明男性比女性受益更大。

纽泽维（Nzekwe）的研究结果表明，尽管男女生对研究活动的参与程度和意识程度相同，女性的研究者角色认同显著性、研究职业态度和研究参与兴趣均比男生低。即使在控制年级和其他人口统计学特征的差异之后，这一结果仍然很明显，表明女性对研究人员的角色认同显著性、研究职业态度和研究职业兴趣有负面影响。这些发现表明，在本科研究的一些收获方面，如发展突出的研究者角色认同、对研究职业的良好态度和对研究参与的进一步兴

---

① Taraban R, Logue E. Academic factors that affect undergraduate research experiences[J]. Educational Psychology, 2012, 104(2): 499-514.

趣，似乎存在轻微的性别差异。[①]

本书研究发现，男性对科学家思维与身份方面的获得具有显著正向影响，这与纽泽维的研究结果是一致的。综合其他文献，大致可见这样一幅图景，即在有些收获如大学生科研技能上，性别差异不大。而在另一些收获如"科学家思维与身份"上，男性相比较女性有正面积极影响。

（三）大学生科研收获存在性别差异的可能解释

关于大学生科研收获上可能的性别差异，一种可能的解释是女性受到不同的对待或受到不同的指导。例如，卡尔（Kahle）[②]发现，科学课堂上对男性和女性的期望不同，男性和女性与教师的互动模式也不同。教学方法的差异可能会增强男性对研究技能的自我效能感。与更传统的学习环境相比，男性的优势也反映了他们在研究环境中的能力。

然而，这一可能解释在其他研究中并未被支持。在西摩等人（Seymour & Hewitt）对理科专业学生的研究中，女性认为她们被对待的方式与男性没有什么不同。[③] 拉塞尔等人（Russell et al.）的研究也表明在研究环境中，参与大学生科研的男生和女生受到了类似的对待。[④]

本书第五章对大学生科研导师指导进行研究，研究发现在指导的三个维度上，男生和女生没有显著差异，也就是说，男生和女生受到的指导是一致的。

基于哈尔佩恩（Halpern）的工作，男生和女生在科研收获上差异的另一个合理解释是，在并不遵循标准的课堂模式的学习和解决问题的环境中，男生做得更好。[⑤] 哈尔佩恩在对性别差异的回顾中得出结论，"一种性别并不比另一种更聪明"。然而，哈尔佩恩也指出，可能存在与性别有关的处理差异。

---

① Nzekwe B J O. Dimensions of undergraduate research: research engagement, researcher role-identity salience, awareness, interest, and career attitudes among diverse undergraduate majors[D]. AnnArbor: ProQuest LLC ,2017.

② Kahle J B. Real students take chemistry and physics: gender issues[A]//Windows into science classrooms: Problems associated with higher-level cognitive learning[C]. New York, NY: Falmer Press, 1990: 92-134.

③ Seymour E, Hewitt N M. Talking about leaving: Why under-graduates leave the sciences [M]. Boulder, CO: Westview Press, 1997.

④ Russell S H, Hancock M P, McCullough J. Benefits of undergraduate research experiences [J]. Science, 2007,316:548-549.

⑤ Halpern D F. A cognitive-process taxonomy for sex differences in cognitive abilities[J]. Current Directions in Psychological Science,2004, 13:135-139.

例如，在国际测试结果中，女性在语言方面优于男性，但男性在数学和科学方面优于女性。当考试材料与学校所学非常相似时，女性就会脱颖而出；当这些材料与特定的学习环境无关时，男性就会表现得更好。与之相关的是，加拉赫、列文和卡哈兰（Gallagher，Levin，Cahalan）[①]报告说，在研究生入学考试中，当数学问题需要空间表示或空间解决策略时，男性表现出优势。然而，当数学问题需要语言策略或以传统教科书形式呈现时，差异消失了。这表明男性在数学和科学测试中的优势，可能是由于测试问题的性质以及解决问题所需的表现形式和策略。

总的来说，女性对自己在科学研究方面的天资和能力的感知，可能不像男生那样积极（Kahle）。[②] 本研究似乎也验证了这一观点，即女生认为她们在科学家思维与身份方面的收获要小一些。这与传统的对男生和女生的身份职业期待有关，也与男生与女生在认知不同领域的性别差异有关。

二、年级对大学生科研收获的影响

参与调研的学生中，最多的是大三和大四学生。研究结果表明，对于研究技能的获得，年级之间没有显著影响。但是对于科学家思维与身份的获得和职业方向确认与准备，相对于大四学生而言，大三学生更有可能收获更多。

对此研究结果，可能的解释是大三学生处于职业方向确认与准备的关键时期，所以他们更能意识到科研对于他们未来方向的影响；而大四学生在被调研时已经处于本科生涯的最后一个学期，对于他们的未来发展，他们已经做出了选择。而对于大二学生来说，毕业还是很遥远的事情，职业发展方向也还没有提上议事日程。

三、成绩对大学生科研收获的影响

在文献中，关于学生年级和成绩对于大学生科研收获的影响，研究者们

---

① Gallagher A，Levin J，Cahalan C. GRE research：cognitive patterns of gender differences on mathematics admission tests[M]. Princeton，NJ：Educational Testing Service，2002：2-19.

② Kahle J B. Real students take chemistry and physics：gender issues[A]//Windows into science classrooms：Problems associated with higher-level cognitive learning[C]. New York，NY：Falmer Press，1990：92-134.

有两种观点。一种观点是关于本科研究经历的非限制性因素观念，即所有学生都能从中受益，学生可以在本科生涯的任何时候从事研究。本研究表明，参与科研项目学生的成绩对大学生科研收获没有影响。

另一种观点是“研究经验的收获取决于学术能力”，研究参与可能适合部分学生，但不是所有学生。研究可能更适合高水平学生（高年级或者成绩好的学生），而不适合低水平学生（低年级学生或者成绩差的学生），因为低水平学生可能不擅长采用与参与研究相关的探究性、分析性和批判性思维方法。根据智力发展成熟理论，刚进入大学的大学生，智力尚未成熟，在大学学习过程中，学生才能逐渐认识到真理的相对本质、话语的价值以及通过证据形成好的论点。因此，在让学生参与研究之前，最好还是等一等。

拉塞尔（Russell）①在几项针对本科生研究人员的大规模调查中发现，参与研究的大多数是大四或大三学生。学生研究人员的平均绩点也高于非研究人员。本研究的结论与拉塞尔类似，参与研究的大多数是大三、大四学生，学生成绩总体处于前列。

特勒班等人（Taraban et al.）②对美国西南部一所公立综合性研究型大学的 597 名本科生进行研究，研究学生 GPA、年级等对大学生科研经历中学术心态、研究心态、研究方法、教师支持、同伴支持的影响作用。从参与研究本科生的成绩来看，研究发现 GPA 较高的学生从研究中获得的总体收益最高。研究经历的收获取决于能力，且主要属于高分学生。平均绩点预测了所有 5 个大学生科研收获维度。GPA 高的学生比 GPA 低的学生受益更多。

从参与大学生科研学生年级来看，在有些情况下，这些经历最适合高年级学生。学生年级与平均 URQ 分数、研究心态和教师支持之间的相互作用表明，如果高年级的学生同时也是高能力学生或高度投入研究，那么他们将从研究经历中受益。

本研究结论表明，学生年级和成绩对于大学生科研收获的影响，还是比较复杂的，不是简单的非此即彼。从一般研究技能取得收获来看，不管是哪个年级的学生，也不管是什么成绩的学生，他们的收获是一致的，这证明了第

---

① Russell S H. Undergraduate research opportunities: facilitating and encouraging the transition from student to scientist[A]//Creating effective undergraduate research programs in science: The transformation from student to scientist[C]. New York, NY: Teachers College Press, 2008: 53-80.

② Taraban R, Logue E. Academic factors that affect undergraduate research experiences[J]. Educational Psychology, 2012, 104(2): 499-514 .

一种观点，即所有学生都能从中受益，学生可以在本科生涯的任何时候从事研究。

本研究结果没有发现学生成绩对于大学生科研收获的影响，还有一个可能的解释是参与本研究的学生，均来自一本院校甚至是“双一流高校”的学生。从某种程度上来说，这些学生的学习能力在同龄人中偏上。况且，参与大学生科研的学生，其成绩在本院校都处于较好水平，所以参与调研学生之间的成绩能力具有同质性。这种样本间成绩的同质性使得对收获影响差异不显著。

关于学生成绩和研究收获之间的关系，到底谁是因，谁是果，还存在争论。可以说是因为好成绩引发了学生的科研参与，从而有更多的收获。成绩是因，科研参与是果。另一方面，也可能是因为科研参与而产生好成绩，即科研参与是因，好成绩是果。例如，有研究发现大学生科研的好处包括成绩的提升。

四、专业对大学生科研收获的影响

学生专业对学生科研收获的影响比较复杂。对于一般技能获得，不同专业类别相比，对收获没有影响。人文社科经管类学生与理工医类学生相比，在科学家思维与身份方面的获得更多。人文社科经管类学生与理工医类学生相比，对职业方向确认与准备获得更少。

（一）大学生科研收获无专业差异的文献证据与解释

不同专业对大学生科研收获有何影响？有研究认为，不同专业对大学生科研收获无关。比如鲍尔和班尼特（Bauer & Bennett）[①]发现，本科生从研究中获得的益处与专业无关，这些好处包括解决问题的能力、文学和语言技能、个人主动性和沟通能力。

鲍尔的研究中大学生科研收获的内涵与本研究中一般研究技能的这一维度类似。本书研究结果与此基本一致，即一般研究技能的获得，不同专业间没有差异。无论是理工医类专业学生，还是人文社科经管类专业学生，都

① Bauer K W, Bennett J S. Alumni perceptions used to assess undergraduate research experience[J]. The Journal of Higher Education, 2003,72(2): 210-230.

能从大学生科研中获得一般研究技能的收获，包括理解研究项目的理论和概念、对自己科学研究能力的信心、合作与沟通能力、提出研究问题的能力、文献搜索能力、用统计方法分析数据的能力、理解期刊论文的能力、写科学报告或论文的能力等。

虽然人文社科经管类与理工医类专业有着学科内容上的巨大差异，但是从研究过程、研究逻辑上来说是类似的，都需要掌握理解研究项目的理论和概念，进行文献搜索，理解期刊论文，提出研究问题，收集数据、分析数据，进行分工合作等。因此，进行大学生科研的学生，不管是什么专业类别，都能在这些方面获得一致的收获。

（二）大学生科研收获有专业差异的文献证据

然而，也有研究者发现了研究收获的专业影响。特勒班等人（Taraban et al.）①研究学生专业等因素对大学生科研经历中学术心态、研究心态、研究方法、教师支持、同伴支持的影响作用。研究发现专业对收获的影响可能相当大。与心理学专业相比，生物科学专业学生在研究心态、研究方法和同伴支持方面表现出更大的进步。这种优势可以通过生物科学专业的学生更多地参与研究活动来解释。生物科学专业的学生更广泛地参与实验室课程，更频繁的教师会议和更多的研究时间改变了这两个学科的学术文化，使得生物科学专业学生在收获上具有明显优势。

克雷尼等人（Craney et al.）②研究不同专业等因素对本科研究的收获、结果和学习目标的影响。研究结果表明，学生通过大学生科研的总体收获在专业上是一致的。但是在不同的收获方面，还是存在着专业差异。11 项研究收获中，有 5 项因学科专业而异，包括：制定研究问题、提供发表机会、提供现实的职业选择、提高就业能力、提高进一步深造的机会。在所有这些结果中，参与本科研究对理科生的影响比人文学科学生更大，而社会科学学生则介于两者之间。比如，科学领域的学生相比其他专业学生，研究参与对他们随后的学术和职业道路的影响更大。人文学科学生不太可能把科研经历与高等教育的录取、大学毕业后的就业能力以及发表论文的机会联系起来。

---

① Taraban R, Logue E. Academic factors that affect undergraduate research experiences[J]. Educational Psychology, 2012, 104(2): 499-514.

② Craney C, McKay T, Mazzeo A, et al. Cross-discipline perceptions of the undergraduate research experience[J]. Higher Education, 2011, 82(1): 92-113.

在5项因专业而异的收获中，“提供现实的职业选择，提高就业能力，提高进一步深造的机会”这三项均属于职业道路选择和准备这一收获维度。

本书研究结果也支持了克雷尼的结论。在职业道路选择和准备方面，理工医类专业学生，相比人文社科经管类专业学生，研究参与对他们随后的学术和职业道路的影响更大。这也不难解释，理工医类专业更多属于科学，所以研究对于这些专业的学生来说是比较重要的。

（三）大学生科研收获有专业差异的解释

为什么不同的专业类别会有不同的收获差异？一种可能的解释是不同专业类别学生有不同的科研参与方式、接受不同的指导。从前面第五章关于大学生科研指导的研究结果可以看到，在导师指导的三个维度中，理工医类专业学生获得的具体研究技能指导和专业社会化指导都要比人文社科经管类专业学生要多。这种获得指导方面的差异导致了学生在最终收获中的差异。

乌尔塔多（Hurtado et al.）[①]的研究也支持了这一解释。科学领域的学生更可能与其他本科生一起工作，而人文与社科的学生更容易孤军奋战。不同专业之间，在导师指导上具有差异，并影响学生的收获和结果。11％的社会科学和人文学科的学生没有与教师或其他学生进行合作研究。没有接受教师指导的这些学生，对研究生学习或将研究作为职业选择不那么感兴趣。本科生研究被认为对学生具有“专业兴趣和道路的确认作用”。在由其他教师和学生组成的研究小组中工作的学生，相比较无人指导的学生，认为参与科研增强他们深造的意愿。

以上对大学生科研中学生特征因素、部分环境因素对大学生科研收获的影响进行了分析和讨论。我们可以看到这样一幅图景，性别、年级、成绩、专业、项目级别等，对于大学生科研收获的一般研究技能收获而言，都没有显著的影响。性别、年级、专业、项目级别等，对于大学生科研收获的科学家思维与身份这一维度的获得，全都有显著的影响。年级和专业对于职业道路选择和准备这一维度的获得有显著影响。

---

① Hurtado S, Eagan M, Cabrera N, et al. Training future scientists: predicting first-year minority student participation in health science research[J]. Research in Higher Education, 2008, 9: 126-152.

纵观关于大学生科研收获的影响因素的文献，也经常会有互相矛盾的结论出现。这种矛盾出现的原因就在于这些因素对收获的不同方面有不同影响。我们似乎可以将一般研究能力的获得看作是比较低阶的收获，而将“科学家思维与身份”这一维度的获得看作是比较高阶的收获。对于低阶的收获，是一种非限制性模型，即不管是什么学生，在什么阶段参与科研，都可以从中获得。而对于高阶的收获，就是一种限制性模型，不同情况的学生会有不同的收获，一般来说，男生相对于女生、大三年级、人文社科经管类的学生、省级项目具有更好的收获。对于职业道路的选择和准备方面，大三学生、理工医类的学生具有更好的收获。

五、学生科研投入与自主性对科研收获的影响

（一）学习自主性

在信息更新速度不断加快、国际竞争日益激烈的今天，社会对具有终身学习能力的人才素质提出了更高要求，自主学习逐渐成为人们立足社会的基本能力。在英国，促进学生的学习自主性被作为大学学习的目标之一，英国高等教育质量保证机构(Quality Assurance Agency for Higher Education)将独立学习或自主学习作为大学毕业生的属性，澳大利亚政府也是如此。中国积极倡导创建学习型社会，大学生是我国未来事业的接班人，大学生自主学习能力的培养已提上日程，成为教育界的一个重要研究课题。

作为一种教育哲学，关于学习自主性的研究已有相当长的历史。事实上，布罗基特等人将这一话题列为 1980 年至 2000 年间教育出版物中最受欢迎的话题之一。康纳等人最近的一项研究证实了该主题的持续流行，并指出 40 多年来的持续关注表明该主题在满足社会需求的相关性。社会变化特别是知识的高速增长，以及信息和通信技术，创造了终身学习的需要。他指出在所谓的“信息社会”中，政治家和经济学家很快就接受了终身学习的必要性。自主学习被认为是实现终身学习的关键，以满足全球快速变化的需求。

1. 学习自主性概念

国内外学习自主性的研究成果非常丰富，涵盖了学习自主性的定义和内涵、培养路径、学习自主性的模型和策略、教师的角色与学生学习自主性等等。

经常有人提出，大学学习要求学生成为自主学习者。然而，对于什么是

自主学习、学习自主性，似乎没有一个统一的定义，不同的研究者从不同的角度提出了学习自主性的定义。霍莱茨（Holec）首次将“学习自主性”一词用于第二语言的学习发展，将其定义为学习者自主学习的能力。① 自从霍莱茨的开创性工作以来，出现了大量的文献，研究各种教学方法对学生学习自主性发展的影响，特别是在第二语言学习方面。切内（Chene）将学习自主性描述为学习者通过自己决定的过程独立获取有价值知识或技能的能力。② 也有研究者将学习自主性定义为能够独立指导学习的个体的心理特征，如庞顿等人（Ponton et al.）概述了学习自主性的心理需求，认为学习自主性包括在学习过程中运用个人主动性，寻找学习资源和机会，坚持学习和智谋。③ 这一定义强调了学习自主性者的心理特征，这种心理概念对于解释庞顿所说的学习自主性或独立学习是必要且充分的。支撑所有这些的一个核心要求是自信，即对自己处理这些新的学习要求能力的信念。

而利特尔（Little）对学习自主性的定义是学习者如何在心理上与学习的内容和过程相联系。这些过程包括学生对自己的学习负责、独立做决定、自我感觉控制以及表现出内在的学习动机。④ 桑普森（Sampson）的定义对学习自主性进行了全面的描述，指出学习自主性是自主学习的控制能力，可以分为学习管理、认知过程和学习内容控制。⑤

余文森等人认为，自主学习是指学生自己主宰的学习，其实质是独立学习。自主学习与他主学习相对立，其根本分水岭是学生的主体性在教学中确立与否。⑥ 卢仲衡等人认为，学习自主性是以独立性为核心的多种较优心理机能参与的主动掌握知识、获取技能的多层次综合能力，包括主动阅读、独立思考、完成自练、善于自检、促进自治、自我组织、自觉探求、能动应变、适应更

---

① Holec H. Autonomy and foreign language learning[J]. Oxford: Pergamon, 1981.

② Chene A. The concept of autonomy in adult education: a philosophical discussion[J]. Adult Education Quarterly, 1983,34(1): 38-47.

③ Ponton M K, P B Carr, G J Confessore. Learning conation: A psychological perspective of personal initiative and resourcefulness[A]//In Practice and theory in self-directed learning[C]. Schaumburg, IL: Motorola University Press, 2000: 65-82.

④ Little D. Autonomy and autonomous learners[A]//In Routledge encyclopaedia of language teaching and learning[C]. London: Routledge, 2000: 69-72.

⑤ Sampson R. The language-learning self, self-enhancement activities, and self-perceptual change[J]. Language Teaching Research, 2012,16(3):317-335.

⑥ 余文森，王永，张文质. 让学生发挥自学潜能，让课堂焕发生命活力[J]. 教育研究，1999(3): 58-63.

新、不断创新等能力。① 张文新认为，学习自主性是指在没有外部指导或监视的情况下，个体维持其行为历程以达到某一特定目的的过程。

2. 学习自主性测量

如果学习自主性的发展是大学教育的主要目标之一，那么开发工具来进行评估是很重要的。除了历史上对学习自主性的定义存在争议外，关于学习自主性也缺乏相对符合心理测量学要求的衡量标准。由于缺乏有效的测量工具，关于学习自主性的大多数研究倾向于关注促进自主学习的过程，而不是关于自主学习者的特征。且关于学习自主性特征的测量，并不是直接测量学习自主性，而是倾向于测量与自主学习相关的特征，如学习动机和感知能力等。

测量学习自主性最广泛使用的测量方法是古格里米诺(Guglielmino)的《自我定向学习准备量表》，但该量表的结构效度存在问题。最近发展起来的一种测量方法是费希尔等人(Fisher et al.)开发的《护理教育的自我导向学习准备量表》。② 该量表的缺点在于量表过于冗长，且只是针对护理教育这一特殊情境，针对特定的学生群体而开发。研究者们也试图开发更简洁的量表，专门用以测量目前大学生的学习自主性。其中麦卡斯基尔等人(Macaskill et al.)开发的自主学习测量工具相对简单，且符合心理测量学的信效度。③ 在麦卡斯基尔的测量中，学习自主性的操作定义表明，自主学习者对自己的学习负责，有学习动机，能从学习中获得乐趣，善于管理自己的时间，能有效地计划，注意时间节点，自己乐于工作，当遇到困难时能够坚持，对待他们的工作很少拖延。对自主学习者进行具体的定义与测量，将有助于更清楚地了解正在开发和测量的内容。

谢家树和燕良轼编制了一套适用于大学生的学习自主性评定量表。该量表采用分量表式结构，包括五个领域，92 条正式项目。五个分量表包括学习动机分量表、学习方法分量表、学习时间分量表、学习结果分量表、学习环境分量表。该量表的有关信度指标与国内外同类量表的信度水平接近。量

① 卢仲衡.从学生心理素质和数学能力的提高看自学辅导教学实验效果[J].教育研究，1993(3)：51-56.

② Fisher M，King J，Tague G. Development of a self-directed learning readiness scale[J]. Nurse Education Today，2001，21：516-525.

③ Macaskill A，Taylor E. The development of a brief measure of learner autonomy in university students[J]. Studies in Higher Education，2010，35(3)：351-359.

表采用学业成绩作为效标之一，量表测得分数与学生基于实际观察的评定结果基本一致，对学习成绩也有较好预测作用。①

3. 学习自主性性质：发展抑或特质

学生学习自主性是可以发展的还是个人特质的，学生是否能在大学学习的过程中培养自主性，存在两种观点：一种观点认为，学习自主性是个体的一种固定特征，不会随着时间的推移而改变；而另一种观点则认为，自主性是可以培养的。

一些研究者认为，学生自主性是特质型的，并不能随着时间的推移而发展的，大学并没有促进学习自主性的发展。② 小规模的自我知觉研究支持这种“固定属性”的假设，因为研究发现，随着年级增长或者学生更加“成熟”，学习自主性并没有发生变化。

然而，也有证据表明，学生学习自主性可以通过相关“事件”得到发展。例如威利森等人（Willison et al.）发现在工作或研究实习等学生能够自主工作的经历中，学生的自我效能感（学习自主性的一个方面）具有积极的反应。③ 在托马斯等人（Thomas et al.）的研究中，许多学生报告说，由于在大学学习，他们更多参与文献资源的搜集学习，学习独立性增加了。大四毕业生相比其他年级，对自己的进步和学习有更多的自主权。学生自我评估能力的发展，代表着从依赖教师的学习到独立的终身学习的转变。④ 麦卡斯基尔等人（Macaskill et al.）通过实施有针对性的工作坊，加强学生对自主相关特质的积极认知，借此提高学生的自信心和自主学习特质。⑤ 麦卡斯基尔采用积极心理学方法，培养一年级大学生的自信心，促进自主学习。他在大学入学第一天对 214 名心理学大学生进行心理素质测评，两周后对学生进行积极心理学的干预，旨在提高他们的自我效能感和自尊；未接受干预的 40 名学生作为对照组，进行干预效果评估。结果表明，干预后的学生更加自信，学习自主性水平

① 谢家树，燕良轼. 大学生学习自主性量表的初步编制[J]. 中国心理卫生杂志，2004(2)：94-96.

② Scott G W, Fumell J, Murphy C M, et al. Teacher and student perceptions of the development of learner autonomy: a case study in the biological sciences[J]. Studies in Higher Education, 2015, 40(6): 945-956.

③ Willison J, Sabir F, Thomas J. Shifting dimensions of autonomy in students' research and employment[J]. Higher Education Research & Development, 2016, 1-14.

④ Thomas L, Hockings C, Ottaway J, et al. Independent learning: students' perspectives and experiences[M]. Higher Education Academy, 2015.

⑤ Macaskill A, Denovan A. Developing autonomous learning in first year university students using perspectives from positive psychology[J]. Studies in Higher Education, 2013, 38(1): 124-142.

明显高于对照组。研究发现，性格特质（好奇心、感恩、希望、宽恕、乐观主义）与自我效能感、自尊和自主学习之间存在着某种联系。

这些研究和最近的学生调查表明，学习自主性的许多关键特征，可能是由学生主导的独立学习实践发展而来的。

亨利等人（Henri et al.）①采用自主学习量表，对 636 名学生进行为期两年的自主学习调查。研究结果表明，学生们并不认为他们的学习自主性在大学学习过程中有所增加。考虑到自我知觉指标的相对性，研究者将此结果解释为“红皇后”效应。即学生对于课程的期望会逐年提高，对于理想的学习自主性的期望会逐年提高，所以每个学生相对于理想的自我，感知自主性保持不变，研究者将此称之为“移动门柱”假说。这篇文章证实了教育学文献的观点，即为学生提供自主行动和培养自信的机会，是培养毕业生学习自主性的关键，强调了为学生提供自主学习机会的必要性以及学生需要认识到他们的自主性。

学生对自身能力的感知也与他们的学习自主性有关。自我效能感强的学生更倾向于认为自己的能力是可变的，而自我效能感低的学生则认为智力是一种固定的个人属性，学生对自己决定和能力的自信会影响到学生表现出的自主性水平。如果自主性是大学教育的一个关键目标，也是毕业生雇主的期望，那么学生能够感知并表达自主性是至关重要的。自主学习是大学学习的一种常见的学习结果，因为学生对自己的能力有信心，才能更好发展学习自主性。

4. 学习自主性与大学生科研

以上研究和阐述表明，学习自主性的许多关键特征，可能是由学生主导的独立学习实践发展而来的。即为学生提供自主行动和培养自信的机会，是培养学生学习自主性的关键，强调了为学生提供自主学习机会的必要性。

有研究者提出，转向真实的学习体验，如基于实地的学习体验和独立的研究项目，可以帮助构建学习者学习自主性的一些关键组成部分，如自我效能感和自我调节。大学生科研作为一种教育实践，学生在此教育实践中可以充分实现独立学习和实践，为学生提供了自主行动的机会，应该可以发展学生的学习自主性。

---

① Henri D C, Morrell L J, Scott G W. Student perceptions of their autonomy at university[J]. Higher Education, 2018,75:507-516.

同时，参与大学生科研的学生的学习自主性程度对于他们的科研收获应该有一定影响。乔安娜等人(Joanna et al.)对 58 名 STEM 早期研究生进行访谈与测量，研究本科生期间是否参与研究与研一期间的研究技能是否相关。① 该研究同时考虑本科期间的研究参与的特征与元素，包括学生自主性、研究网络规模、学生动机等对收获的影响。研究结果表明，大学生科研参与者具有更高程度的自主性，在研究技能方面获得更多。之前也有研究表明，在通过大学生科研参与学习中，自主性是很重要的。

5. 学习自主性与导师指导、科研收获关系

在研究生教育领域，有几项研究证明了学生自主性与导师指导、科研收获的关系。杜嫱探讨导师指导与博士生自主性在其专业素养发展中的作用。研究发现，导师指导关系分为控制性的“权威指导型”和支持性的“伙伴合作型”两种；回归分析证实导师对博士生的支持关系和博士生的自主性对博士生专业素养具有促进作用。交互作用显示，在支持指导下，博士生的自主性更能够促进其专业素养的发展。②

吴杨等人以九所高校的 500 份问卷调查和 28 位师生的深度访谈为数据样本，通过分位回归模型考察导师支持型和控制型指导风格，在研究生主动性不同条件下，对研究生创新能力的影响。研究表明学生的主动性具有调节作用，支持型指导风格对个人主动性较高的研究生群体创新思维和创新行为的影响都很大。控制型指导风格对个人主动性较低的研究生群体创新思维和创新行为的影响相对较大。③

(二) 大学生科研投入

1. 大学生科研投入影响因素

(1) 大学生科研投入的性别因素：男生比女生投入时间更多

在所有的模型中，男生相对于女生，投入了更多的时间($\beta=0.088$，$p<0.01$)。在研究投入的性别差异方面，本研究结果与文献中部分研究是一致

① Gilmore J, Vieyra M, Timmerman B, et al. The relationship between undergraduate research participation and subsequent research performance of early career STEM graduate students[J]. Higher Education, 2015, 86(6): 834-863.

② 杜嫱. 导师指导与博士生专业素养的发展：自主性的调节作用[J]. 研究生教育研究，2019(3):36-43.

③ 吴杨，韦艳玲，施永孝，等. 主动性不同条件下导师指导风格对研究生创新能力差异性影响研究——基于九所大学的数据调查[J]. 复旦教育论坛，2018，16(3):74-79.

的。乌尔塔多等人(Hurtado et al.)[①]对大学生科研参与度的调查发现,女性的参与度往往较低。研究者将这种性别差异归因于在研究密集的学术领域,特别是工程和物理科学等领域,女性本科生的代表性不足。他还提出,认识到男女生之间的这种差异有助于进一步促进本科研究经历,将其作为增加从事研究密集型职业和研究生项目的女性人数的一种方法。

大学生科研投入的性别差异方面,也有研究提出了不同结论。纽泽维(Nzekwe)的研究发现,女性和男性本科生在研究活动中的投入是相等的。[②]研究者对此的解释是由于研究样本中女性大学生的比例过高,在该研究样本中,生命与行为科学等学术领域的本科生不仅在研究参与度上名列前茅,而且主要由女性组成。

(2) 大学生科研投入的专业因素:理工医类投入时间更多

按照专业类来看,人文社科经管类相比理工医类学生,投入的时间显著减少($\beta=-0.155$, $p<0.001$)。这与文献中的结论是一致的。布兰登的研究表明,与其他学科相比,科学学科对研究活动的参与度最高。具体来说,物理科学或生命科学专业学生参与的研究活动最多,而商业、教育等专业参与研究活动最少,心理学专业学生的研究投入程度与物理或生命科学专业的学生相当。尽管科学专业,特别是物理科学、生命科学和行为科学专业的本科生的研究参与仍然是最普遍的,其他学科专业的本科生,如艺术和人文学科的学生,也表现出适度的研究活动参与水平。这些发现与其他关于大学生科研投入的调查相一致。

(3) 导师指导对投入的影响

导师指导的三个维度,都对大学生科研的时间投入有正向预测作用,其中专业社会化指导对时间投入影响的标准系数为$\beta=0.133$($p<0.001$),心理情感支持对时间投入影响的标准系数为$\beta=0.095$($p<0.01$),具体技能指导对时间投入影响的标准系数为$\beta=0.113$($p<0.01$)。从这三个维度来看,专业社会化指导的影响最大,其次是技能指导,最后是心理情感支持。

在大学生科研中,导师指导相当于提供"脚手架"支持以扩大学习者的学

① Hurtado S, Cabrera N L, Lin M H, et al. Diversifying science: underrepresented student experiences in structured research programs[J]. Research in Higher Educations, 2009, 50:189-214.

② Nzekwe B J O. Dimensions of undergraduate research: research engagement, researcher role-identity salience, awareness, interest, and career attitudes among diverse undergraduate majors[D]. AnnArbor: ProQuest LLC ,2017.

习能力。脚手架是被设计用来为个体理解意义提供帮助的支持机制，它的功能包括：对与问题相关的概念进行指导；对如何反思、规划和监控进行元认知指导；对如何使用环境特性和在环境中的进程进行过程指导；对如何处理任务或改善策略进行策略指导。在大学生科研中，导师指导作为脚手架帮助学生思考理解的路径，允许学习者参与复杂的认知活动。

昆塔纳以学生为中心环境提出一个包含三种主要脚手架的框架：①意义建构，即为学习者能够生成和验证假设、操作和检查表征、进行对比、构建解释或者突出学科策略提供脚手架；②过程管理，即为约束和引导学习者能够更好地管理环境的复杂性提供脚手架；③表达和反思，即为支持回顾、反思、合成和表达提供脚手架。脚手架帮助学习者富有成效地融入环境的复杂性、真实性和开放性。

在大学生科研中，导师为学生提供具体技能指导、心理情感支持和专业社会化指导，包括给学生准备好相关项目，教会学生做实验的技能，教学生进行数据收集与分析，提供合适的文献资料，对学生表现出尊重与耐心，给学生提供一些交流的机会，帮助学生理清思路和提供一些建议，所有这些都是学生在科研学习中的支架。

本科生在初入研究领域时，可能缺少重要的管理学习过程的策略知识，"学习者可能被可用观点的复杂性搞得不知所措，使得指导学生探究、指导学生明白哪些步骤是关键的以及作出有效的活动决定变得重要"。大学生科研中的导师指导通过为学生认知提供脚手架来促进他们对已知知识的持续管理和改进。

在大学生科研中，导师对学生进行具体研究技能指导，比如教学生如何阅读文献，如何进行数据收集和分析等，都会让学生进入更加规范的科研体系中不懈探索，不至于因为在科研中得不到指导而茫然不知所措，最终对科研项目草草了事或直接放弃。导师对学生进行专业社会化指导，比如介绍该领域的其他老师，支持学生参加一些学术会议和讲座，对学生今后的专业发展道路提供建议，这些都有利于学生在科学研究的道路上继续前行，投入更多的时间在科研中。

2. 大学生科研投入对收获的影响

学生科研投入对于收获无显著影响。对于科学家思维与身份而言，学生科研投入的影响要强很多，特别是每周投入研究时间，对于科学家思维与身份具有非常显著的正向影响作用 $\beta=0.197$（$p<0.001$）。每周投入研究的时

间对学生职业方向确定与准备有着显著的正向影响作用 $\beta=0.133$（$p<0.001$）。

鲍尔和班尼特(Bauer & Bennett)①发现，学生参与研究的时间程度(一学期到八个学期)与感知到的收获显著相关。克雷尼等人(Craney et al.)②的研究表明，那些多次参加暑期科研经历的学生对科研职业选择抱有更积极的态度，并不会轻易改变这种积极态度；而那些没有重复暑期科研经历的学生一开始也有类似的积极看法，但在暑期结束时，他们的兴趣略有下降。参加过多次暑期活动的学生对毕业后从事研究工作以及发表研究成果的可能性也持更积极的态度。

本书将学生参与科研的投入度操作化为学生参与科研项目的时间跨度和每周投入的时间，研究结果也验证了上述研究者的结论，即科研时间跨度更长、每周投入时间更多的学生，对于科研的收获越多。特别是在科学家思维与身份的获得和职业道路的选择和确认方面。

学生参与科研的投入也可以解释不同专业学生科研收获的差异，例如拉塞尔等人(Russell et al.)③发现不同学科领域的研究参与程度不同。例如，化学和心理学的参与率相对较高(分别为 72%和 63%)，而计算机科学和经济学的参与率相对较低(分别为 37%和 38%)。不同专业学生具有不同参与程度，而参与研究的程度似乎会影响与研究相关的结果。当然拉塞尔的研究中所指的参与度与本研究中所指的参与度内涵并不一致。

学生参与科研的投入也可以解释不同性别学生科研收获的差异。大学生科研“科学家思维与身份”获得，在男女生之间具有差异，男生比女生在科学家思维与身份方面的获得要多。在本节中，发现男女生之间在科研时间投入上有差异。由此可以推测，男女生之间在科学家思维与身份上的获得差异，或许是因为他们在科研时间投入上的差异而导致。

在布兰登的研究中，作者研究了两类大学生科研项目中学生的研究投入对本科生研究维度(研究参与兴趣、研究机会意识和研究人员角色认同显著

① Bauer K W, Bennett J S. Alumni perceptions used to assess undergraduate research experience[J]. The Journal of Higher Education, 2003,72(2):210-230.

② Craney C, McKay T, Mazzeo A, et al. Cross-discipline perceptions of the undergraduate research experience[J]. Higher Education,2011,82(1): 92-113.

③ Russell S H, Hancock M P, Mc Cullough J. Benefits of undergraduate research experiences [J]. Science, 2007,316: 548-549.

性)的影响。其中一类大学生科研项目由导师直接指导;另一类是没有导师直接指导的一般研究参与,包括一系列广泛的研究活动(例如本科生创造性项目、高级项目)。研究发现,有导师指导的大学生科研项目的研究投入度更能预测本科研究的其他维度。有导师指导的研究经历对参与者继续参与研究的兴趣、他们对研究机会的意识、他们对研究者角色的认同有更积极的影响。研究的直接指导对本科生的研究经历至关重要,这种直接的指导可能解释了作为研究投入和研究收获之间的差异影响。

(三)科研投入、学习自主性中介效应回归分析

大学生参与理论认为,学生参与教育过程的程度可以很好地预示他们的毕业和学术成就。现有大量研究证据表明,学生投入更多时间和努力于学习过程,学生参与教育强度越大,他们的成长和成就越大,对教育经历的满意度越高,越有可能坚持学习。指导可以被视为促进学习参与的一种手段。导师对学生的鼓励和激励,将加深学生对学习的投入。因此,本节将大学生科研投入作为中介变量,研究其在大学生科研中对学生科研收获的影响。

本书假设指导可以促进参与。在指导内容的三个维度中,对学生研究的具体指导可以促进学生的科研参与从而获得科研收获。例如,教师导师可以通过向学生提供具有挑战性的任务、对他们的科研活动进行具体指导或提出建议来促进他们的参与。另一方面,导师可以通过角色示范或通过自己的活动展示科研的好处来促进参与。情感支持对于鼓励那些缺乏自信的学生坚持完成科研项目是至关重要的。导师对于学生的专业社会化指导,提供给学生更多的学术机会来促进他们的参与。

学生学习自主性是学习者通过自己决定的过程独立获取知识或有价值技能的能力,或者是能够独立指导学习的个体心理特征。在大学生科研中,导师的指导是否有利于学生自主性的发展?学生的学习自主性对大学生科研收获是否具有一定的影响?本节将研究学生自主性在导师指导对于学生科研收获影响中的中介作用。

1. 导师指导对学生科研投入的影响

采用 SPSS 19.0 对数据分析,用回归分析——强迫进入变量法,分析导师指导对学生科研投入时间的影响。导师指导包括专业社会化指导、情感心理支持、技能指导。

导师指导对学生科研投入的影响。在所有的模型中,男生相对于女生,

都投入了更多的时间($\beta=0.088, p<0.01$);人文社科经管类相比理工医类学生,投入时间显著减少($\beta=-0.155, p<0.001$)。

导师指导的三个维度,都对大学生科研的时间投入有正向预测作用,其中专业社会化指导对科研时间投入影响的标准系数为$\beta=0.133(p<0.001)$,心理情感支持对时间投入影响的标准系数为$\beta=0.095(p<0.01)$,具体技能指导对时间投入影响的标准系数为$\beta=0.113(p<0.01)$。从这三个维度来看,专业社会化指导的影响最大,其次是技能指导,最后是心理情感支持。(见表 6-1)

2. 导师指导对学生自主性的影响

采用 SPSS 19.0 对数据分析,采用阶层回归分析——强迫进入变量法,分析导师指导对学生学习自主性的影响。导师指导包括专业社会化指导、情感心理支持、技能指导。

对学生学习自主性影响最大的因素是成绩,影响标准系数为$\beta=0.348$,($p<0.001$)。

在指导的三个维度中,唯一对自主性有影响的就是专业社会化指导($\beta=0.084, p<0.05$)。导师指导中的心理情感支持维度和具体技能指导维度对学生的学习自主性都没有影响。具体见表 6-1。

3. 科研投入的中介效应

采用 SPSS 19.0 对数据分析,采用阶层回归分析——强迫进入变量法,分析导师指导、学生科研投入时间对学生参与科研收获的影响。

由表 6-2 可见,学生科研时间投入对科学家思维与身份获得有显著影响,标准系数为$\beta=0.197(p<0.001)$。并且当学生科研投入放入回归方程中,导师指导的几个维度对收获影响的标准系数都有所降低。专业社会化指导的标准系数从 0.213(模型 3)降为 0.186(模型 4)。具体研究技能指导的标准化系数从 0.065(模型 3)降为 0.042(模型 4),显著性从 $p<0.05$ 变为不显著。心理情感支持的标准化系数从 0.174(模型 3)降为 0.152(模型 4)。由此可见,学生科研时间投入具有部分中介作用。

类似,学生科研时间投入对学生职业方向确认与准备有显著影响,标准系数为$\beta=0.133(p<0.001)$。并且当学生科研投入放入回归方程中,导师指导的几个维度对收获影响的标准系数都有所降低。专业社会化指导的标准系数从 0.361(模型 5)降为 0.340(模型 6)。具体研究技能指导的标准化系数从 0.183(模型 5)降为 0.171(模型 6)。心理情感支持的标准化系数从 0.187

（模型 5）降为 0.164（模型 6）。

表 6-1　导师指导对学生科研投入、学习自主性的影响

变量	科研时间投入		学习自主性	
	β	SE	β	SE
大二 & 大四	0.006	0.098	−0.037	0.081
大三 & 大四	−0.032	0.075	0.015	0.062
男生 & 女生	0.088**	0.062	0.024	0.052
成绩	0.038	0.029	0.348***	0.024
农村 & 大城市	0.047	0.079	−0.013	0.065
小城镇 & 大城市	−0.032	0.072	−0.015	0.060
专业类	−0.155***	0.062	0.048	0.051
国家级 & 校级	0.050	0.089	0.055	0.073
省级 & 校级	−0.064	0.065	0.022	0.054
一流大学 & 普通	−0.038	0.107	−0.011	0.088
一流学科 & 普通	−0.094*	0.076	−0.025	0.063
大学生科研制度	0.031	0.034	0.058	0.028
参与研究时间跨度	0.167***	0.039	0.113**	0.032
专业社会化指导	0.133***	0.029	0.084**	0.024
心理情感支持	0.095**	0.031	−0.014	0.025
具体技能指导	0.113**	0.030	0.044	0.025
R	0.399		0.414	
R^2	0.159		0.172	
VIF≤1.914				

注：*** 表示在 0.001 的水平上显著；** 表示在 0.01 的水平上显著；* 表示在 0.05 的水平上显著。

4. 学生自主性的中介效应

采用 SPSS 19.0 对数据分析，采用阶层回归分析——强迫进入变量法，分析导师指导、学生学习自主性对学生科研收获的影响。

由表 6-3 可见，导师指导的专业社会化指导对学生自主性有显著影响。学生自主性对科学家思维与身份有显著影响。当投入学生自主性变量后，专业社会化指导对收获影响的标准系数从 0.250（模型 3）降为 0.186（模型 4），表明学生自主性具有部分中介效应。

类似，学生自主性对职业方向确认和准备有显著影响。当投入学生自主

表 6-2　导师指导、学生科研投入对收获影响的回归分析

变量	一般研究技能				科学家思维与身份				职业方向确认与准备			
	模型 1		模型 2		模型 3		模型 4		模型 5		模型 6	
	β	SE	β	SE	β	SE	β	SE	β	SE	β	SE
大二 & 大四	0.002	0.093	0.015	0.095	0.025	0.103	0.039	0.102	0.014	0.089	0.039	0.089
大三 & 大四	−0.051	0.073	−0.044	0.074	0.072	0.080	0.089*	0.079	0.048	0.069	0.068*	0.069
男生 & 女生	0.020	0.061	0.025	0.061	0.098**	0.067	0.087**	0.066	0.032	0.058	0.031	0.057
成绩	0.026	0.031	0.030	0.031	−0.006	0.034	−0.002	0.033	0.010	0.029	0.018	0.028
农村 & 大城市	−0.051	0.077	−0.049	0.077	−0.010	0.084	−0.017	0.083	−0.056	0.073	−0.058	0.071
小城镇 & 大城市	0.007	0.070	0.013	0.071	−0.062	0.077	−0.048	0.076	−0.069*	0.067	−0.052	0.066
专业类	−0.027	0.060	−0.021	0.061	0.101**	0.066	0.140***	0.066	−0.097**	0.057	−0.062*	0.057
国家级 & 校级	−0.021	0.085	−0.032	0.087	0.039	0.093	0.016	0.093	−0.021	0.081	−0.051	0.081
省级 & 校级	−0.042	0.062	−0.054	0.064	0.083*	0.069	0.082*	0.068	0.031	0.059	0.016	0.059
一流大学 & 普通	−0.032	0.104	−0.036	0.104	0.010	0.114	0.012	0.112	−0.037	0.099	−0.040	0.097
一流学科 & 普通	−0.079*	0.074	−0.083*	0.074	−0.004	0.081	0.009	0.080	−0.032	0.070	−0.028	0.069
制度条件保障	0.223***	0.033	0.224***	0.033	0.079*	0.036	0.074*	0.035	0.225***	0.031	0.223***	0.030
参与研究时间跨度			0.056	0.038			0.038	0.041			0.094**	0.036
时间投入			−0.005	0.032			0.197***	0.035			0.133***	0.030
自主性	0.041	0.039	0.035	0.039	0.227***	0.043	0.201***	0.042	0.136***	0.037	0.111***	0.036
专业社会化指导	0.238***	0.028	0.237***	0.029	0.213***	0.031	0.186***	0.031	0.361***	0.027	0.340***	0.027
具体研究技能指导	0.213***	0.029	0.212***	0.030	0.065*	0.032	0.042	0.032	0.183***	0.028	0.171***	0.028

（续表）

变量	一般研究技能				科学家思维与身份				职业方向确认与准备			
	模型 1		模型 2		模型 3		模型 4		模型 5		模型 6	
	β	SE	β	SE	β	SE	β	SE	β	SE	β	SE
心理情感支持	0.272***	0.030	0.269***	0.030	0.174***	0.033	0.152***	0.032	0.187***	0.028	0.164***	0.028
R	0.587		0.589		0.456		0.494		0.636		0.656	
R^2	0.344		0.347		0.208		0.244		0.405		0.430	
VIF≤1.911												

注：*** 表示在 0.001 的水平上显著；** 表示在 0.01 的水平上显著；* 表示在 0.05 的水平上显著。

表 6-3　导师指导、学生自主性对收获影响的回归分析

变量	一般研究技能				科学家思维与身份				职业方向确认与准备			
	模型 1		模型 2		模型 3		模型 4		模型 5		模型 6	
	β	SE	β	SE	β	SE	β	SE	β	SE	β	SE
大二 & 大四	0.014	0.095	0.015	0.095	0.031	0.105	0.039	0.102	0.035	0.090	0.039	0.089
大三 & 大四	−0.043	0.074	−0.044	0.074	0.092*	0.081	0.089*	0.079	0.070*	0.069	0.068*	0.069
男生 & 女生	0.026	0.061	0.025	0.061	0.091**	0.067	0.087**	0.066	0.032	0.057	0.031	0.057
成绩	0.042	0.029	0.030	0.031	0.067*	0.032	−0.002	0.033	0.056*	0.027	0.018	0.028
农村 & 大城市	−0.050	0.077	−0.049	0.077	−0.021	0.084	−0.017	0.083	−0.060	0.072	−0.058	0.071
小城镇 & 大城市	0.012	0.071	0.013	0.071	−0.050	0.078	−0.048	0.076	−0.054	0.066	−0.052	0.066
专业类	−0.018	0.061	−0.021	0.061	0.154***	0.067	0.140***	0.066	−0.055	0.057	−0.062*	0.057
国家级 & 校级	−0.030	0.087	−0.032	0.087	0.026	0.095	0.016	0.093	−0.046	0.082	−0.051	0.081
省级 & 校级	−0.052	0.064	−0.054	0.064	0.088*	0.070	0.082*	0.068	0.019	0.060	0.016	0.059
一流大学 & 普通	−0.036	0.104	−0.036	0.104	0.011	0.114	0.012	0.112	−0.041	0.098	−0.040	0.097
一流学科 & 普通	−0.083*	0.074	−0.083*	0.074	0.007	0.081	0.009	0.080	−0.030	0.070	−0.028	0.069
大学生科研制度	0.225***	0.033	0.224***	0.033	0.085*	0.036	0.074*	0.035	0.229***	0.031	0.223***	0.030
参与研究时间跨度	0.059	0.038	0.056	0.038	0.058	0.042	0.038	0.041	0.105***	0.036	0.094**	0.036
时间投入	−0.001	0.032	−0.005	0.032	0.216***	0.035	0.197***	0.035	0.143***	0.030	0.133***	0.030
自主性			0.035	0.039			0.201***	0.042			0.111***	0.036
专业社会化指导	0.239***	0.028	0.237***	0.029	0.250***	0.031	0.186***	0.031	0.368***	0.027	0.340***	0.027
具体研究技能指导	0.214***	0.030	0.212***	0.030	0.049	0.032	0.042	0.032	0.175***	0.028	0.171***	0.028

（续表）

变量	一般研究技能				科学家思维与身份				职业方向确认与准备			
	模型 1		模型 2		模型 3		模型 4		模型 5		模型 6	
	β	SE	β	SE	β	SE	β	SE	β	SE	β	SE
心理情感支持	0.268***	0.030	0.269***	0.030	0.147***	0.033	0.152***	0.032	0.162***	0.028	0.164***	0.028
R	0.588		0.589		0.459		0.494		0.648		0.656	
R^2	0.346		0.347		0.211		0.244		0.420		0.430	
VIF≤1.926												

注：***表示在 0.001 的水平上显著；**表示在 0.01 的水平上显著；*表示在 0.05 的水平上显著。

性变量后，专业社会化指导对收获影响的标准系数从 0.368（模型 5）降为 0.340（模型 6），表明学生自主性具有部分中介效应。

（四）科研投入、学习自主性中介效应结构方程模型分析

采用 AMOS 21.0 对数据进行结构方程路径分析。其中自变量为导师指导的三个维度：专业社会化指导、心理情感支持、具体研究技能指导。因变量为一般研究能力、科学家思维与身份、职业方向确认与准备。中介变量为学生科研投入时间和学习自主性。

1. 一般研究能力

通过导师指导的三个维度对一般研究能力影响的结构方程模型进行路径分析，得出路径分析图（见图 6-1）。

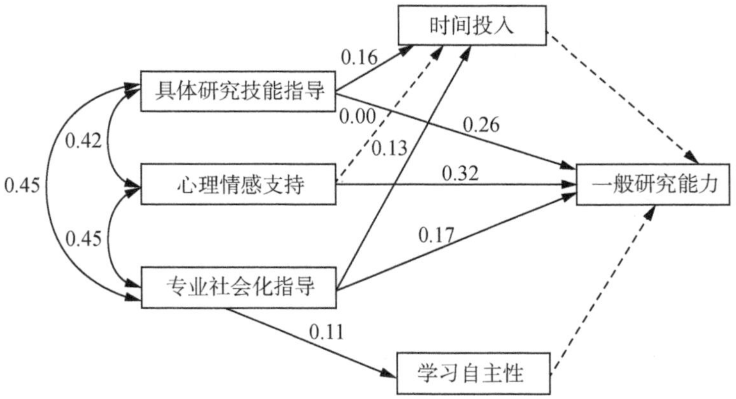

图 6-1　导师指导对一般研究能力影响的路径分析

根据路径分析结果，具体研究技能指导、心理情感支持、专业社会化指导对一般研究能力影响的路径系数分别为 0.26、0.32、0.17，而学生科研时间投入和学习自主性对一般研究能力都没有影响。

从结构方程模型的拟合指标可以看到，卡方值 18.282 显著，但是考虑到样本数量，该卡方值显著并没有太多参考价值。模型的卡方和自由度比值为 3.047，虽然大于 3.0，但是小于宽松的标准 5.0，所以是可以接受的。NFI 值为 0.990，RFI 值为 0.964，IFI 值为 0.993，TLI 值为 0.976，CFI 值为 0.993，均表示适配度良好；RMSEA 值为 0.047，小于适配标准 0.08；HOELTER 值为 649，大于适配标准 200。总之，无论是绝对适配度指标、增值适配度指标，

还是调整指标，均表示观察数据与模型拟合良好。因此，数据支持了指导三维度对于学生一般研究能力获得影响的路径分析模型。（见表 6-4、表 6-5）

表 6-4　导师指导三维度对一般研究能力影响路径分析模型拟合指标 1

Model	NPAR	CMIN	DF	P	CMIN/DF
Default model	21	18.282	6	0.006	3.047

表 6-5　导师指导三维度对一般研究能力影响路径分析模型拟合指标 2

统计检验量	CMIN/DF	NFI	RFI	IFI	TLI	CFI	RMSEA	HOELTER
适配标准	<5.000	>0.90	>0.90	>0.90	>0.90	>0.90	<0.08	>200
统计值	3.047	0.990	0.964	0.993	0.976	0.993	0.047	649

2. 科学家思维与身份

通过导师指导的三个维度对科学家思维与身份影响的结构方程模型进行路径分析，得出路径分析图（见图 6-2）。

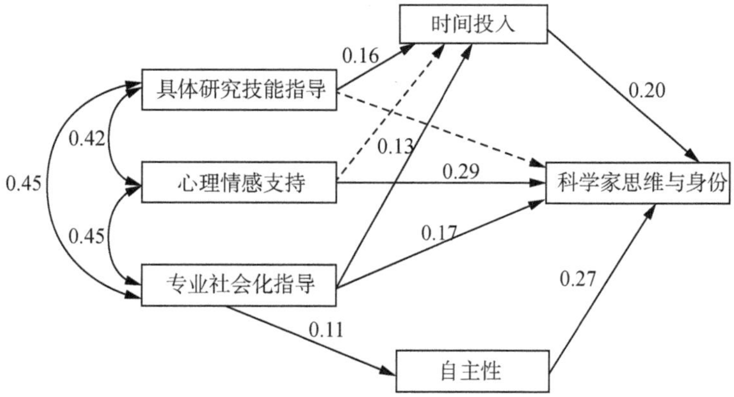

图 6-2　导师指导对科学家思维与身份影响的路径分析

根据路径分析结果，心理情感支持、专业社会化指导对科学家思维与身份影响的路径系数分别为 0.29、0.17，具体研究技能指导对科学家思维与身份没有影响。学生科研时间投入和学习自主性对科学家思维与身份影响的路径系数为 0.20、0.27。

从结构方程模型的拟合指标可以看到，卡方值 18.036 是显著的，但是考虑到样本数量，该卡方值显著并没有太多参考价值。模型的卡方和自由度比值为 3.607，虽然大于 3.0，但是小于宽松的标准 5.0，所以是可以接受的。

NFI 值为 0.989,RFI 值为 0.954,IFI 值为 0.992,TLI 值为 0.967,CFI 值为 0.992,均表示适配度良好;RMSEA 值为 0.053,小于适配标准 0.08;HOELTER 值为 579,大于适配标准 200。总之,无论是绝对适配度指标、增值适配度指标,还是调整指标,均表示观察数据与模型拟合良好。因此,数据支持了指导对于大学生科研中科学家思维与身份获得影响的路径分析模型。(见表 6-6、表 6-7)

表 6-6　导师指导三维度对科学家思维与身份影响路径分析模型拟合指标 1

Model	NPAR	CMIN	DF	P	CMIN/DF
Default model	22	18.036	5	0.003	3.607

表 6-7　导师指导三维度对科学家思维与身份影响路径分析模型拟合指标 2

统计检验量	CMIN/DF	NFI	RFI	IFI	TLI	CFI	RMSEA	HOELTER
适配标准	<5.000	>0.90	>0.90	>0.90	>0.90	>0.90	<0.08	>200
统计值	3.607	0.989	0.954	0.992	0.967	0.992	0.053	579

3. 职业方向确认与准备

通过导师指导的三个维度对职业方向确认与准备影响的结构方程模型进行路径分析,得出路径分析图(见图 6-3)。

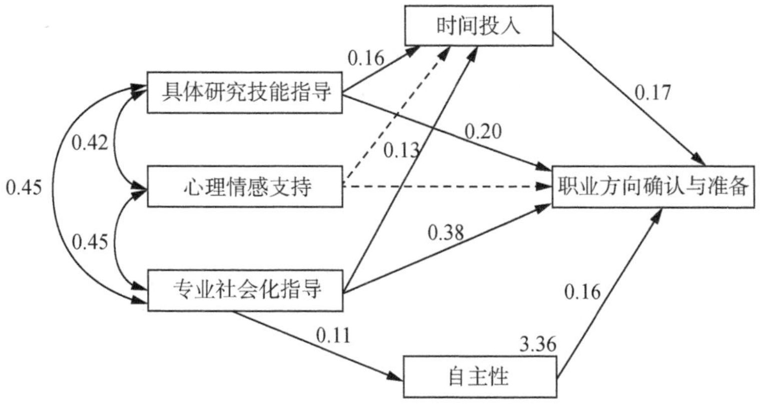

图 6-3　导师指导对职业方向确认与准备影响的路径分析

根据路径分析结果,可见具体研究技能指导、专业社会化指导对职业方向确认与准备影响的路径系数分别为 0.20、0.38,心理情感支持对职业方向确认与准备没有影响。学生科研时间投入和学习自主性对职业方向确认与准备获得影响的路径系数为0.17、0.16。

从结构方程模型的拟合指标可以看到，卡方值17.071是显著的，但是考虑到样本数量，该卡方值显著也没有太多参考价值。模型的卡方和自由度比值为3.414，虽然大于3.0，但是小于宽松的标准5.0，所以是可以接受的。NFI值为0.991，RFI值为0.962，IFI值为0.994，TLI值为0.973，CFI值为0.994，均表示适配度良好；RMSEA值为0.051，小于适配标准0.08；HOELTER值为611，大于适配标准200。总之，无论是绝对适配度指标、增值适配度指标，还是调整指标，均表示观察数据与模型拟合良好。因此，数据支持了指导三维度对于大学生科研中职业方向确认与准备影响的路径分析模型。（见表6-8、表6-9）

表6-8　导师指导三维度对职业方向确认与准备影响路径分析模型拟合指标1

Model	NPAR	CMIN	DF	P	CMIN/DF
Default model	22	17.071	5	0.004	3.414

表6-9　导师指导三维度对职业方向确认与准备影响路径分析模型拟合指标2

统计检验量	CMIN/DF	NFI	RFI	IFI	TLI	CFI	RMSEA	HOELTER
适配标准	<5.000	>0.90	>0.90	>0.90	>0.90	>0.90	<0.08	>200
统计值	3.414	0.991	0.962	0.994	0.973	0.994	0.051	611

（五）大学生科研投入的中介作用

本研究证明了在大学生科研中，导师指导可以影响学生对于科研的投入，而学生的投入又会影响学生在科研中的收获。且在投入“学生投入”变量后，导师指导对收获的影响效应减弱。

因此，学生科研投入对于大学生科研中导师指导对学生收获的影响，具有中介作用。这与参与理论是一致的。教师与学生的互动，教师对于学生的指导可以促进参与，进而增加学生的教育收获。

情境学习理论中的参与隐喻认为知识从根本上是处于实践之中的。该理论的中心观点是，参与实践促成了学习和理解。在莱夫称为“情境化的社会实践”中，个体和世界之间没有界限；“学习、思考和知识是参与活动的人们之间的关系，活动处于社会性和文化性地建构的世界之中，活动利用了这个世界，也源自这个世界”。从这种人类学的观点看，产生的不仅仅是意义，还有整个身份；这些身份为经验所改变，同时也改变着经验。

在导师的指导中，在导师与学生的互动中，学生参与了大学生科研实践。在这种情境化的认知与行动中，学生的认知和身份发展不断向前发展。从情境学习的人类学观点来看，在这种实践共同体中，学生产生的不仅仅是意义，还有整个身份。在大学生科研中，学生通过导师的指导，能更好地参与科研，增加对大学生科研的投入。而学生对科研的投入增加，将有利于学生的科研收获。

这种中介效应主要体现在本科生的“科学家身份与思维”这种获得。因为科学家思维与身份不是一朝一夕就能形成的，只有投入更多的时间于科研中，学生才能从这种实践中逐渐形成一种责任感、一种身份认同感，主动进行创造性思维。同时也是在这种投入时间的沉浸式科研实践中，学生获得了职业方向的确认和准备，知道研究生生活到底是怎么回事，从而更加坚定进入或者不进入研究生院的决定，或为进入研究生院积累经验。

对于一般研究能力的获得，研究发现导师指导对于一般研究能力的积极影响，却并没有发现学生的时间投入对于一般研究能力的积极影响。一种可能的解释是导师指导对于学生一般研究能力的影响还是比较显著的，通过导师的指导，学生在一般研究能力的获得上均有很大的收获，在该维度上题项的平均分接近 4 分，即有比较大的收获。相对来说，这就是大学生科研收获的不限制模型，即不管学生在科研项目中投入了多少时间，他们均能获得不错的收获。另一种可能的解释是，本研究中的大学生科研项目是一种结构性的项目，学生为了完成这一项目，均需要一定的时间投入，且都集中在每周 1～5 小时，因此未能发现本科生的时间投入对于学生科研收获中一般研究技能获得的中介效应。

（六）学习自主性的中介作用

就学生的学习自主性而言，主要的影响因素是成绩。在指导的三个维度中，唯一对学习自主性有影响的就是专业社会化指导。对学生的专业社会化指导包括介绍学生认识团队外的其他专家和老师，支持学生参加一些学术会议和讲座，和学生谈论读研或就业的一些信息，对学生以后的发展道路提供一些建议，可以影响到学生的学习自主性。同时，学习自主性是学生科学家思维方式和身份获得的影响因素，也是学生职业方向确认与准备的影响因素。所以，学习自主性是导师指导的专业社会化指导和科研收获之间的部分中介变量。

有少量证据表明，本科研究能够增强自主学习能力。埃尔文格伦和汉斯乐（Elgren & Hensel）[①]认为，本科生研究促进了学生在“智力独立和成熟”方面的成长，发展了学生的自主性。金齐（Kinzie）[②]利用 NSSE 的数据研究大学生科研学生感知到的认知收获，研究结果表明，参与本科生研究的学生在认知结果方面具有更高的自我感知增长，如自主学习性。考虑到本科研究经历的性质和组成部分，这些发现可能并不令人惊讶。从本研究的结果可以看到，导师对学生进行的专业社会化指导，可以影响学习自主性。

张钊以 531 名在校大学生为研究对象，运用结构方程模型分析学生学习自主性、学业目标和大学生学业成就间相互影响的作用机制。研究发现，学习自主性对学业目标、学业能力和 GPA 有正向预测作用；自主性、大学生学业目标与学业成就相关，提高学生自主性和培养学业目标有助于大学生提高学业成就。[③]

当然，学生的自主性对于学生科研收获尤其是科学家思维与身份的获得，以及职业路径的准备与选择也是有着显著的正向影响。学生自主性高，对于大学生科研有更多的责任感和独立感，越有利于学生科学家身份和思维的形成。正如学生所言：

我觉得主动性和科研是一个相互的过程，我觉得我本身就很主动，因为平时上课的时候，有问题我就会主动地去问老师。在做科研的过程中，你可能要有主动性才想去做科研，不想做也没有人逼你。这过程中，有问题，你也不得不去问问题。只有主动了才能把科研做下去，这是一个相互的过程。（12）

---

① Elgren T，Hensel N. Undergraduate research experiences：synergies between scholarship and teaching[J]. Peer review，2006，8(1)：4-7.

② Kinzie J. Undergraduate research：high impact practice for all students[M]. Washington，DC：the Association of American Colleges and Universities ，2010.

③ 张钊. 大学生学业目标与自主性对学业成就的影响研究[J]. 学校党建与思想教育，2013，(3)：42-44.

第七章

大学生科研制度对学生科研收获的影响

一、大学生科研制度对学生科研收获影响的实证研究

（一）大学生科研制度的量化

关于大学生科研制度，每所学校对于大学生创新训练计划项目的管理制度和支持力度不同。关于大学生科研制度的测量，共有 6 个题项：项目申请过程中项目信息的可获得性，寻找研究导师的容易度，获得研究项目的容易度，实验室或现场设施，经费支持，实地考察旅行。每个题目的选项有四个：很差=1，有点差=2，较好=3，很好=4。经描述性统计分析，六个题项的项目得分均为 3 分左右，即较好，见表 7-1。对六个项目进行探索性因子分析，采用 SPSS 19.0 对大学生科研制度的题项进行探索性因素分析。KMO 和 Bartlett 检验显示，取样足够度的 Kaiser-Meyer-Olkin 度量值为 0.877，Bartlett 的球形度检验近似卡方值为 2 366.013，自由度为 15，显著性为 $p<0.001$。依据 Kaiser 的观点，当 KMO 统计量值在 0.80 以上时，适合进行因素分析，因素分析适切性是良好的。

采用主成分分析法提取因子，并利用最大变异法进行结构分析。采用的旋转法为具有 Kaiser 标准化的正交旋转法，选取特征值为 1 的因素。结果表明，只有一个共同因素，每个题项在该共同因素上的载荷都大于 0.5。根据各个题项所表达的主要含义，将该共同因素命名为大学生科研制度与条件保障。共同因素能解释总变异量的 59.794%。在因子分析时，勾选“保存变量”，软件自动计算因子得分，并生成一个新的变量“大学生科研制度”。

表 7-1　大学生科研制度的描述性统计分析

项目	均值	标准差
项目申请过程中项目信息的可获得性	2.98	0.580
寻找研究导师的容易度	3.11	0.583
获得研究项目的容易度	3.04	0.544
实验室或现场设施	3.03	0.625
经费支持	2.93	0.727
实地考察旅行	2.93	0.658

表 7-2　大学生科研制度的探索性因子分析

项目	大学生科研制度
获得研究项目的容易度	0.813
实验室或现场设施	0.794
项目申请过程中项目信息的可获得性	0.790
经费支持	0.758
实地考察旅行	0.746
寻找研究导师的容易度	0.736

（二）大学生科研制度对大学生科研收获的影响路径

从前文对大学生科研收获影响因素的分析可见，在环境因素方面，对大学生科研收获影响最大、最稳定的因素是院校大学生科研制度。无论是对于一般技能获得、科学家思维与身份还是职业方向确认与准备，大学生科研制度对于因变量都有着显著的正向影响（$p<0.001$）。大学生科研制度的内涵比较丰富，本研究中的大学生科研制度包括项目申请过程中项目信息的可获得性，寻找研究导师的容易度，获得研究项目的容易度，实验室或现场设施，经费支持，实地考察旅行等方面。这些制度与条件保障因素之间的差异，既有来自不同院校层面的，也有来自不同项目之间。

那么，大学生科研制度对于大学生科研收获的影响是怎样产生的，大学生科研制度与导师指导之间有着怎样的关系？本节主要探讨大学生科研制度对大学生科研收获的影响路径。

1. 大学生科研制度对导师指导的影响

采用 SPSS 19.0 对数据分析，采用阶层回归分析——强迫进入变量法，分析大学生科研制度对导师指导内容维度的影响。第一步，投入变量：学生特征变量(大二 & 大四,大三 & 大四,农村 & 大城市,小城镇 & 大城市)和项目特征变量(国家级项目 & 校级项目,省级项目 & 校级项目);第二步,投入控制变量:导师特征变量(中年导师 & 中老年导师,青年导师 & 中老年导师,硕导 & 非研究生导师,博导 & 非研究生导师,副教授 & 讲师,教授 & 讲师,教师 & 教师与研究生共同指导,研究生 & 教师与研究生共同指导)。第三步,自变量:大学生科研制度。因变量为导师指导的三个维度(一般技能指导、心理情感支持、专业社会化指导)。

回归分析结果表明,大学生科研制度对大学生科研导师指导各方面均有着显著影响,其中大学生科研制度对技能指导影响的标准系数为 $\beta=0.477$ ($t=16.604$, $p<0.001$),对心理情感支持影响的标准系数为 $\beta=0.480$($t=16.590$, $p<0.001$),对导师专业社会化指导影响的标准系数为 $\beta=0.381$($t=12.398$, $p<0.001$)。见表 7-3。

表 7-3 大学生科研制度对导师指导影响的回归分析

变量	技能指导		心理情感支持		专业社会化指导	
	β	SE	β	SE	β	SE
大二 & 大四	−0.004	0.068	−0.025	0.062	0.024	0.086
大三 & 大四	−0.009	0.051	0.020	0.047	0.003	0.064
农村 & 大城市	0.012	0.063	0.004	0.058	0.055	0.080
小城镇 & 大城市	0.055	0.058	0.045	0.053	0.089*	0.073
专业类	−0.064*	0.051	0.005	0.047	−0.068*	0.065
国家级 & 校级	0.070*	0.069	0.079*	0.063	0.042	0.087
省级 & 校级	0.012	0.050	0.010	0.046	−0.009	0.063
教师 & 共同指导	−0.096**	0.056	0.010	0.052	−0.064	0.071
研究生 & 共同指导	−0.118***	0.073	−0.116***	0.067	−0.140***	0.093
博导 & 非研究生导师	0.026	0.076	−0.002	0.069	−0.027	0.096
硕导 & 非研究生导师	0.012	0.061	−0.021	0.056	−0.012	0.078
青年 & 老年	−0.048	0.077	−0.052	0.071	−0.019	0.098
中年 & 老年	−0.028	0.071	−0.087	0.065	−0.026	0.090
教授 & 讲师	0.005	0.075	−0.015	0.069	−0.002	0.095
副教授 & 讲师	0.023	0.065	0.028	0.060	0.037	0.082
大学生科研制度	0.477***	0.023	0.480***	0.021	0.381***	0.029
R	0.541		0.532		0.438	
R^2	0.293		0.283		0.192	

注:*** 表示在 0.001 的水平上显著;** 表示在 0.01 的水平上显著;* 表示在 0.05 的水平上显著。

院校大学生科研制度对大学生科研导师指导有着怎样的影响呢？伊根等人（Eagan et al.）通过对 4 832 名 STEM 本科生教学教师进行测量，研究院校和个人行为及感知如何影响教师参与大学生科研指导，结果表明文理学院、传统黑人学校、高选择性学校的教师参与大学生科研的可能性更大，院校变量可以解释 59%的变异。教师资金来源与教师参与大学生科研有显著正向关系。①

文理学院更重视教学，其小班化教学使得教师与学生交流增加，传统黑人学校给学生提供了更多的支持和合作的环境。因此，在文理学院、传统黑人学校的学生更容易找到研究项目和研究导师。另外，获得资金越多的教师，越有可能参与大学生科研指导。

这与本书的研究结果是一致的，在大学生科研制度与条件保障完善的情况下，学生能更多地获得项目申请信息，更容易找到研究项目和研究导师，本科生进行研究的设施和经费支持能得到保障，更有机会进行研究实地考察，那么学生在大学生科研中获得的导师指导会更多。

戴维斯等人（Davis et al.）将教师指导大学生科研面对的挑战分成两类：需要侧（基于学生的）挑战，包括学生对大学生科研准备不足，资源剥夺（钱和时间），即学生没有足够的研究时间和经费；供给侧（基于教师和学校的）挑战，包括教师接近学生机会不足，经费支持机制不完善，对大学生科研指导工作认可不够等。② 其中，她认为在基于实验室的学科中，学生获得经费支持很重要，只有那些具有经费支持的学生，才能够顺利参与大学生科研。她还提到另一个挑战是教师能够接触到本科生，20%的教师认为没有机会接触到本科生是指导大学生科研经历的挑战；大学生科研指导关系的发起，有教师发起，也有学生发起；即学生接近大学生科研项目和导师的容易度影响到他们在大学生科研中受到的指导，学生能有更多的机会接触到项目和导师，那么导师指导也相应会更多更好。

肖特利奇等人（Shortlidge et al.）通过质性访谈的方法，归纳出教师对指导大学生科研的挑战的看法。③ 教师认为大学生科研条件保障如研究物资，为

---

① Eagan M K, Sharkness J, Hurtado S, et al. Engaging undergraduates in science research: not just about faculty willingness[J]. Higher Education, 2011,52: 151-177.

② Davis S N, Jacobsen S K. Curricular integration as innovation: faculty insights on barriers to Institutionalizing change[J]. Higher Education, 2014, 39: 17-31.

③ Shortlidge E E, Bangera G, Brownell S E. Faculty perspectives on developing and teaching course—based undergraduate research experiences[J]. Bioscience, 2016, 66(1): 54-62.

学生安排额外的实验室时间以便他们完成实验，经费支持，符合学生兴趣、能力、时间和经费的研究项目等，这些都是教师参与大学生科研指导的影响因素。

从以上研究可见，影响教师参与大学生科研指导的因素，除了教师个人因素之外，还受到院校的大学生科研制度和条件保障的影响，包括教师与学生之间是否有足够的接触和互动，学生是否能够比较方便、容易地获得有关大学生科研项目的信息，是否能容易地获得研究项目和研究导师，本科生在科研过程中是否有足够的设施和经费支持。大学生科研制度都会影响到导师对本科生的指导。

2. 大学生科研制度对科研收获的间接作用——导师指导为中介

大学生科研制度对导师指导具有显著影响。大学生科研制度对大学生科研收获的影响，在投入“导师指导”这一变量后影响变弱。从表5-12可见，在模型1中，未投入“导师指导”变量，大学生科研制度对学生一般研究技能影响的标准系数为0.431。在投入导师指导的三个维度变量后，在模型5中，大学生科研制度对学生收获影响的标准系数降为0.224。由此可见，大学生科研制度通过导师指导的部分中介作用，对学生收获产生影响。

类似地，从表5-13可见，在投入“导师指导”变量后，大学生科研制度对学生“科学家思维与身份”影响的标准系数从0.178（模型1）降为0.074（模型5），显著性从$p<0.001$降为$p<0.05$。

从表5-14可见，在投入“导师指导”变量后，大学生科研制度对学生“职业方向确认与准备”影响的标准系数从0.401（模型1）降为0.223（模型5）。

因此，在大学生科研制度对于大学生科研收获的影响中，导师指导起着中介作用。

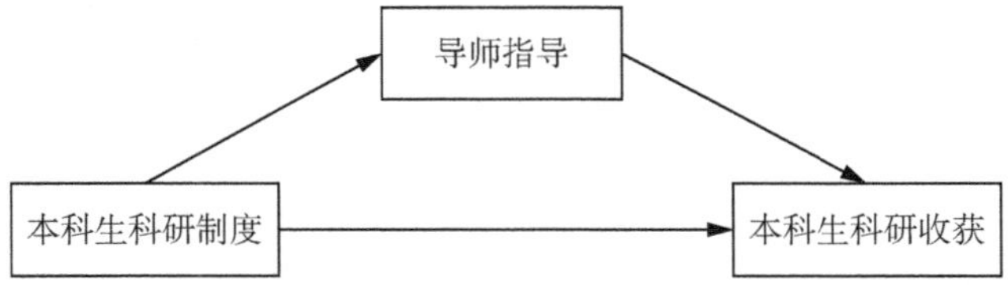

图7-1 大学生科研制度对大学生科研收获影响中导师指导的中介作用

亨特和迈克尔（Hunt & Michael）提出了大学生指导的概念框架。[①] 他们

① Hunt D M, Michael C. Mentorship: a career training and development tool[J]. Academy of Management Review, 1983, 8(3):475-485.

的指导关系研究框架描述了五类因素之间的相互关系：情境或环境因素；导师特征；门徒特征；指导关系的阶段和持续时间；导师、门徒和组织的结果。

基于亨特和迈克尔的工作，克里斯普（Crisp）提出了大学生指导模型。该模型整合了指导关系的功能、支持形式以及指导与结果之间的关系等理论。大学生指导模型基于学生特征和围绕指导和其他支持性关系的教育环境，承认学生和他们的教育环境之间的相互联系，其中教育环境包括学生所处的学校、院系、项目等。学校、院系和有组织的项目对师生互动、指导和发展网络有不同的规范、价值观和期望。例如，文理学院、历史悠久的黑人学院和大学，特别是部落学院的教师可能更注重师生互动和指导，因为这些学校的传统是优先考虑如何教学、学习和学生发展的。在科学实验室研究的背景下最容易实施导师制，特别是在夏季研究项目中。教育环境作用于指导关系，推动其在指导关系中的需求和可用资源。

大学生科研制度这些教育环境因素，影响着学生与环境的互动，影响着学生与导师的互动，并部分通过导师对大学生科研的指导，最终影响到学生在大学生科研中的收获。

（三）科研制度、导师指导、学生因素、收获之间关系模型

采用 AMOS 21.0 对数据进行结构方程路径分析。分析大学生科研制度，导师指导的三个维度：专业社会化指导、心理情感支持、具体研究技能指导如何影响大学生科研中一般研究能力、科学家思维与身份、职业方向确认与准备方面收获。中介变量为学生科研时间投入和学习自主性。

1. 一般研究能力

通过大学生科研制度、导师指导的三个维度对一般研究能力影响的结构方程模型进行路径分析，得出路径分析图（见图 7-2）。

根据路径分析结果，大学生科研制度、具体研究技能指导、心理情感支持、专业社会化指导对一般研究能力影响的路径系数分别为 0.21、0.19、0.25、0.17，而学生对科研的时间投入和学生的学习自主性对收获都没有影响。

从结构方程模型拟合指标可以看到（表 7-4、表 7-5），卡方值为 23.538，模型的卡方和自由度比值为 2.942，小于 3，表示模型适配良好。NFI 值为 0.989，RFI 值为 0.962，IFI 值为 0.993，TLI 值为 0.975，CFI 值为 0.993，均表示适配度良好；RMSEA 值为 0.045，小于适配标准 0.08；HOELTER 值为

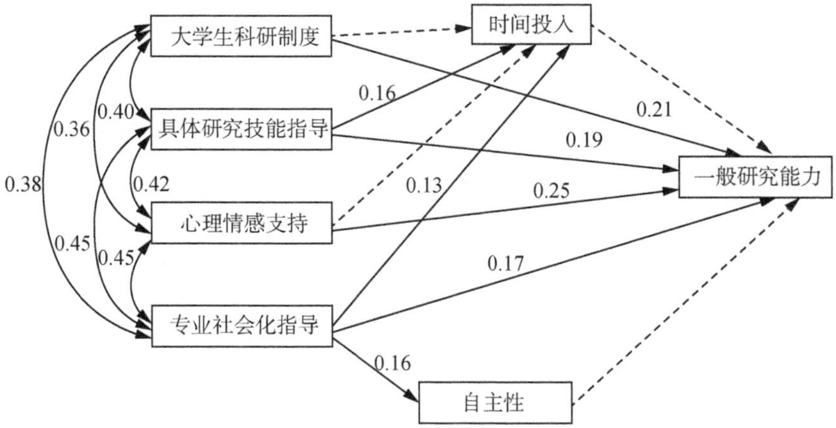

图 7-2　大学生科研制度、导师指导对一般研究能力影响的路径分析

622，大于适配标准 200。总之，无论是绝对适配度指标、增值适配度指标，还是调整指标，均表示观察数据与模型拟合良好。因此，数据支持了大学生科研制度与导师指导三维度对于大学生科研中一般研究能力的影响路径分析模型。

表 7-4　科研制度与导师指导对一般研究能力影响路径分析模型拟合指标 1

Model	NPAR	CMIN	DF	P	CMIN/DF
Default model	27	23.538	8	0.003	2.942

表 7-5　科研制度与导师指导对一般研究能力影响路径分析模型拟合指标 2

统计检验量	CMIN/DF	NFI	RFI	IFI	TLI	CFI	RMSEA	HOELTER
适配标准	<5.000	>0.90	>0.90	>0.90	>0.90	>0.90	<0.08	>200
统计值	2.942	0.989	0.962	0.993	0.975	0.993	0.045	622

2. 科学家思维与身份

通过大学生科研制度、导师指导的三个维度对科学家思维与身份影响的结构方程模型进行路径分析，得出路径分析图(见图 7-3)。

根据路径分析结果，心理情感支持、专业社会化指导对科学家思维与身份影响的路径系数分别为 0.23、0.15，大学生科研制度、具体研究技能指导对科学家思维与身份没有影响，而学生科研时间投入和学生学习自主性对科学家思维与身份影响的路径系数为 0.19、0.27。

从结构方程模型拟合指标可以看到(表 7-6、表 7-7)，卡方值 28.215 是显著的，但是考虑到样本数量，该卡方值显著并没有太多参考价值。模型的卡

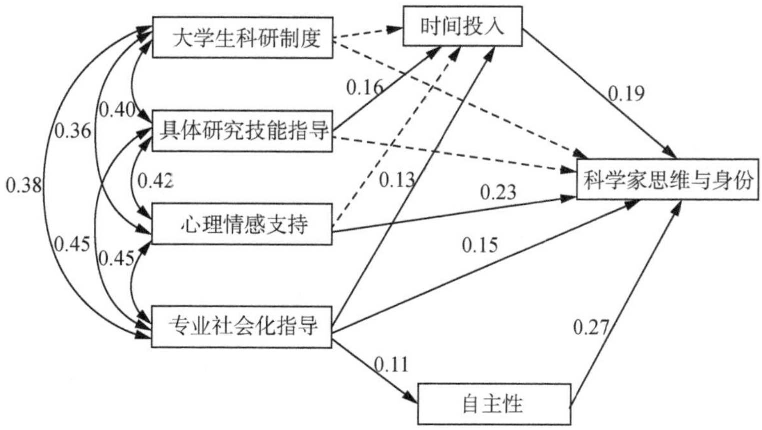

图 7-3　大学生科研制度、导师指导对科学家思维与身份影响的路径分析

方和自由度比值为 3.527，虽然大于 3.0，但是小于宽松的标准 5.0，所以是可以接受的。NFI 值为 0.986，RFI 值为 0.951，IFI 值为 0.990，TLI 值为 0.964，CFI 值为0.990，均表示适配度良好；RMSEA 值为 0.052，小于适配标准 0.08；HOELTER 值为 519，大于适配标准 200。总之，无论是绝对适配度指标、增值适配度指标，还是调整指标，均表示观察数据与模型拟合良好。因此，数据支持了大学生科研制度与导师指导三维度对于本科生科学家思维与身份获得影响的路径分析模型。

表 7-6　科研制度与导师指导对科学家思维与身份影响路径分析模型拟合指标 1

Model	NPAR	CMIN	DF	P	CMIN/DF
Default model	27	28.215	8	0.000	3.527

表 7-7　科研制度与导师指导对科学家思维与身份影响路径分析模型拟合指标 2

统计检验量	CMIN/DF	NFI	RFI	IFI	TLI	CFI	RMSEA	HOELTER
适配标准	＜3.000	＞0.90	＞0.90	＞0.90	＞0.90	＞0.90	＜0.08	＞200
统计值	3.527	0.986	0.951	0.990	0.964	0.990	0.052	519

3. 职业方向确认与准备

通过大学生科研制度、导师指导的三个维度对职业方向确认与准备影响的结构方程模型进行路径分析，得出路径分析图（见图 7-4）。

根据路径分析结果，可见大学生科研制度、具体研究技能指导、专业社会化指导对职业方向确认与准备影响的路径系数分别为 0.20、0.14、0.37，心理

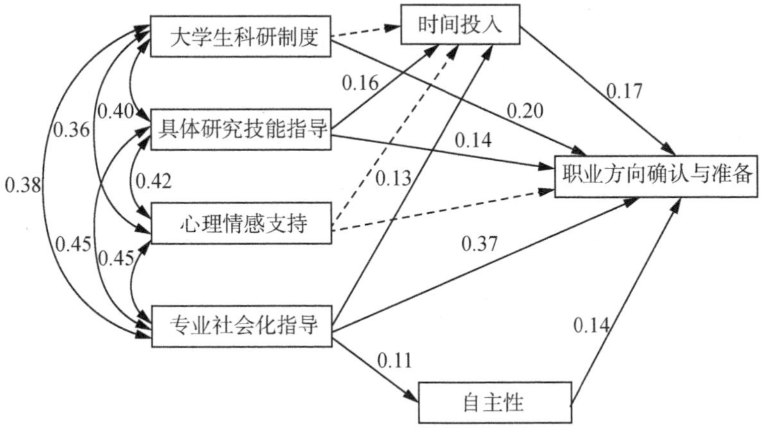

图 7-4 大学生科研制度、导师指导对职业方向确认与准备影响的路径分析

情感支持对职业方向确认与准备没有影响，而学生科研时间投入和学生学习自主性对职业方向确认与准备影响的路径系数为 0.17、0.14。

从结构方程模型拟合指标可以看到(表 7-8、表 7-9)，卡方值 21.789 是显著的，但是考虑到样本数量，该卡方值显著也没有太多参考价值。模型的卡方和自由度比值为 3.113，虽然大于 3.0，但是小于宽松的标准 5.0，所以是可以接受的。NFI 值为 0.990，RFI 值为 0.962，IFI 值为 0.993，TLI 值为 0.974，CFI 值为0.993，均表示适配度良好；RMSEA 值为 0.047，小于适配标准 0.08；HOELTER 值为 610，大于适配标准 200。总之，无论是绝对适配度指标、增值适配度指标，还是调整指标，均表示观察数据与模型拟合良好。因此，数据支持了大学生科研制度与导师指导三维度对于大学生科研中职业方向确认与准备获得影响的路径分析模型。

表 7-8 科研制度与导师指导对职业方向确认与准备影响路径分析模型拟合指标 1

Model	NPAR	CMIN	DF	P	CMIN/DF
Default model	28	21.789	7	0.003	3.113

表 7-9 科研制度与导师指导对职业方向确认与准备影响路径分析模型拟合指标 2

统计检验量	CMIN/DF	NFI	RFI	IFI	TLI	CFI	RMSEA	HOELTER
适配标准	<3.000	>0.90	>0.90	>0.90	>0.90	>0.90	<0.08	>200
统计值	3.113	0.990	0.962	0.993	0.974	0.993	0.047	610

二、部分大学生科研制度存在的问题

（一）学生参与科研的遴选机制不够健全

由于大学生科研训练计划经费不足，指导教师数量有限等，参与科研的大学生群体内部出现了一定的分化，参与主体主要是学业成绩优秀以及社会活动丰富的“精英”学生群体，相对其他学生群体，这些“精英”学生群体基础知识扎实、研究潜力强且易出成果。因此，在遴选科研苗子、分配经费时往往成为学生科研管理部门和指导教师择优培养的对象，甚至在申报课题时设置种种门槛，如是否获过奖学金、学业绩点是否达到前30%等举措来吸引这些“精英”学生群体的参加，无形之中使大学生科研训练成了“优秀学生”的专利。因此，这种择优培养的准入制度不可避免地使得绝大多数大学生无缘于科研训练，也使这项本需要很多时间和精力投入才可能有所收获的活动参与面越来越窄，不利于普及深入。

（二）对学生科研的过程管理制度不够健全

把大学生科研当作一种课题研究进行管理的现象还相当普遍，大学生科研选题、申请书撰写和科研过程基本参照教师课题研究的管理方式，较为注重项目的前期组织申报、评审以及结题验收管理，而项目实施的过程管理并没有得到足够的重视，科研过程的监督指导更是无从谈起。这种“两端紧中间松”的目标管理模式强调对成果的评价，优点是方法相对简单、容易操作，成果便于量化，却忽视了对研究过程、实验方案设计、自主学习、思路拓展等过程的关注，尤其忽略学生在研究过程中的所做所得，对那些参与科研创新活动但未取得成果的学生所进行的项目过程情况关注甚少，而实际上这部分学生通过科研训练活动，也收获了很多知识。所以参与锻炼的过程也非常重要，在一定程度上可以说，这些收获的意义远大于最终项目成果的意义。

（三）学生科研目标管理制度不够科学

现有对大学生科研训练计划的管理一般通过发表论文的数量和质量、是否获得专利、是否获奖等指标来评判，这对于尚处于知识积累阶段的大学生来讲，评价标准明显偏高。而且，这种功利化的结果导向必然促使参与科研活动的学生不能潜心下来长期性地刻苦钻研，稍有进展就匆忙撰写论文、向外投稿和申请结题，将主要精力用在怎么样去结题，而不是致力于怎么样去提高研究质量。在过分关注成果的前提下，许多“短、平、快”的选题或重复性、低水平的研究成为学生的首选，无形中扼制了原创性思想的发展。另外，功利化的结果导向削弱了指导教师对学生科研的热情，不愿意花更多的时间在过程指导上，最终导致大学生科研水平无法提高。①

三、国外大学生科研制度优化经验

（一）大学生科研组织

美国的大学生科研委员会(CUR)是一个非营利性的高等教育组织，创建于 1978 年，主要目的是在四年制本科院校促进本科生进行科研，并为开设研究性课程的教师提供帮助。

在成立初，它只是一个由 10 名美国本科院校的化学教师组成的协会，到 2015 年，成员包括 700 个学校和 10 000 多人，成为全球大学生科研运动的主要促进者。该组织已经开发了越来越广泛的项目、服务，从各个方面支持大学生科研。大学生科研委员会强调跨多个学校的广泛的、长期的转型变革。

大学生科研委员会最近的组织演变主要体现在以下四个方面。第一，大学生科研在非理工类学科领域的快速增长和多元化，使大学生科研为来自所有学科和截然不同的学术文化的教师和行政人员提供了一个独特的“市场”，将大学生科研作为教师教学和研究的统一理论，包括职称晋升等激励机制等。第二，在 2010 年，美国大学生科研委员会与美国全国大学生研究会议(NCUR)合并，形成了一个统一的组织，从而扩大了对学生项目的重视，补充了大学生科研委员会历来注重大学和教师的专业发展需求。第三，编写出版和广泛传播的开创性文件《本科生研究的卓越特征》首次为大学生科研项目提供了高质量的标准。第四，2012 年委员会正式采用了三大战略支柱——扩大大学生科研的参与、将大学生科研纳入课程、评估大学生科研的影响。这表明该组织准备将大学生科研与其他领域的高等教育政策和思想紧密联系起来，特别是增加本科生的毕业率和随后职业生涯的成功。美国大学生科研委员会的国家科学基金会(NSF)资助的项目旨在在更大的范围内促进和提高

① 俞林伟，施露静，周恩红，等. 大学生科研训练计划管理模式创新研究[J]. 高等工程教育研究，2016，(6)：103-107.

大学生科研。

（二）大学生科研在大学制度化的案例

1. 加州州立大学系统（CSU）

加州州立大学系统是美国最大的四年制公立大学系统，学校共有 23 个校区，在校学生 437 000 人，其中本科生占 87%，每年授予学士学位 76 000 余人。CSU 从该州排名前三分之一的高中毕业生中选拔学生，将其置于择优录取的加州大学体系和开放入学的加州社区学院之间。许多学生来自经济贫困家庭或者少数民族，是家庭中第一代大学生。CSU 在其 2008 年的“获得卓越”计划中加强学生主动学习，包括本科生研究。

本科生研究委员会概述了加强本科生研究的 12 个基本特征，这些特征对代表性不足的、第一代和低收入学生具有更大的重要性。CSU 通过这些本科生科研基本特征的实现，使学生获益。①

（1）支持项目

本科生的研究经历并不局限于实验室、田野调查、图书馆或工作室，它应该包括支持交流技能发展、同侪网络发展和专业技能培训的项目。调查研究发现，那些参加了诸如期刊俱乐部、研讨会和实地考察等支持活动的学生在“像科学家一样思考和工作”方面有了更大的收获。在那些参与额外支持活动的人中，68%的人表示在“形成一个可以用数据回答的研究问题”方面“有了很大的收获”。支持项目对于在学生和教师之间建立成功的研究伙伴关系也至关重要。

CSU 设立了越来越多的支持项目来协调服务，包括工作坊和培训、市场和宣传策略、评估和跟踪本科生的研究。校园采用创新的资助机制，比如加州州立理工大学波莫纳分校和 CSU 圣贝纳迪诺分校利用 CSU 学生成功基金；加州大学东湾分校利用学生的学费；加州州立大学蒙特利湾分校（CSUMB）则采用了机构支持和捐赠。此外，在赫尔姆斯利慈善信托基金的支持下，三分之一的 CSU 学校正在创建 STEM 协作项目，这些项目包括夏令营项目、新生经验和融入大学生科研的入门课程。

---

① O'Donnell Ken, Judy Botelho, Jessica Brown, et al. Undergraduate Research and Its Impact on Student Success for Underrepresented Students[J]. New Directions For Higher Education, 2015,27-38.

（2）质量指导和角色榜样

当学生在做研究的过程中与教师互动时，他们通过熟悉学术和专业网络和规范，从学徒的角色中受益。通过与教授、研究生或学长深入接触的机会，学生不仅从他们所在领域的导师那里学习技术和研究探究技能，而且他们还融入了该行业，并建立了重要的联系，获得学术支持、专业参考、研究生院准备和入学的资源。

CSUMB 与加州大学、圣克鲁兹研究指导学院和哈特内尔社区学院共同发起了蒙特利湾地区师徒关系联盟，旨在支持、维持和加强地区学术和研究机构的教师与学生的师徒关系。

（3）对学生的资助

各大学积极筹措资金，以支持想要参与本科生研究的学生。例如，CSU 东湾分校对 CSU 资助的教师支持补助金的评估标准之一，就是包括“学生对学术的直接参与”，这样可以使得这一基金一举两得。

整个大学系统都在大力投资本科生研究支持。CSU 的附属团体，包括 CSU 生物技术教育和研究计划（CSUPERB）、海洋事务、科学和技术委员会（COAST），资助学生参与研究和参加学术会议。大法官办公室举办会议，资助国内考察，支持校园组织的研究竞赛和学生参加学术会议。

这些学生资助具有一定竞争性，并且具有正式的申请指南、审查标准和报告要求。除了这些竞争性的学生资助，社区参与中心是唯一不需要竞争的，该中心每年直接为校园服务学习提供资金，这种方式也可能很好地支持整个 CSU 的本科生研究。

（4）检验知识的真正机会

学生将自己视为学术领域的“外部”，因此为学生提供真正的机会来展示和检验他们的知识显得尤为重要。马丁内斯发现，当学生对他们的研究——比如数据收集和分析有更多的自主权时，他们对研究更有热情，感觉与研究领域有更大的联系，更有可能追求 STEM 研究生教育。

CSU 举办一个全系统范围的学生研究竞赛，认可教师指导的本科生跨学科研究。此外，CSUPERB 每年举办 CSU 生物技术研讨会，由 CSU 的学生研究人员、教师、管理人员和生物技术专业人士参加。

CSU 还开发一个在线的同行评议的本科生研究期刊《CSU 学者期刊》，期刊的初版将包括来自 CSU 学生科研竞赛和附属团体会议的获奖论文，将为编委会提供电子平台和基础设施支持，比如教员和学生担任评审的激励措施等。

（5）研究具有社会相关性和社区参与

研究表明，当学生意识到他们的研究可以满足他们的家人、社区和社会的需求，能够回馈社会时候，他们对自己的研究会更加有主人翁意识。例如，圣地亚哥州立大学的学生应用社会科学研究的技术，调查圣地亚哥三个社区的食品安全和健康问题。在 CSU 洛杉矶分校，电影专业的学生使用纪录片的形式来“面对影响我们国家年轻人的关键问题”。在加州州立大学弗雷斯诺分校，学生们与社区伙伴合作研究水质和生态恢复，并在当地学校教学水生生态模块。

（6）提升课程

在核心课程中融入研究机会，使所有学生参与应用主动学习。在加州州立大学海峡群岛分校的创新“跨学科研究与学习阶梯项目”中，在低阶课程中介绍普通的研究方法和教学分析工具和技能，在中级和高级课程中逐渐增加复杂的研究项目。通过在低阶课程中介绍跨学科的研究，促进社区参与和服务性学习，在大范围的学生群体中系统地促进认知深度和广度，鼓励学生形成富有好奇心、具有持续激情和公民责任心的生涯和生活目标。同时，当学生继续进入高阶层次的时候，通过研究性学习来培育学生的专业性，在课程中发展学生的专业性，同时融入大学生科研。

2. 宾夕法尼亚州立高等教育系统（PASSHE）

宾夕法尼亚州立高等教育系统是宾州联邦高等教育的重要提供者，拥有超过 112 000 名学生。该系统包括 14 所大学，四个分校，以及众多的校外中心和教学点。除获得博士学位的印第安纳大学外，其余的 4 年制大学都是硕士综合大学。PASSHE 是美国卡内基机构分类中较为同质的系统之一。近 90%的 PASSHE 学生是本科生，88%来自宾夕法尼亚州，大约 85%的毕业生留在英联邦。

本科生研究是 PASSHE 学生成功的一个显著策略，本科生科研连同其他举措，不仅被认为是一个学术机会，也是一个提高毕业率的核心策略。本科生的研究不只是一个学术问题。扩大本科生科研等高影响力实践是对学校未来的投资，也是对国家社会、经济和文化活力的投资。[①]

① Moran James D, Marilyn J Wells, Angela Smith-Aumen. Making Undergraduate Research a Central Strategy in High-Impact Practice Reform: The PASSHE Journey[J]. New Directions For Higher Education, 2015,61-71.

(1) 建立基于表现的绩效评价模式

在PASSHE参与CUR项目的同时,大学理事会实施一项全系统的战略计划,并修订PASSHE的绩效模式。大学根据自己的实际情况从5种不同的“可选措施”中选择一种,根据大学目标设计独特的“定制措施”。这种方式为大学提供了一个明确的高影响力实践的机会,尤其是与学生成功有关的本科生研究。此外,基于对数据的分析,PASSHE取消了单纯课时数的绩效模式。教育机构被要求用学生体验质量的衡量标准来取代单纯的课时数,这促进教育机构增加与本科研究相关的衡量标准。

每所PASSHE大学评估他们在本科生研究方面的现状以及他们想要达到的目标。这14所大学的过程各不相同,但分享的故事使所有大学都能在一段时间内取得进展。将本科生研究制度化,使得学生通过高影响力的实践获得成功,这项任务的实现首先需要进行校园文化变革。因此,许多大学对目前的活动和现有资源进行了初步评估,对选定教师的专业知识进行评价。

(2) 建构通识教育体系

通过PASSHE提高本科生研究经验的同时,大学重构通识教育体系。“分配”模式被美国学院和大学协会的“博雅教育”模式所取代。在一些大学,通识教育的改革是由即将到来的州高等教育委员会的区域认证推动的。高等教育认证机构推动清晰表述的学习成果,表明了教育理念和教学模式的根本转变。

越来越多的证据表明,高影响力学习活动的参与增加了学生毕业的概率,学生的质量与提高学位率息息相关。因为教师在具有影响力的实践(如本科生研究经验)中扮演指导角色,他们的深度参与对于提高学生的成功、留任率和毕业率至关重要,因此必须改变教师的教育理念。

(3) 支持和加强本科生研究的行动

本科生研究和学生毕业率之间的积极联系,以及PASSHE留住更多学生的必要性,清楚地表明需要为学生提供更早的研究经验。一些学校建议将研究内容纳入第一年的经验课程。有的学校在大一开设“研究和指导”课程,有的学校制定了一项为期四年的“脚手架计划”,将本科生研究融入其课程。

许多教员提出增加资金,以帮助支持本科研究项目。几所院校在教师的指导下实施了夏季本科研究拨款。在PASSHE内部发展更强大的寻求资助的文化也可以为学生的研究提供更多的资金。一部分学校分配了来自资助研究的所有收入的一部分;另一部分学校是在逐项拨款的基础上进行的。另一项建议是重新分配勤工助学基金和学生活动资金，以帮助支持学生参加学术会议费。

改变文化还包括认识到教师、同事和管理人员对学生的指导在职称评聘职务晋升中的作用。一所大学成功地将本科生指导纳入其绩效评价。通过校园奖励和正式研究日的活动让学生了解大学生科研也很重要。举办了第一次全系统的本科生 STEM 研究会议，14 所大学中的 12 所参加了该会议。

跨部门协调活动也可以为学生创造更多的机会。一些机构建立了“中心”，并提供兼职的教师指导者。一所大学通过对教师进行关于本科生研究的有关情况进行培训，使得大学生科研在过去两年中增加了 400%，这所大学创造了一种可持续的本科生研究的文化。

(4) 系统办公室的有关举措

系统办公室可以通过发挥带头作用及提供灵活性，为本科生科研提供支持。校长办公室建立沟通渠道以提升本科生研究的重要性，并将其与其他举措（如毕业和公平性）联系起来，14 所 PASSHE 大学的首席学术干事的定期会议经常涉及这些问题，以及如何将本科生研究纳入绩效考核和战略计划。大学校董会和系统理事会会议提供了有关高影响实践的报告，即将本科生研究与公平、劳动力需求、对 STEM 学位的追求和毕业生质量联系在一起。

系统将本科生研究在内的创新教学实践纳入教师专业发展基金的标准。此外，在举行的 PASSHE 高影响力实践会议上，各大学讨论如何衡量本科生研究以及如何倡导将高影响实践纳入其战略计划或绩效考核模式。

制定相关政策鼓励学生参与技术转让，并使学生更容易在大学系统间分享课程和学生经验。提供相关资助以支持大学主导的、全系统参与的关于高影响力实践，特别是本科生研究的创新教学会议。获得大学生商业竞赛的赞助，并在州首府举办了一天以大学生研究为重点的活动。院系已经联合起来赞助并出版了一份全系统的本科生研究期刊以激励学生在大学生科研方面的成果。

系统的参与并不是促进高影响力实践和本科生研究的重要组成部分，但系统办公室对跨机构相互支持提供了价值基础，并为这些对话提供协调机制。教师可以分享成功和挫折的经验，也让每个教师感觉到他们是集体的一员，并将他们与志趣相投的同事联系起来。系统办公室在提供跟踪数据以监控成功的策略方面也发挥了关键作用。

3. 应用数学科学夏令营

应用数学科学夏令营(AMSSI, Applied Mathematical Science Summer Institute)是由美国国家安全局(NSA)和美国国家科学基金会(NSF)资助的本科生研究经历(REU),AMSSI在加州州立理工大学波莫纳分校和洛约拉马利蒙特大学举行,这两所学校位于大洛杉矶地区,提供了两种不同的学术氛围和体验。

该项目独特之处在于关注大学中的弱势群体学生,关注参与者的情感和社会成长,同时优化现有的教师队伍以增加项目和机构的多样性。经验丰富的项目指导者,指导多元化的学生群体,为学生的全面成长、学习和发展创造环境,重点是让他们追求科学、技术、工程和数学(STEM)的职业生涯。①

(1) 招生及选拔

为了使项目多样化,从不同类型学校招收有才能的学生。特别是女性和非代表性比例较高的学校,包括全女子学院、历史上的黑人学院和大学(HBCUs)、拉美裔服务机构(HSIs)、美洲原住民部落学院、大城市附近的公立大学和社区学院。项目通过传单、电子邮件、当地报纸,特别是个人联系方式,向教师和学生告知这个机会。

AMSSI的教师们在SACNAS会议、联合数学会议和无限可能性会议等学术会议上积极招募不同社会经济和种族背景的学生,与未来的学生进行一对一的交谈,建立了对项目的可持续性非常重要的关系。

项目关注的是那些能从参与中获益最多的学生。第一代大学生、经济状况较低的学生在他们自己的学校缺乏研究机会,项目强调推荐信和个人陈述。所有AMSSI的教师都对申请进行了审查,他们每个人都寻求不同的多样性特征。这使选择多样化学生群体的潜力最大化。

(2) 合作伙伴关系的建立

通过让学生与尽可能多的合作教师和潜在雇主互动,促进有效的支持网络的建立。项目与一些美国国家科学基金会赞助的数学科学项目(例如综合研究生教育和研究培训项目)合作,以加强从本科生到研究生院的输送。举办座谈会,由那些被认为是伟大导师和榜样的人主持,谈论为什么要攻读

① Eriha T Camacho, Raquell M Holmes, Stephen A Wirkus. Transforing the Undergraduate Research Experience Through Sustained Mentoring:Creating a Strong Support Network and a Collaborative Learning Environment[J]. New Directions For Higher Education, 2015,63-73.

STEM 博士学位及各自机构的研究生院和博士课程。在每一次的交流中，同学们可以从业内人士那里了解到研究生项目。

项目以各种形式提供其他资料，包括由研究生申请方面的专家主持全面的、彻底的交流会议，提供许多其他的就业机会，激励学生追求更高的学位。这些行业的代表介绍了数学在其公司中的应用。项目也让学生接触了加州大学洛杉矶分校的人类遗传学系，介绍了数学和遗传学的相互作用。

（3）数学训练营

AMSSI 的第一周特别紧张。“数学训练营”从早上 8 点开始，一直持续到午夜 12 点，包括 4 小时的互动讲座和问题讨论，然后是 4 小时的互动计算机实验室。学生们两人一组，每组交换搭档。晚上，学生们有一个相当困难的家庭作业，只有在教师和研究生助理的帮助下，学生们才能在合理的时间内完成作业。通过这个过程和合作，学生和教师对彼此的长处和弱点有所了解，以及如何得到帮助和给予彼此帮助，这为他们接下来的 6 周做好了准备。

（4）召开每周研究会议

由于 AMSSI 的学生大多是第一次做研究，并且来自非研究机构，所以需要经常给他们反馈。学生研究小组每天都与他们的导师见面并一起工作，他们在每周的研究会议上向 AMSSI 的教员、访客（包括座谈会演讲者）和工作人员作小组报告。报告帮助学生巩固所学到的知识，更好地理解研究问题，站在他们的角度思考，锻炼口头演讲技能，并产生超过分数的对学生和社区的价值感。项目关注的是群体表现，这使得知识不仅与学生个人相关，而且与整个科学社区相关。

（5）培养协作学习社区

建立一个多元化的合作学习社区是特地设计的实践，以确保在 AMSSI 的体验中，学生的情感成长将与他们的学术成长并行。将情感成长融入 AMSSI 经验的一个关键步骤是每周的分享会，由学生参与者和 AMSSI 教员参加。在这些会议中，每个成员分享了他重要的生活经历、梦想、恐惧、已经克服的极端障碍、教养、家庭背景、榜样、爱好等。只有 AMSSI 的学生和教师参加会议，以保持私密、信任和尊重的文化。这些会议在教师和学生之间建立了人际关系，并将这些关系延续到他们的工作中。项目结束时，每个人都有机会提问及被提问，分享平时不可能分享的一面。每周分享会议的情感强度补充了在 AMSSI 学术方面所要求的强度。

项目活动大约每周举行一次，通常是一次结合了学术和非学术活动的校外远足。例如，在梦工厂听取数学家的研究报告，然后去环球影城度过当天剩下的时间。为了让学生和教师的各种生活经历得到同等的重视，这些短途旅行包括去较贫穷的社区。从研究到文化游览，其目标是让参与者能够利用自己和他人的经验来为他们的成长创造一个环境。

项目强调 AMSSI 是一个团队合作和学习社区，每个人都能从中受益。在第二周，教师将学生分成四人一组，并开始为学生研究项目设立重点背景讲座。然后研究小组从课堂理论过渡到独立研究。在第六周结束时，每个小组必须提交一份完整的书面报告。学生们收到书面反馈并进行更正，并在两所大学的学术社团作口头报告。

AMSSI 成功的关键是教师的奉献，认识到本科生研究对学生发展的影响。从一开始就培养教师对该项目的自主权，对学生进行全方位的教育和指导，包括导师和学员分享生活经验，建立情感连接，熟悉新知识，培养个人成长，建立信任，创建一个强大的社区，并使工作成为一个团队的共同努力，在其中每个人都贡献自己的力量并从中受益。

在 AMSSI 项目创造的环境中，学生能够认识专业、认识自己的能力，做出促进他们职业发展的选择。创造这种发展的关键是培养所有教师和学生之间的有益关系。在这里，学生们不仅可以询问该领域的专业人士如何获得技术上的成功，还可以询问他们如何做出与职业生涯相关的人生选择。师生之间建立的对话和关系的高质量使得 AMSSI 的学生取得成功，他们被研究生项目接受并顺利毕业。

4. 五大湖学院协会(GLCA)

五大湖学院协会成立于 1962 年，是由印第安纳州、密歇根州、俄亥俄州和宾夕法尼亚州的 13 所私立文理学院组成的联盟。GLCA 的各学院都坚信，本科生的科创活动和其他体验式学习机会是培养学生成为创造性问题发现者和问题解决者的有效工具。GLCA 所有校区都投入大量资源来设计学习环境，以支持学生在“探究-研究-发布”的循环中发展专业技能。

在 GLCA 的一些学校中，为了促进学生科研，所有学生都必须完成一个“高峰项目”。该项目与学生的专业学习相结合，要求学生发现问题，获取和应用学科知识和方法独立工作，负责项目的设计，并交流项目的结果。①

① Simon Gray, Lee Coates, Ann Fraser, et al. Developing Research Skills Across the Undergraduate Curriculum[J]. New Directions For Higher Education, 2015,85-94.

(1) GLCA 扩大合作计划

该项目于 2013 年在安德鲁·W. 梅隆基金会的资助下启动，支持多校区实践社区的发展，让他们分享专业知识，开发联合项目，为当前课程带来新的视角，并创造性地参与新的思维领域。一个扩大合作项目汇集了 GLCA 三个校区的计算机科学教师，以确定计算机科学本科生科研所需的知识和技能，并通过本专业的课程来发展计算机科学本科生科研。在另一个项目中，来自 GLCA 五个校区的神经科学教员和暑期研究生参观了参与项目的校园，对实验室中使用的专门研究方法和技术进行培训，为学生和教员提供专业发展。GLCA 已经举办数字文科会议，形成一系列发展扩大的合作项目，包括口述历史和数字故事，由七所 GLCA 学院的教师组成的合作小组，为对口述历史和数字故事感兴趣的 GLCA 教师建立一个实践社区，以供师生研究、跨机构合作和社区参与。数字学者计划寻求将文科教育的传统技能发展与新的数字素养相结合，以建立数字项目的可持续能力，并更好地为学生的职业生涯做准备。

(2) GLCA STEM 科创工作坊

GLCA 参加两个研讨会，以进一步加强本科生科研(UR)在整个联盟的科学、技术、工程和数学(STEM)学科中的地位。工作坊的成果之一是成立了 GLCA 本科生研究和学术活动咨询委员会，以促进 GLCA 校园内的分享和合作。董事会每月举行线上会议，讨论感兴趣的领域，并分享每个校园的情况。这些领域包括将类似研究的经验整合到入门课程中，培训教员成为有效导师的最佳实践，评估指导质量，增加代表人数不足的群体获得科研经验的机会，并在 STEM 领域之外拓宽科研。咨询委员会利用一系列主题的网络研讨会来沟通和交流，并探讨扩展合作项目的主题。

(3) GLCA 教学研究与实践网格

该网格旨在促进教师提高教学效率，倡导教学学术。该项目建立了一个教育学研究核心团队，教育学研究员前往成员学院参加关于教学研究和实践的讨论会。在这些会议上，教育学研究员促进了有关教育学的讨论，以支持在不同的大学环境中有效地教与学。

(4) 阿勒格尼学院的高峰课程

自 1815 年成立以来，阿勒格尼学院要求所有毕业生完成一门高峰课题，随着时间的推移，这已经发展成为大四学生一个独立的专业研究项目，这个项目被称为“高级专题研究”，这一经历已经成为阿勒格尼学院文化不可或缺的组成部分，并对学生的课程体系（包括通识课程和专业课程）产生影响。

高峰项目的准备：写作、表达和批判性思维。FS－101、FS－102、FS－201、初级研讨会和高级专题研究这五门课程是所有学生的必修课。一年级/二年级讲座（FS）课程以说和写为主。另外，学生还需要完成一个主修专业，一个辅修课程，以及本专业和辅修课程以外的“分配课程”。主修和辅修课程除了为学生提供技能外，还为学生提供特定内容领域的广度和深度，而讲座（FS）课程、初级研讨会和高级专题研究则以技能和过程为重点。

FS－101 的目标是让第一学期的学生熟悉写作和口语中的描述和总结。FS－102 的目标是在写作和口语中考虑研究和论证。此外，学生学习搜索、批判性评价、解释和讨论资源材料，并要求在报告和写作中使用二手资源来支持他们的想法。

在大二期间，学生们参加一门 FS－201 课程，该课程强调学科内的写作和口头交流。一些院系要求学生参加系 FS－201 课程，以便学习本学科特定的研究和写作习惯。

在完成 FS－201 课程并选择专业后，学生可以参加本专业的初级研讨会，作为 FS 课程和高级项目之间的桥梁。这些大三的研讨会“发展学生从事创新和学科交流的能力”，并强调研究，独立调查，口头或书面交流的方法。

阿勒格尼学院通过精心设计课程来发展学生进行高级研究项目所需的技能。此外，一些非课程结构也对高级项目起了很好的支持作用。例如，文献图书馆员在学生的高级项目过程中发挥了很大的支持作用，特别是对人文学科的学生。

阿勒格尼学院的学生在大四之前有很多的机会参与教师研究或其他创造性活动。学生可以参加“独立学习”课程，与教师一起进行研究项目，并开始获得研究和实验室经验。这些学生帮助大四学生进行高级研究项目，从而了解高级研究项目过程。学生也有机会在夏季与阿勒格尼学院的教师一起参与研究项目。这些项目由教务处通过捐赠基金或研究基金（NSF、NIH、HHMI 和梅隆基金会）资助。学生可以在暑期研究项目中使用与高级项目研究类似的技术，或者可以收集初步数据来帮助他们完善高级项目。

为了促进学生的口语交流，大学举办全校范围的活动让学生展示他们的成果。除了展示夏令营研究项目的秋季海报研讨会、庆祝高级项目完成的春季海报研讨会，阿勒格尼学院还举办研讨会系列，该系列是一个每周一次的夏季会议，供学生向管理者、教师和其他学生展示他们的项目。2013 年夏天，来自 16 个系的 58 名学生向 120 名观众展示了他们的项目。教务处还为那些在各个地区和国家会议上发表研究成果的学生提供旅费。

四、我国大学生科研制度优化经验与案例

1. 东南大学的大学生科研训练“6－6－6”建设①

东南大学本科生的科技创新活动始于 1999 年，以戴戈为代表的首批学生申请了东南大学 1999 年度创新立项。为了适应新时期社会对本科生的要求，东南大学实施大学生科研训练“6－6－6”建设，即课内设置新生研讨课、学科概论课、工程导论课、实验引导课、专题研讨课、综合实践课等六类引导课程，课外开展课外自主选题科研立项、参加教师科研项目、参加学科竞赛、发表论文及申请专利、自主提交研学作品、自主聆听研学讲座并撰写报告等六类研学活动，并通过指导团队保障、过程管理保障、网络平台保障、评价引导保障、基地条件保障、政策经费保障等六种措施，保证本科生课外科研训练体系的实现，并且促使大学生科研训练体系走向成熟。

从 2003 级学生起，学校在教学计划调整中确定了实施全员课外科研训练计划。学生在课外通过科学研究而学习（称为课外研学），被要求作为学校本科教学所实施的“理论教学、实践教学、自主研学三位一体”教学新模式的组成部分并落实到各院系的人才培养方案中。方案规定每位本科生在四学年中必须通过参加国家级、省级大学生创新性实验计划项目和学校、院（系）两级大学生科研训练计划（SRTP）项目，参加学科竞赛，提交研学作品，发表论文，取得专利，聆听科技学术报告并撰写相关论文等主要途径取得 2 学分，作为毕业的必要条件。学校称该性质的学分为“课外研学学分”。而学生能否获得课外研学学分是以参与和体验科研的全过程为前提，并看其是否得到了实践能力、学习能力、协作能力、表达能力等多种能力的培养和是否受到了严格、严密、严谨的科学作风的训练。学校还明确学生的课外研学成绩等级为通过、中等、良好、优秀，并制定了《东南大学课外研学学分认定办法》。东南大学课外科研训练的体系概括为“6－6－6”建设，即六类引导课程建设、六类

① 方霞，任亚梨. 本科生课外科研训练体系的建立与实践[J]. 实验室研究与探索，2013，32(1)：132-135.

研学活动开展和六类保障措施实施。

（1）六类引导课程

首先设置六类系列研学引导课程，包括新生研讨课程、学科概论课程、工程导论课程、实验引导课程、专题研讨课、综合实践课。在新生入学时就设置新生研讨课，引导新生对培养自己的研学素养产生兴趣，同时根据不同的院系专业设置不同的学科概论课、工程导论课，使得学生能够对本专业有一个概念上的认识，也可以通过选修别类学科概论课，在自己专业的基础上扩展学科视野，从而引导学生自主学习。而专题研讨课、综合实践课则是学校为学生提供的课内模拟实践环节，为之后实践过程的实际操作打下基础。

（2）六类研学活动

东南大学为学生提供包括自主选题科研立项、参加教师科研项目、参加学科竞赛、发表论文申请专利、自主提交研学作品、自主聆听研学讲座撰写报告六大类自主研学活动途径，并在此基础上划分出国际级、国家级、省级、校级、院系级等不同的级别，以能够适应不同层次学生的需要，使所有的学生都能够得到自主研学训练，以营造自主研究实践的氛围。针对不同学生研学能力的差异设置不同级别和类型的研学项目：学习成绩优秀，并且有足够能力来开展课外活动的学生可以通过发表论文，申请专利，国家级、省级项目自主立项，参加教师科研项目，参加国际级、国家级、省级学科竞赛等途径来进行自己的研究学习；能力稍弱一些的就可以通过校院级自主立项、校院级学科竞赛、自主提交研学作品等方式来完成自己的课外科研训练；而自主聆听研学讲座并撰写报告则是为研学能力相对较弱的学生提供的一种研学途径，聆听学科讲座，通过课下查阅资料、文献检索，完成科研最基础的一步。

（3）六种研学保障措施

为保障上述研学引导课程和自主研学活动能够顺利进行，学校采取了六大类保障措施，包括队伍组织保障、过程管理保障、网络平台保障、评价引导保障、基地条件保障、政策经费保障。以上体系条件的提供，逐渐使大学生科研实现自主学习引导、自主研学训练、自主研究实践三层次研学实践境界。

2. 温州医科大学的四级大学生科研训练计划体系①

温州医科大学是国内较早开展大学生科研训练计划的地方高校，早在

① 俞林伟，施露静，周恩红，等.大学生科研训练计划管理模式创新研究[J].高等工程教育研究，2016，(6)：103-107.

2005 年就设立大学生科研专项基金资助本科生开展科学研究活动。2007 年入选浙江省首批大学生科技创新项目高校，2012 年成为浙江省属首批国家大学生创新创业训练计划项目的高校。学校目前构建起学院-学校-省级-国家级的四级大学生科研训练计划体系，每年资助项目约 800 项，资助金额达 200 万元。经过十多年的积极探索，逐步形成了具有特色的大学生科研训练管理运行模式，并在实践中不断总结创新，取得积极成效。

（1）大学生科研管理的组织架构

优化大学生科研管理的机构设置。为提高办事效率，统筹协调全校大学生科研训练工作，学校成立以校长为组长、分管校领导为副组长的学生科研工作领导小组，领导小组下设秘书处，由分管学生工作的副书记牵头，实行每学期不定期例会制，协调学生科研的资金预算、经费追加、场地落实、奖励设定、部门分工等具体事宜。

成立大学生科研管理的自主组织。学校成立大学生科技创新协会，协助学生科研办公室管理、协调和监督大学生科研训练项目，主要职能包括通过协会会员的社会网络及时发布各类项目信息和科研岗位招聘信息；负责建立项目管理档案，全程记录项目执行过程；组织项目申报讲座、科研交流会和学术成果汇报会等活动；发放师生问卷调查表，收集各类科研进展信息。

成立大学生科研训练的指导专家库。学校聘请校外科研人员、退休教授和校内优秀指导教师等成立专家库，对书面评审和答辩评审进行评价和指导，对学生的研究方案和可行性把关。同时，学生可利用专家讲座、学术报告会和专家面对面等活动就感兴趣的创意或金点子进行专家咨询，不断深化对问题的认识和理解，不断探索解决问题的途径和方法。

（2）大学生科研训练项目的实施过程

设置类型多样的大学生科研训练项目。首先，为了鼓励更多的学生参与科研训练计划，学校放低准入门槛，鼓励各年级学生申请科研训练项目，并要求项目成员要有一定梯队性，即提倡跨学科、跨院系、跨年级组队。其次，鼓励学生在教师的指导下根据自己的创意进行自主设计选题，最大限度地发挥学生的主动性和创造性，同时对教师选题的数量进行比例限制，提高其申报要求，确保科研训练项目能够体现学生的主体地位。另外，学校每年安排 20％的校级课题面向经济困难、学业困难等弱势群体学生申报。目前学校既有暑期开展的入门式课题，也有为期一年以上的深入研究课题；不仅理科的学生从科研训练中受益，文科学生也能通过经典文献的收集、整理、研读和思考获得探究精神的熏陶。

强化大学生科研训练中的师生互动。为了加强师生之间在科研训练中的互动交往,学校要求导师与学生共同参加课题的立项、中期汇报和结题答辩,接受专家质询,并由导师对项目和学生课题工作进行点评,促进建立师生共同体。通过师生互动督促教师辅导学生把握创新点,启发学生创新灵感,引导学生制定研究方案并合理分配各类资源,激励学生克服各种困难,帮助学生总结研究中的经验教训,提出进一步努力的方向。在传授科研经验的同时,学校积极创设师生深度交流的平台,如师生午餐会、名医故事会、师说心语等活动,邀请指导教师和学生畅谈自己学术经历与人生选择,交流科研经验和学术观点。

实施大学生科研管理的三方评估机制。打破以往单方面的评价机制,实行评价主体多元化,专家重点把关立项和结题阶段项目立项可行性、完成质量等客观指标,而指导教师重点考核学生的文献阅读能力、方案设计能力、实验操作能力、报告撰写能力和组织实施能力等,学生则主要评估自己的个人收获、完成质量、指导教师满意度和科研与学习的关系等方面,并相互反馈各自的评估意见。依据三方评估意见,学校还建立"黑名单"制度,对"不合格"学生和指导教师在下次申请项目时予以限制。

注重大学生科研训练成果的展示和宣传。首先,学生科研成果展示是促进大学生科研发展的一个重要方法,学校每年举办大学生科研成果展,利用橱窗、KT 展板和汇报会等形式对科研训练成果进行宣传和展览。其次,深化学术交流,通过召开学术论坛、论文报告会等形式建立经验交流与沟通的平台,鼓励学生参加跨校科研创新交流活动,同时特别注重将大学生科研训练与学科竞赛相结合,学校对参加校外学术交流活动的差旅费予以适当报销。另外,学校注重推荐有应用前景的学生科技成果参与展览,并由学生现场讲解。

(3) 大学生科研训练的激励政策

学校出台相关奖励办法,奖励在大学生科研训练方面取得实际成效的二级学院、指导教师和学生。在二级学院方面,将学科竞赛、科研训练项目结题和学生科研成果按不同级别折算不同分数纳入学院年度考核内容,并予以相关物质奖励。在指导教师方面,除物质奖励外,指导学生发表论文、科研训练项目立项、获得专利,在教师教学工作业绩考核、教师聘任等时,享有该项目第一作者的同等待遇,并在岗位聘任、职称晋升、岗位考核中,在同等条件下优先考虑。在学生方面，除物质奖励外，完成科研项目、发表论文、获得专利和竞赛获奖可申请获得相应的创新学分，并享有优先推荐免试攻读研究生资格。其次，为了鼓励学生加强中外学术交流，学校自 2015 年启动了学生海外交流培优计划，优先支持完成科研训练项目的学生赴海外名校实验室参与项目研究。

另外，学校每年召开奖励表彰大会，对二级学院、指导教师和学生进行表彰，并邀请先进集体、优秀指导教师和学生代表现场分享经验，充分调动了各方参与学生科研活动的积极性。

3. 福建农林大学农林类双创型人才“1234”培养体系①

福建农林大学“一个理念、两大工程、三个促进、四项保障”的农林类双创型人才“1234”培养体系以“创新创业一体化教育”人才培养理念为导向，提出“大学生创业培训圆梦工程”和“大学生创业试验孵化工程”，搭建大学生创业培训和服务平台，践行“以赛促学、以赛促教、以赛促业”推动大学生科研创新能力的提高，依托“四项保障”实现“制度有保障、培养有模式、实践有场所、指导有名师”，取得了良好的示范与推广效果。

(1) “一个理念”确定双创型人才培养方针

通过深入研究闽台区位优势、地方高水平大学特征、国家对本科人才培养要求、社会对创新创业型人才需求以及校农林学科优势和发展潜力，确定了“创新创业一体化教育”人才培养理念。基于创新与创业这对辩证统一体具有教学目标取向一致性、教学内容与方法互通性、教学功能与作用相似性，提出了双创型人才培养应实现创新与创业教育一体化理念，即“创新教育-竞赛选拔-政策支持-项目孵化”一体化，形成“创业基于创新、创新推进创业”的良性循环。通过强化创新创业一体化教育理念，从不同角度和层次构建大学生更加合理的知识、能力和素质结构。

(2) “两大工程”搭建大学生良好创业平台

依托闽台地域优势和农林专业特色，启动“大学生创业培训圆梦工程”和“大学生创业试验孵化工程”，以大学生创业园为阵地，以创业技能训练、创业孵化帮扶、典型带动引领为抓手，累计投入近千万元支持创业项目，形成育人与创业相结合的教育模式，为学生创业提供有利的条件，推动创业项目的品

---

① 吴则焰，林文雄，曾海滨. 地方农林院校创新创业人才“1234”培养体系的构建与实践[J]. 中国大学教学，2017(2)：32-34.

牌化、精品化建设，做强做优服务现代农业发展和海西新农村建设。通过创业知识进课堂、第二课堂辅创业、专业教育融创业等方式，“闽台合作大学生创业培训项目”率先引进台湾创业培训模式及优秀师资团队，对大学生进行创业基础培训、过程指导、创业对接等“三步走”，培训大学生创业 3 000 多人；“返乡大学生创业培训项目”开设休闲生态农业等 11 门培训课程，鼓励并服务大学生返乡创业；创建大学生创业园、大学生创新创业设计中心等校内创业试验田，为大学生创业无偿提供场地、资金、技术、服务；创建“福建高新技术创业中心大学生创业孵化基地”和“海峡两岸大学生创业园”等校外创业孵化基地，为大学生成功创业提供良好发展平台。

(3)“三个促进”提升大学生科研创新水平

以“挑战杯”全国大学生课外学术作品竞赛和创业计划大赛为抓手，以赛促学、以赛促教、以赛促业，以点带面，全面提升大学生科研创新能力。建立了 12 个大学生科研训练基地，通过鼓励大学生提前进入实验室、引导申报各类科研课题、组织参加科技创新竞赛，激发大学生学习热情，实现以赛促学；通过教师指导本科生参加竞赛，促进教学方法和模式改革，形成“5＋3”双融合阶梯式实践教学模式，即基础性实验、综合性实验、创新性实验、课程实习和毕业实习 5 个环节的课内教学和学科学术竞赛、校内创业试验田、校外创业孵化基地 3 种形式的课外教学，实现以赛促教；通过获奖成果的市场转化促进大学生自主创业，多年来毕业生就业率一直保持在 94% 以上，实现以赛促业。

(4)“四项保障”为双创型人才培养创造条件

通过“建立一套以协同育人为导向的创新创业联动机制、形成一个以优质教学资源为依托的创新创业培养模式、搭建一个以优势学科为支撑的创新创业实践平台、打造一支以教学名师为核心的创新创业指导团队”，为双创型人才培养创造良好条件。学校成立创新创业工作领导小组，各职能部门、二级学院和教师协同联动，在制度设计、经费资助、场所支持、技术支撑等方面给予全面保障，形成了一个以优质教学资源为依托的创新创业培养模式。先后建成 7 门国家级精品开放课程、55 门省级精品课程，出版 9 部国家级教材，为提高人才培养质量奠定了重要基础。构建了一个以优势学科为支撑的创新创业实践平台，建成 9 个国家级特色专业平台、2 个国家实验教学示范中心、14 个省部级重点实验室、17 个省级人才培养模式创新试验区、4 个国家级大学生校外实践教育基地，为大学生创新创业提供实践平台。打造了一支以教学名师为核心的创新创业指导团队，拥有 2 个国家级教学团队、17 个省级教学名师、46 个国家和福建省级优秀教师及 2 个省杰出人民教师，以教学名师为核心的教学团队长期坚持教学一线，实现科教相长、互动双赢的良性发展。

第八章

大学生科研制度优化路径

一、大学生科研收获影响因素综合模型

本研究以大学生科研为研究切入点，以目前大学生科研最广泛的形式——大学生创新训练计划项目为研究对象，以参与学生在科研过程中的影响因素与科研收获作为起点和终点，进行深入的质性与量化研究，试图对大学生科研中的学生收获及影响因素与影响机制进行剖析。

研究形成了大学生科研收获影响因素综合模型（见图 8-1）。制度环境、导师指导、学生能动性是学生科研收获的重要影响因素。导师指导，包括导师指导结构（谁去指导?）和导师指导内容维度（指导什么?），两者在其中起着关键的作用。导师指导既是制度环境影响科研收获的中介变量，同时又直接或间接地影响学生科研收获。学生科研收获包括认知建构（一般研究技能获得）和身份建构（科学家思维与身份、职业方向选择与准备）；导师指导直接影响学生认知建构和身份建构；同时，导师指导通过学生能动性（科研投入和自主性）的部分中介作用，影响学生的身份建构。

（一）大学生科研收获：认知建构与身份建构

大学生科研收获包括一般研究技能的获得、科学家思维与身份获得、职业方向确认和准备。

大学生科研本质上是一种情境学习。情境学习理论在发展过程中，有来自不同学科视角的两种观点，一是来自心理学和教育学的方法，由于学校情境的缘故，研究重点集中在达到特定的学习目标和学会特定的内容上，即更

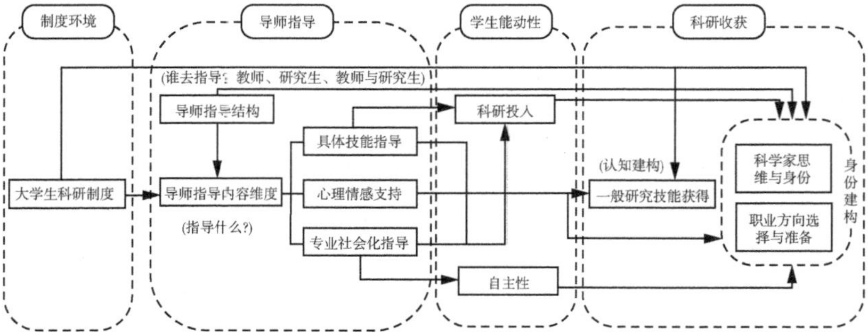

图 8-1　大学生科研收获影响因素综合模型

加关注于认知能力的获得。

与情境理论的心理学观点并行发展的另一种视角，即人类学的方法，其关注点从技能学习和发展理解转向“形成一种作为共同体成员的身份，成为知识化有技能的人”，即人类学的情境学习理论更加关注身份建构。①

参与研究和创新活动超越传统的知识收获，提供本科生在最近发展区最大化他们学习的机会。在这个学习过程中，教师或者其他人的指导作为脚手架去帮助学生技能掌握和在知识发现和学习过程从他规则向自规则的转移。学生在这个实践社区中获得意义和身份的双重建构。从情境学习理论的两种视角来说，研究技能获得属于认知建构，而科学家思维与身份、职业方向确认和准备属于身份建构的范畴。后两者是参与大学生科研更加高阶的科研收获。

（二）大学生科研指导结构与指导内容维度

1. 导师指导结构——谁是指导者？

大学生科研中的指导结构主要有两种类型——传统指导模型和网络指导模型。传统指导模型是教师为本科生提供一对一的指导，而网络指导模型是一种基于实验室研究组的层次结构，在教师、研究生和本科生之间创建各种导师——被指导者配对组。这种配对组形式多样，最常见的情况有两种，一是教师指派研究生指导本科生，二是教师与研究生共同指导本科生。

在本研究中，导师指导主要有三种结构：教师导师直接对本科生进行指

① J. 莱夫，E. 温格. 情景学习：合法的边缘性参与[M]. 王文静，译. 上海：华东师范大学出版社，2004.

导；教师导师本身不指导，全部指派给研究生指导；教师和研究生共同对本科生进行指导。主要指导者为教师的比例为 58.1%，主要指导者为研究生的比例为 14.4%，教师和研究生共同指导的比例为 27.5%。从比例中可以看出，占比最多的为教师作为指导者，其次是教师和研究生共同作为指导者，而研究生作为主要指导者的情况最少。

2. 导师指导内容的三维建构——指导什么？

本研究抽取出大学生科研指导内容的三个维度，即导师在大学生科研中对学生的具体技能指导、心理情感支持和专业社会化指导。导师对大学生科研指导不仅包括对学生研究过程和方法的具体指导，同时也包括导师对学生的情感和心理支持，比如在研究过程中很尊重学生的想法，在学生有问题的时候，经常可以找到并且对学生具有耐心，对于学生的工作经常给予正面的反馈，当事情进展不顺利时，帮学生寻找问题原因，对学生的尊重、耐心、理解与反馈等。另外，导师指导需包括对学生更多的专业社会化指导，包括跟学生聊聊以后读研或就业的事，介绍学生认识团队外的其他专家和老师，支持学生参加一些学术会议或讲座，对学生以后的发展道路提供一些建议，提供给学生关于读研或就业的一些信息等。

从调查数据可见，在这三个维度中，导师对学生的心理情感支持这一维度得分最高，具体研究技能指导这一维度的得分次之，最低的是导师对于学生的专业社会化指导。可见，在大学生科研中，导师对学生的专业社会化指导稍有欠缺。

（三）导师指导对学生科研收获的影响

1. 研究生单独指导对收获有负向影响

研究结果表明，不同导师结构对于大学生科研收获的影响不同。对于学生科学家思维与身份获得、职业方向确认和准备获得，相比较教师指导或者教师与研究生共同指导，研究生单独作为大学生科研导师对本科生收获具有负向影响。

文献中关于导师指导结构对于学生收获的影响，存在着研究样本量少、质性研究结论很难推广等缺陷，研究结论间也存在着不一致的地方。本研究基于大样本的问卷调查，认为在大学生科研过程中，研究生单独作为导师对本科生进行指导对于学生科研收获具有负向影响，研究结论更具有普遍性。

研究结果表明了教师在大学生科研指导中的重要性。教师指导一方面可以给予本科生更好的研究技能指导，更好地使本科生对他们的研究有更广泛的概念理解，教师导师在帮助本科生理解研究的“大局”问题方面帮助尤其大。另一方面，教师参与指导使得本科生能真正融于大学生科研实践社区，而本科生是否能够融入实践社区，成为实践共同体的一员，对于本科生形成科学家思维与身份、澄清职业发展道路并为此做好准备是至关重要的。如果仅仅是将本科生交于研究生指导，教师对此不闻不问，不参与指导，那么研究生能够尽心指导的可能性也不会多大。且研究生本身在研究领域还是新手角色，对本科生的指导和影响可想而知。

2. 导师指导三维度内容对学生收获的影响及其路径

学生在大学生科研中的收获包括一般研究能力、科学家思维与身份、职业方向的确认和准备。总的来说，虽然各维度对三方面收获的影响程度有所差异，但大学生科研指导的各个维度对于学生的收获都有着正向影响。

(1) 导师指导对认知建构的影响：直接作用

按照情境学习理论，大学生科研中一般研究能力属于认知建构，而科学家思维与身份、职业方向确认和准备属于身份建构。导师指导行为的三个维度对于学生认知建构和身份建构有着不同的影响程度和影响路径。

对于学生一般研究能力获得即认知建构来说，导师指导行为的三个维度均有着比较强的影响，特别是具体研究技能指导和心理情感支持有着相似的较强影响。而学生自身因素，包括时间投入和学习自主性，在一般研究能力获得上没有影响。这表明，导师指导是学生在大学生科研中获得一般研究能力的充分必要条件。

(2) 导师指导对身份建构的影响：科研投入和自主性的中介效应

学生科学家思维与身份的获得，相比较一般研究能力获得是一种更高阶的收获。导师指导对于学生科学家思维与身份获得影响，主要有三条路径：一是导师指导中的心理情感支持、专业社会化指导对此直接影响；二是具体研究技能指导通过学生科研投入间接影响；三是专业社会化指导通过学生自主性间接影响。影响效应从大到小依次为心理情感支持＞自主性＞科研投入＞专业社会化指导。

导师指导对于学生职业方向确认与准备的影响，也有三条路径：一是具体研究技能指导、专业社会化指导对此直接影响；二是通过科研投入中介作用产生影响；三是通过学生自主性的中介作用产生影响。影响效应依次为专业社会化指导＞具体研究技能指导＞科研投入＞自主性。

（四）学生自主性和科研投入对学生科研收获的影响

认知建构和身份建构是同一过程的两个方面，但是两者建构的过程还是有所不同。本书研究发现，对于在大学生科研中的学生来说，一般研究能力的获得得分均分比较高，且一般研究能力的获得主要受导师指导的影响，受学生科研投入和学生自主性的影响较小。而科学家思维与身份获得，得分均分比较低，受学生科研投入和自主性的影响比较大。由此可见，在学生的身份建构方面，更加注重学习者的时间投入和学习自主性等主观能动性因素。

参与理论认为，学生参与教育过程的程度可以很好地预示他们的毕业和学术成就。在参与理论的框架下，大学生科研作为一项教育实践，是学习参与的一种，是一种“高影响力”、高挑战度的学习参与。大学生科研收获也是学习收获的一种。在学习参与理论这一大的理论框架之下，大学生科研指导作为师生互动，可以被视为促进学习参与的一种手段。导师指导将激励学生加大对科研时间的投入，并通过学生科研投入影响学生科研收获。

学生科研投入和学生学习自主性体现了学生的主观能动性。研究表明，导师指导虽然对于大学生科研收获具有关键性的作用。但是对于学生科研思维与身份建构，除了导师指导的关键作用，学生自身因素也相当重要，导师指导的效应部分要通过学生能动性的中介作用。学生最终的科研收获是导师因素和学生能动性相互结合的结果。

（五）大学生科研制度影响大学生科研收获的路径

大学生科研制度包括项目申请过程中项目信息的可获得性，寻找研究导师的容易度，获得研究项目的容易度，实验室或现场设施，经费支持，实地考察旅行等方面。这些制度与条件保障因素之间的差异，既有来自不同院校层面的，也有来自不同项目之间。

研究发现，大学生科研制度对大学生科研导师指导各方面均有着显著影响，大学生科研制度对大学生科研收获的影响，在投入“导师指导”这一变量后影响变弱，因此，在大学生科研制度对于大学生科研收获的影响中，导师指导起着中介作用。

本科生指导模型在假设本科生指导情境下，认为学生特征和教育背景会影响到指导关系，而指导关系又会影响到学生的大学经历和收获。这种学生收获包括短期的中间收获如学生参与，也包括长期收获如职业发展、学生成就等。指导可以通过影响中间收获，进而影响长期收获。本研究证明在大学生科研中，不同的大学生科研制度会影响到导师对大学生科研的指导，同时也影响学生的收获。

虽然说制度环境对于学生科研收获具有重要影响，但是“物”要作用于“人”才能起效果。“导师指导”就是中间的关键一环。正如清华大学原校长梅贻琦所言：“所谓大学者，非谓有大楼之谓也，有大师之谓也。”在大学生科研中也是如此，制度环境和条件保障固然重要，人的因素才是关键所在。

二、政策建议

（一）重视大学生科研制度与条件保障建设

研究表明大学生科研参与使得大学生有着深远广泛的收获。而学校的大学生科研制度与条件保障对于大学生科研收获具有显著的影响。因此，学校应该建立健全大学生科研制度，为大学生科研提供有效的制度支持与条件保障，比如项目申请过程中项目信息的可获得，做好大学生科研的宣传工作，让学生更容易获得相关项目申请、导师信息，改善大学生科研的实验室等设施，给学生提供经费支持，支持学生参与各种本科生研究的交流和会议。

目前在国家层面的大学生科研支持项目主要有大学生创新训练计划项目，但是仅仅依靠国家层面的项目是远远不够的，高校必须从多方筹措资金，建立完善的大学生科研项目支持系统，扩展本科生参与科研的渠道，增加大学生科研的参与率，使得更多的学生都能从大学生科研中获益。大学生科研经历不限于实验室、田野调查、图书馆或者工作室，它包括丰富的项目来支持交流技能的发展、同伴网络的发展和专业技能的训练。

比如加州大学伯克利分校的大学生科研项目共有四大板块，包括“大学生科研学徒计划”、“哈斯学者计划”、“夏季大学生科研计划”、“朱迪思·李·斯特罗纳克学士奖”以及400多个校外奖学金项目。这四大板块组成了一个完整的项目体系，按照不同的标准可划分为不同类别，为全校各类学生提供科研机会。

加州州立大学系统（CSU）中三分之一的高校在赫尔姆斯里慈善信托的支持下，创建了STEM协作计划。这些项目与学校的夏季浸入式项目、新生研讨项目等相融合，发展本科生基于探究的倾向性学习。

威斯康星大学系统的REDI委员会成立了“大学生科研和发现奖助学金”

和“董事学者项目”。前者提供奖助学金给各个大学以支持大学生科研，后者建立了5万美元竞争性的奖励给获得“董事学者”称号的教师，教师将奖励用于指导大学生科研。同时两个项目都鼓励非代表性教师和学生参与大学生科研。

（二）为教师参与大学生科研指导提供激励措施

大学生科研的效果和收获，在很大程度上取决于教师的指导。本研究表明，在指导结构对收获的影响来看，研究生单独对大学生科研指导对大学生科研收获具有负向影响，教师亲自参与指导非常重要。因此有必要对教师提供一定的激励措施，激励教师投入大学生科研指导中去。尽管教师可以从指导大学生科研中获得科研灵感和个人职业成就感，但是不能仅仅依靠教师的责任心来承担没有回报的额外工作量。要想让本科生在科研中收获更多，必须建立相应的教师指导本科生长效激励机制，来鼓励教师参与大学生科研的指导。

这些激励措施可以包括：(1) 认可教师指导大学生科研的工作量，对教师指导大学生科研的工作折算成明确的工作量予以认可；(2) 在教师职称晋升和聘任中，给予大学生科研指导者以政策倾斜；(3) 形成一套奖励制度，对教师指导本科生中学生获奖或论文发表等进行奖励；(4) 支持发展研究性教学，将教师在课程教学中融入科研进行奖励；(5) 为教师参与大学生科研设立基金，对教师指导大学生科研提供经费支持等。

（三）为教师提供培训支持，优化教师指导行为

在大学生科研中，导师指导内容包括三个维度，具体研究技能指导、心理情感支持和专业社会化指导。三个维度对于大学生科研收获均有显著影响，特别是心理情感支持对于学生科学家思维与身份获得的影响、专业社会化指导对学生职业方向确认与准备的影响均十分显著。但是从本研究结果来看，导师对于学生的专业社会化指导稍显缺乏。

为了让大学生科研导师的指导行为得到优化，更有效地为本科生提供指导。应该对大学生科研指导教师进行培训，突出教师的指导作用。导师培训中需强调：

1. 导师增加对学生的心理和情感支持

导师对本科生研究者的积极和建设性反馈对学生的成功至关重要。对

于刚从应试教育中冲出来的学生，往往对于独立开展研究心存畏惧和不知所措。大部分学生是第一次从事学术研究，开始进行研究时，将遇到很多困难。特别是当学生第一次尝试写研究报告和展示他们的工作成果时，导师的鼓励可以显著缓解学生的焦虑和缺少自信。导师平易近人，经常能被学生找到，将推动学生的研究进程并使学生从中获得更多。

导师们需努力了解学生，满足学生的情感需求和学习需求，指导者与本科生研究者之间需建立基于信任和尊重的关系。学生们往往更看重研究经验的情感和关系部分，而不是可衡量的学习活动和结果。在一些研究中，学生们重视培养深厚的师生关系的实践，认为导师具有高水平的可获得性、尊重等特征至关重要。

2. 导师增加对学生的专业社会化指导

导师对大学生科研学生的专业社会化指导对学生科研收获的三个方面都有显著影响。且专业社会化指导是指导三维度中唯一对学生自主性有影响的维度，并通过学生自主性对学生科研收获产生间接影响。导师指导的专业社会化维度也是导师指导三维度中得分最低的维度，培训中需特别强调导师对学生专业社会化的指导。

导师要通过建立网络和解释学科规范来增加对学生的专业社会化指导。导师对学生专业社会化指导的主要手段是为学生提供交流网络机会，包括跟学生聊聊以后读研或就业的事，介绍学生认识团队外的其他专家和老师，支持学生参加一些学术会议或讲座，对学生以后的发展道路提供一些建议，提供给学生关于读研或就业的一些信息等。例如在校园和专业会议上将他们介绍给其他教师、专家。

导师提供的专业社会化指导已经被证明对学生学习自主性有影响。但是导师对学生的专业社会化指导在实际指导中，往往是容易被忽视的。按照中国的国情，目前的大学生大部分是第一代大学生，对于专业方面的发展机会和资源主要来源于学校。无论是科学家思维与身份的获得还是职业道路的选择确认和准备，都需要学生从学校的学习环境中去获得。在大学生科研中，导师作为专业领域内专家，如果在这方面给学生以支持，通过将学生介绍给该领域的其他人来扩大学生的网络；帮助学生们了解这个行业不成文的规则和规范；为学生撰写推荐信等，都将为那些来自没有受过高等教育家庭的学生提供获得专业教育的机会。

（四）促进学生的科研投入和学习自主性

大学生科研收获的三个方面，包括一般研究技能获得、科学家思维与身份获得、职业方向确认与准备。其中学生科研投入和自主性都对学生科学家思维与身份获得、职业方向确认与准备获得有显著影响，且学生科研投入和自主性是导师指导对收获影响的部分中介变量。

因此，为了扩大大学生科研收获，特别是学生在大学生科研收获中的身份建构，有必要通过多种渠道促进学生在大学生科研中的时间投入和学习自主性。

参考文献

[1] 包水梅,杨冰冰. 基于内容分析法的研究生导师指导风格概念模型构建[J]. 学位与研究生教育，2019(2):12-18.

[2] 戴维·H. 乔纳森，苏珊·M. 兰德. 学习环境的理论基础(第二版)[M]. 徐世猛，李洁，周小勇，译. 上海：华东师范大学出版社，2015.

[3] 杜嫱. 导师指导与博士生专业素养的发展:自主性的调节作用[J]. 研究生教育研究,2019(3):36-43.

[4] 范皑皑，王晶心，张东明. 本科期间科研参与情况对研究生类型选择的影响[J]. 中国高教研究，2017(7)：68-73.

[5] 郭卉，韩婷. 大学生科研学习投入对学习收获影响的实证研究[J]. 教育研究，2018,39(6)：60-69.

[6] 郭卉，刘琳，彭湃，等. 参与科研对理工科大学生创新素质影响的实证研究[J]. 高等工程教育研究，2014(2)：106-111.

[7] 胡建华. 建设一流本科教育首先需要更新教育理念[J]. 苏州大学学报(教育科学版)，2018,6(4)：1-3.

[8] 胡灵敏，骆力明，茅潇潇，等. 基于决策树的大学生科研活动与毕业走向的关联研究[J]. 计算机工程与科学，2016，38(6):1276-1279.

[9] 黄启兵. 一流本科教育的根本在于师生关系[J]. 苏州大学学报(教育科学版)，2018(4)：19-23.

[10] 贾金平,吉莉. 大学生创新教育的路径分析[J]. 中国高校科技，2014(7):86-87.

[11] 卡尔·雅斯贝尔斯. 大学之理念[M]. 上海：上海人民出版社，2007.

[12] J. 莱夫,E. 温格. 情景学习:合法的边缘性参与[M]. 王文静,译. 上海：华东师范大学出版社，2004.

[13] 莱斯利·P. 斯特弗,杰里·盖尔. 教育中的建构主义[M]. 高文,等译.

上海:华东师范大学出版社，2002.
[14] 李湘萍. 大学生科研参与与学生发展——来自中国案例高校的实证研究[J]. 北京大学教育评论，2015，13(1)：129-147+191.
[15] 李正，林凤. 论本科生科研的若干理论问题[J]. 清华大学教育研究，2009，30(4)：112-118.
[16] 林崇德. 发展心理学[M]. 北京:人民教育出版社，2009.
[17] 刘皓. 强化嵌入单门课的探究式学习——兼论本科生科研分类[J]. 高等工程教育研究，2018(4)：152-157.
[18] 卢仲衡. 从学生心理素质和数学能力的提高看自学辅导教学实验效果[J]. 教育研究，1993(3)：51-56.
[19] 罗纳德·巴尼特. 高等教育理念[M]. 北京：北京大学出版社，2012.
[20] 吕林海. 大学生学习参与的理论缘起、概念延展及测量方法争议[J]. 教育发展研究，2016，36(21)：70-77.
[21] 欧内斯特·L. 博耶. 关于美国教育改革的演讲[M]. 北京:教育科学出版社，2002.
[22] 彭湃. 情境与互动的形塑:导师指导行为的分类与解释框架[J]. 高等教育研究，2019，40(9)：61-67.
[23] 钱小明，荣华伟，钱静珠. 基于导师制下"大学生创新创业训练计划"教育的实践与思考[J]. 实验技术与管理，2014，31(7)：21-24.
[24] 王洪才. 一流本科教育的四重内涵[J]. 苏州大学学报(教育科学版)，2018(4)：4-5.
[25] 王辉，付晓. 大学生科研与学业成绩关系的实证研究[J]. 中国成人教育，2013(10)：97-100.
[26] 吴爱华，侯永峰，吴昭，等. 深入实施"国创计划"促进大学生创新创业[J]. 中国大学教学，2015(3)：14-16.
[27] 吴明隆. 结构方程模型[M]. 重庆：重庆大学出版社，2010.
[28] 吴明隆. 问卷统计与分析实务[M]. 重庆：重庆大学出版社，2010.
[29] 吴杨，韦艳玲，施永孝，等. 主动性不同条件下导师指导风格对研究生创新能力差异性影响研究——基于九所大学的数据调查[J]. 复旦教育论坛，2018，16(3)：74-79.
[30] 谢家树，燕良轼. 大学生学习自主性量表的初步编制[J]. 中国心理卫生杂志，2004 (2)：94-96.

[31] 徐岚. 导师指导风格与博士生培养质量之关系研究[J]. 高等教育研究，2019,40(6):58-66.

[32] 姚添涵,余传鹏. 导师—同门支持、科研自我效能感与研究生科研创造力的关系研究[J]. 高教探索，2019(4):46-53.

[33] 余文森,王永,张文质. 让学生发挥自学潜能,让课堂焕发生命活力——福建省中小学“指导——自主学习”教改实验研究总结[J]. 教育研究，1999(3):58-63.

[34] 余秀兰. 一流研究型大学如何建设一流本科[J]. 苏州大学学报(教育科学版)，2018(4)：15-17.

[35] 张春兴. 教育心理学[M]. 杭州：浙江教育出版社,1998.

[36] 张诗亚,卢晓东,周坚中,等. 一流本科教育的根本、经验与建设路径(笔谈)[J]. 重庆高教研究，2019,7(4):83-97.

[37] 张钊. 大学生学业目标与自主性对学业成就的影响研究[J]. 学校党建与思想教育，2013(3):42-44.

[38] AHN B, COX M F. Knowledge, skills, and attributes of graduate student and postdoctoral mentors in undergraduate research settings [J]. Engineering Education, 2016,105(4): 605-629.

[39] AIKENS M L, SADSELIA S, WATKINS K, EVANS M, EBY L, DOLAN E L. A social capital perspective on the mentoring of undergraduate life science researchers: an empirical study of undergraduate-postgraduate-faculty triads[J]. CBE Life Sciences Education, 2016, 15: 1-15.

[40] ALBERTS B. Statement on mentoring[M]. Washington, DC: The National Academies of Sciences, Engineering, and Medicine, 1997.

[41] ANDERSON M, LYONS K, WEINER N. The honors thesis: A handbook for honors deans, directors, and faculty advisors[M]. Lincoln, NE: National Collegiate Honors Council, 2014.

[42] ASTIN A W. Student involvement: a developmental theory for higher education [J]. Journal of College Student Personnel, 1984, 25: 297-308.

[43] ASTIN A W. What matters in college? [J]. Liberal Education, 1993, 79(4):4.

[44] AUSTIN A E, MCDANIELS M. Preparing the professoriate of the future: graduate student socialization for faculty roles[A]//Higher education: Handbook of theory and research[C]. Rotterdam, Netherlands: Springer Press, 2006: 397-456.

[45] BAKER V L, GRIFFIN K A. Beyond mentoring and advising: toward understanding the role of faculty "developers" in student success[J]. About Campus,2010,14(6): 2-8.

[46] BALSTER N, PFUND C, REDISKE R, BRANCHAW J. Entering research: a course that creates community and structure for beginning undergraduate researchers in the STEM disciplines[J]. CBE Life Science Education, 2010,9(2):108-118.

[47] BAUER K W, BENNETT J S. Alumni perceptions used to assess undergraduate research experience[J]. The Journal of Higher Education, 2003,72(2):210-230.

[48] BECKMAN M, HENSEL N. Making explicit the implicit: defining undergraduate research[J]. CUR Quarterly, 2009,29(4):40-44.

[49] BOWERS J, PARAMESWARAN A. Differentiating undergraduate research[J]. Higher Education,2013, 18(5): 453-464.

[50] BREW A, BOUD D. Teaching and research: Establishing the vital link with learning[J]. Higher Education, 1995,29: 261-273.

[51] BROWN J S, COLLINS A, DUGUID P. Situated cognition and the culture of learning[J]. Educational Researcher, 1989, 18(1): 32-41.

[52] BROWNELL J E, SWANER L E. Five high-impact practices: research on learning outcomes, completion and quality[M]. Washington, DC: Association of American Colleges and Universities, 2010.

[53] BROWNELL S E, KLOSER M J. Toward a conceptual framework for measuring the effectiveness of course-based undergraduate research experiences in undergraduate biology[J]. Higher Education, 2015, 40(3):525-544.

[54] BURKE R J. Mentors in organizations[J]. Group and Organization Studies, 1984, 9: 353-372.

[55] CAMPANILE M F. The impacts and "best practices" of undergradu-

ate - graduate student mentoring relationships in undergraduate research experiences [D]. Chicago: Illinois Institute of Technology, 2015.

[56] CAMPBELL A M. The influences and factors of an undergraduate research program in preparing women for science careers[M]. Lubbock, TX: Texas Tech University, 2002.

[57] CARTER D F, RO H K, ALCOTT B, et al. Co-curricular connections: the role of undergraduate research experiences in promoting engineering students'communication, teamwork, and leadership skills [J]. Higher Education, 2016,57:363-393.

[58] CHENE A. The concept of autonomy in adult education: a philosophical discussion[J]. Adult Education Quarterly, 1983,34(1): 38-47.

[59] CHRISTENSEN L J, MENZEL K E. The linear relationship between student reports of teacher immediacy behaviors and perceptions of state motivation, and of cognitive, affective, and behavioral learning [J]. Communication Education, 1998,47(1):82-90.

[60] COUNCIL OF UNDERGRADUATE RESEARCH. About CUR[M]. Washington, DC : Council of Undergraduate Research, 2010.

[61] CRANEY C, MCKAY T, MAZZEO A, et al. Cross-discipline perceptions of the undergraduate research experience[J]. Higher Education, 2011,82(1): 92-113.

[62] CRISP G. Conceptualization and initial validation of the College Student Mentoring Scale (CSMS)[J]. Journal of College Student Development, 2009,50(2):177-194.

[63] CRISP G. Mentoring undergraduate students[A]//ASHE Higher Education Report[C]. Hoboken : John Wiley & Sons,2016.

[64] DALTON G W, THOMPSON P H, PRICE R L. The four stages of professional careers: A new look at performance by professionals[J]. Organization Dynamics, 1977,6(2):19-42.

[65] DAVIS S N, JACOBSEN S K. Curricular integration as innovation: faculty insights on barriers to institutionalizing change[J]. Higher Education, 2014, 39: 17-31.

[66] DOLAN E L, JOHNSON D. The undergraduate-postgraduate-faculty triad: unique functions and tensions associated with undergraduate research experiences at research universities[J]. CBE Life Sciences Education, 2010, 9(4):543-553.

[67] DOOLEY D A, MAHON R M, OSHIRO E A. An undergraduate research opportunity: collaboration between undergraduate and graduate students[J]. Journal of Food Science Education, 2004, 3: 8-13.

[68] EAGAN M K, SHARKNESS J, HURTADO S, et al. Engaging undergraduates in science research: not just about faculty willingness[J]. Higher Education, 2011,52: 151-177.

[69] EAGAN M K, HURTADO S, CHANG M J, et al. Making a difference in science education: the impact of undergraduate research programs[J]. American Educational Research Journal, 2013,50(4):683-713.

[70] EI S, BOWEN A. College students' perceptions of student-instructor relationships[J]. Ethics &Behavior, 2002, 12(2): 177-190.

[71] ELGREN T, HENSEL N. Undergraduate research experiences: Synergies between scholarship and teaching[J]. Peer review, 2006,8(1): 4-7.

[72] FISHER M, KING J, TAGUE G. Development of a self-directed learning readiness scale[J]. Nurse Education Today, 2001,21: 516-525.

[73] GALLAGHER A, LEVIN J, CAHALAN C. GRE research: cognitive patterns of gender differences on mathematics admission tests[M]. Princeton, NJ: Educational Testing Service,2002:2-19.

[74] GATFIELD T. An investigation into Phd supervisory management styles: development of a dynamic conceptual model and its managerial implications[J]. Journal of Higher Education Policy and Management, 2005, 27: 311-325.

[75] GERSHENFELD S. A review of undergraduate mentoring programs [J]. Review of Educational Research, 2014,84(3): 365-391.

[76] GILMORE J, VIEYRA M, TIMMERMAN B, et al. The relationship

between undergraduate research participation and subsequent research performance of early career STEM graduate students[J]. Higher Education, 2015, 86(6): 834-863.

[77] GRABOWSKI J J, HEELY M E, BRINDLEY J A. Scaffolding faculty-mentored authentic research experiences for first-year students[J]. Council on Undergraduate Research Quarterly, 2008,29:41-47.

[78] GRIESE E R, MCMAHON T R, KENYON D Y B. A research experience for American indian undergraduates: utilizing an actor-partner interdependence model to examine the student-mentor dyad[J]. Higher Education, 2017, 10(1): 39-51.

[79] HALPERN D F. A cognitive-process taxonomy for sex differences in cognitive abilities[J]. Current Directions in Psychological Science, 2004, 13:135-139.

[80] HANCOCK M P, RUSSELL S H. Research Experiences for Undergraduates (REU) in the directorate for engineering (ENG) 2003-2006 participant survey[M]. Menlo Park, CA: SRI International, 2008.

[81] HATHAWAY R S, NAGDA B R A, GREGERMAN S R. The relationship of undergraduate research participation to graduate and professional education pursuit: an empirical study[J]. Journal of College Student Development, 2002, 43(5): 614-631.

[82] HAYWARD C N, LAURSEN S L, THIRY H. Why work with undergraduate researchers? differences in research advisors' motivations and outcomes by career stage[J]. CBE Life Sciences Education, 2017, 16:1-11.

[83] HEINRICH K T. Doctoral advisement relationships between women: on friendship and betrayal[J]. The Journal of Higher Education, 1995,66: 447-469.

[84] HENRI D C, MORRELL L J, SCOTT G W. Student perceptions of their autonomy at University[J]. Higher Education,2018,75:507-516.

[85] HOLEC H. Autonomy and foreign language learning[M]. Oxford: Pergamon, 1981.

[86] HORENSTEIN L S, ROBERTS K W, DIX A C. Mentoring under-

graduate researchers: an exploratory study of students' and professors' perceptions[J]. Mentoring & Tutoring: Partnership in Learning, 2010,18(3):269-291.

[87] HOROWITZ J, CHRISTOPHER K B. The research mentoring program: serving the needs of graduate and undergraduate researchers [J]. Higher Education, 2013, 38:105-116.

[88] HUNT D M, MICHAEL C. Mentorship: a career training and development tool[J]. Academy of Management Review, 1983, 8(3): 475-485.

[89] HUNTER A B, WESTON T J, LAURSEN S L, THIRY H. URSSA: evaluating student gains from undergraduate research in science education [J]. Council on Undergraduate Research Quarterly, 2009(29): 15-19.

[90] HURTADO S, CABRERA N L, LIN M H, et al. Diversifying science: underrepresented student experiences in structured research programs[J]. Research in Higher Educations, 2009, 50:189-214.

[91] HURTADO S, EAGAN M, CABRERA N, et al. Training future scientists: predicting first-year minority student participation in health science research[J]. Research in Higher Education, 2008, 9: 126-152.

[92] IRBY B J. Editor's overview: defining developmental relationships in mentoring for mentor/mentee dyads, for mentors, and for mentoring programs[J]. Mentoring & Tutoring: Partnership in Learning, 2013, 21: 333-337.

[93] ISHIYAMA J. Expectations and perceptions of undergraduate research mentoring: Comparing first generation, low income White/Caucasian and African American students[J]. College Student Journal, 2007,41:540-549.

[94] JACOBI M. Mentoring and undergraduate academic success: A literature review[J]. Review of Educational Research, 1991, 61: 505-532.

[95] KAHLE J B. Real students take chemistry and physics: gender issues [A]//Windows into science classrooms: Problems associated with

higher-level cognitive learning[C]. New York, NY: Falmer Press, 1990: 92-134.

[96] KARDASH C A M. Evaluation of an undergraduate research experience: perceptions of undergraduate interns and their faculty mentors [J]. Educational Psychology, 2000, 92(1): 191-201.

[97] KILGO C A, SHEETS J K E, PASCARELLA E T. The link between high-impact practices and student learning: some longitudinal evidence [J]. Higher Education, 2015, 69: 509-525.

[98] KILGO C A, ERNEST T, PASCARELLA. Does independent research with a faculty member enhance four-year graduation and graduate/professional degree plans? Convergent results with different analytical methods[J]. Higher Education, 2016, 71: 575-592.

[99] KINZIE J. Undergraduate research: high impact practice for all students[M]. Washington, DC: the Association of American Colleges and Universities , 2010.

[100] KOMARRAJU M, MUSULKIN S, BHATTACHARYA G. Role of student-faculty interactions in developing college students' academic self-concept, motivation, and achievement[J]. Journal of College Student Development, 2010, 51(3): 332-342.

[101] KOMITO L. The net as a foraging society: flexible communities[J]. The information Society, 1998, 14: 97-106.

[102] KRAM K E. Mentoring at work: developmental relationships in organizational life[M]. Glenview, IL: Scott, Foresman &Co, 1985.

[103] KREMER J F, BRINGLE R G. The effects of an intensive research experience on the careers of talented undergraduates[J]. Journal of Research & Development in Education, 1990, 24: 1-5.

[104] KUH G D. High-impact educational practices: What they are, who has access to them, and why they matter[M]. Washington, DC: Association of American Colleges and Universities, 2008.

[105] KUH G D. The national survey of student engagement: conceptual and empirical foundations[J]. New Directions for Institutional Research, 2009, 141:1-17.

[106] KUH G D, KENZIE J, CRUCE T, et al. Connecting the dots: multi-faceted analyses of the relationships between student engagement results from the NSSE, and the institutional practices and conditions that foster student success[M]. Bloomington, IN: Center for Postsecondary Research, 2008:1-97.

[107] LECHUGA V M. Faculty-graduate student mentoring relationships: mentors' perceived roles and responsibilities[J]. Higher Education, 2011,62:757-771.

[108] LITTLE D. Autonomy and autonomous learners[A]//In Routledge encyclopaedia of language teaching and learning[C]. London: Routledge, 2000: 69-72.

[109] LOPATTO D. Science in solution: the impact of undergraduate research on student learning[M]. Tucson, AZ: Research Corporation for Science Advancement, 2009.

[110] LOPATTO D. Survey of Undergraduate Research Experience (SURE): first findings[J]. Cell Biology Education, 2004, 3: 270-277.

[111] LOPATTO D. The essential features of undergraduate research[J]. Council on Undergraduate Research Quarterly, 2003,23: 139-142.

[112] LUNDBERG C A, SCHREINER L A. Quality and frequency of faculty-student interaction as predictors of learning: An analysis by student race/ethnicity[J]. Journal of College Student Development, 2004,45: 549-565.

[113] LUNSFORD L G. Psychology of mentoring: the case of talented college students[J]. Journal of Advanced Academics, 2011,22(3): 474-498.

[114] MACASKILL A, DENOVAN A. Developing autonomous learning in first year university students using perspectives from positive psychology[J]. Studies in Higher Education, 2013,38(1): 124-142.

[115] MACASKILL A, TAYLOR E. The development of a brief measure of learner autonomy in university students[J]. Studies in Higher Education, 2010, 35(3):351-359.

[116] MASSI L. The Influence of student-faculty interactions on post-graduation intentions in a research experience for undergraduates(REU) program: a case study[J]. The 21st ASEE Annual Conference & Exposition,2014: 1-16.

[117] MCDEVITT A L, PATEL M V, ROSE B, et al. Insights into student gains from undergraduate research using pre-and post-assessments[J]. Bioscience, 2016, 66(12): 1070-1078.

[118] MCGEE R, KELLER J L. Identifying future scientists: predicting persistence into research training[J]. CBE Life Science Education, 2007, 6(4):316-331.

[119] MEKOLICHICK J, GIBBS M. Understanding college generational status in the undergraduate research mentored relationship[J]. Council on Undergraduate Research Quarterly, 2012,33(2):40-46.

[120] MERKEL C A. Undergraduate research at the research universities [J]. New Directions for Teaching and Learning, 2003,93:39-53.

[121] MORALES D X, GRINESKI S E, COLLINS T W. Effects of gender concordance in mentoring relationships on summer research experience outcomes for undergraduate students[J]. Science Education, 2018:1029-1050.

[122] MURPHY N, BAIN J D, CONRAD L. Orientations to research higher degree supervision[J]. Higher Education,2007, 53: 209-234.

[123] NICHOLS M L. Faculty-mentored undergraduate research: a qualitative examination of its influence on student engagement and academic achievement[D]. Philadelphia: the University of Pennsylvania, ProQuest LLC ,2016.

[124] NOE R A. An investigation of the determinants of successful assigned mentoring relationships[J]. Personal Psychology, 1988, 41: 457-479.

[125] NORA A, CRISP G. Mentoring students: Conceptualizing and validating the multi-dimensions of a support system[J]. Journal of College Student Retention: Research, Theory and Practice, 2007,9(3): 337-356.

[126] NZEKWE B J O. Dimensions of undergraduate research: research engagement, researcher role-identity salience, awareness, interest, and career attitudes among diverse undergraduate majors[D]. AnnArbor: ProQuest LLC ,2017.

[127] O'NEIL J M, WRIGHTSMAN L S. The mentoring relationship in psychology training programs[A]//Succeeding in graduate school: The career guide for psychology students [C] Mahwah, NJ: Erlbaum, 2001: 113-129.

[128] OLIAN J D, CARROLL S J, GIANNANTONIA C M, et al. What do proteges look for in a mentor? Results of three experimental studies[J]. Journal of Vocational Behavior, 1988, 33:15-37.

[129] PEREZ I, BOWERS J, SALAMON P. Mentoring student participation in undergraduate research: a case study of twists and turns from two perspectives[J]. Taylor & Francis, 2017,10:526-536.

[130] PFUND C, PRIBBENOW C M, BRANCHAW J, et al. The merits of training mentors[J]. Science,2006, 311:473-474.

[131] PONTON M K, P B CARR, G J CONFESSORE. Learning conation: A psychological perspective of personal initiative and resourcefulness [A]//In Practice and theory in self-directed learning[C]. Schaumburg, IL: Motorola University Press, 2000: 65-82.

[132] QUINTANA C, REISER B, DAVIS E, et al. A scaffolding design framework for software to support science inquiry[J]. Journal of the Learning Sciences, 2004, 13(3), 337-386.

[133] RAMAN R, GEISINGER B N, KEMIS M R, et al. Key actions of successful summer research mentors[J]. Higher Education, 2016, 72: 363-379.

[134] REVELO R A, LOUI M C. A developmental model of research mentoring[J]. College Teaching, 2016, 64(3): 119-125.

[135] RUSSELL S H. Undergraduate research opportunities: facilitating and encouraging the transition from student to scientist[A]//Creating effective undergraduate research programs in science: The transformation from student to scientist[C]. New York, NY: Teachers

College Press, 2008: 53-80.

[136] RUSSELL S H, HANCOCK M P, MCCULLOUGH J. Benefits of undergraduate research experiences[J]. Science, 2007,316:548-549.

[137] SADLER T D, BURGIN S, MCKINNEY L, et al. Learning science through research apprenticeships: a critical review of the literature [J]. Research in science teaching, 2010,47(3): 235-256.

[138] SAMPSON R. The language-learning self, self-enhancement activities, and self-perceptual change[J]. Language Teaching Research, 2012,16(3):317-335.

[139] SCHOCKETT M R, HARING-HIDORE M. Factor analytic support for psychosocial and vocational mentoring functions[J]. Psychological Reports, 1985, 57: 627-630.

[140] SCOTT G W, FUMELL J, MURPHY C M, et al. Teacher and student perceptions of the development of learner autonomy: a case study in the biological sciences[J]. Studies in Higher Education, 2015, 40(6): 945-956.

[141] SEYMOUR E, HEWITT N M. Talking about leaving: why undergraduates leave the sciences [M]. Boulder, CO: Westview Press, 1997.

[142] SEYMOUR E, HUNTER A B, LAURSEN S L, et al. Establishing the benefits of research experiences for undergraduates in the sciences:first findings from a three-year study[J]. Science Education, 2004, 88:493-594.

[143] SHANAHAN J O, ACKLEY-HOLBROOK E, HALL E, et al. Ten salient practices of undergraduate research mentors: a review of the literature[J]. Mentoring & Tutoring: Partnership in Learning, 2015,23(5), 359-376.

[144] SHAW K, HOLBROOK A, BOURKE S. Student experience of final-year undergraduate research projects: an exploration of "research preparedness"[J]. Higher Education, 2013,38(5): 711-727.

[145] SHORTLIDGE E E, BANGERA G, BROWNELL S E. Faculty perspectives on developing and teaching course-based undergraduate re-

search experiences[J]. Bioscience, 2016, 66(1): 54-62.

[146] STANFORD J S, ROCHELEAU S E, SMITH K P W, et al. Early undergraduate research experiences lead to similar learning gains for STEM and Non-STEM undergraduates[J]. Higher Education, 2017, 42(1): 115-129.

[147] TARABAN R, LOGUE E. Academic factors that affect undergraduate research experiences[J]. Educational Psychology, 2012, 104(2): 499-514.

[148] TARABAN R, PRENSKY E, BOWEN C W. Critical factors in the undergraduate research experience[A]//Creating effective undergraduate research programs in science: The transformation from student to scientist [C]. New York, NY: Teachers College Press, 2008: 172-188.

[149] TARABAN R, LOGUE E. Academic factors that affect undergraduate research experiences[J]. Educational Psychology, 2012, 104(2): 499-514.

[150] THIRY H, LAURSEN S L. The role of student-advisor interactions in apprenticing undergraduate researchers into a scientific community of practice[J]. Sciences Education Technology, 2011, 20: 771-784.

[151] THOMAS L, HOCKINGS C, OTTAWAY J, et al. Independent learning: students' perspectives and experiences[M]. Higher Education Academy, 2015.

[152] TIMMERMAN B E C, STRICKLAND D C, JOHNSON R L, et al. Development of a "universal" rubric for assessing undergraduates' scientific reasoning skills using scientific writing[J]. Higher Education, 2011, 36(5): 509-547.

[153] TSAI J Y, KOTYS-SCHWARTZ D A, B LOUIE, et al. "Am I a boss or a coach? graduate students mentoring undergraduates in research."[A]//The 120th American Society for Engineering Education Annual Conference[C]. Atlanta, GA, 2013.

[154] VILLAREJO M, BARLOW A E, KOGAN D, et al. Encouraging minority undergraduates to choose science careers: career paths sur-

vey results[J]. CBE Life Science Education, 2008, 7(4):394-409.

[155] WEBBER K L, LAIRD N T F, LORENZ B A M. Student and faculty member engagement in undergraduate research[J]. Research in Higher Education, 2013,54:227-249.

[156] WENGER E. Communities of Practice: learning, meaning, and identity[M]. Cambridge, MA: Cambridge University Press, 1998.

[157] WESTON T J, LAURSEN S L. The Undergraduate Research Student Self-Assessment(URSSA): validation for use in program evaluation[J]. CBE Life Science Education, 2015, 14:1-10.

[158] WILDE J B, SCHAU C G. Mentoring in graduate schools of education: Mentees' perspectives[J]. Journal of Experimental Education, 1991,59(2): 165-171.

[159] WILLISON J, SABIR F, THOMAS J. Shifting dimensions of autonomy in students' research and employment[J]. Higher Education Research & Development, 2016, 1-14.

[160] WILSON A, HOWITT S, WILSON K, et al. Academics' perceptions of the purpose of undergraduate research experiences in a research-intensive degree [J]. Studies in Higher Education, 2012, 37(5): 513-526.

[161] WILSON A, HOWITT S, HIGGINS D. A fundamental misalignment: intended learning and assessment practices in undergraduate science research projects[J]. Higher Education, 2016, 41(6): 869-884.

[162] WILSON A, HOWITT S, HIGGINS D. Assessing the unassessable: making learning visible in undergraduates' experiences of scientific research[J]. Higher Education, 2016,41(6): 901-916.

[163] YAFFE K, BENDER C, SECHREST L. What is a mentor? [J]. Council on Undergraduate Research Quarterly, 2012,33(2): 34-39.

[164] ZELDIN A, PAJARES F . Against the odds: self-efficacy beliefs of women in mathematical, scientific, and technological careers[J]. America Education Research, 2000,37(1):215-246.

[165] ZIMBARDIA K, MYATTB P. Embedding undergraduate research

experiences within the curriculum: a cross-disciplinary study of the key characteristics guiding implementation[J]. Studies in Higher Education, 2014,39(2):233-250.

附录 A:大学生科研经历访谈提纲

1. 请先自我介绍一下。

2. 描述申请大学生创新训练计划项目的理由与申请过程。

3. 描述项目实施的过程和整体经验,从文献综述、数据收集、分析到最后的撰写报告。

4. 描述导师在此过程中给予你的支持、帮助和指导(具体一点,用事例说明)。

5. 描述你在整个项目研究中的收获,从知识收获、技能收获、个人发展方向等方面。

6. 描述这个经历对你各方面的影响以及你大学毕业后的学习计划,如你打算在读研前工作,还是直接读研等等。

7. 你本身的学习主动性如何? 如何处理课程学习和研究之间的关系?

8. 你在做项目时遇到哪些困难?

附录 B:大学生科研经历调查问卷

亲爱的同学：

您好！学校很想知道您在参与大学生创新训练计划项目中的经历与收获，为后续的管理工作提供建议，作为一名优秀的参与科研的学生，您一定理解数据真实的重要性，我们衷心希望能得到您的支持。整个问卷填写需 10 分钟左右，对于每位参与的同学，均有机会获得 10 元红包，以示感谢！

一、基本信息

1. 学校[填空题]

____

2. 专业[填空题]

____

3. 性别[单选题]

○男

○女

4. 年级[单选题]

○大一

○大二

○大三

○大四

○大五或以上

5. 你在项目中是[单选题]

○主持人

○一般成员

6. 你所在的项目级别是[单选题]

○国家级

○省级

○校级

7. 参与研究的时间[单选题]

○1 学期
○2 学期
○3 学期
○4 学期及以上
8. 平均每周花在研究上的时间[单选题]
○1 小时以下
○1～5 小时
○6～10 小时
○10 小时以上
9. 你的成绩处于[单选题]
○班级前 10%
○班级前 10%～25%
○班级前 25%～50%
○班级后 50%
10. 你在项目中的主要指导者是[单选题]
○教师
○研究生学长
○教师和研究生学长共同指导
11. 指导者的性别[单选题]
○男
○女
12. 导师的职务[单选题]
○博导
○硕导
○非研究生导师
13. 导师的年龄[单选题]
○青年教师(40 岁以下)
○中年教师(40～50 岁)
○中老年教师(50 岁以上)
14. 导师的职称[单选题]
○教授
○副教授

○讲师

二、导师指导情况

15. 导师(或学长)教我们数据收集和分析[单选题]

○很不符合

○比较不符合

○一般

○比较符合

○很符合

16. 当我需要的时候,我做项目所需要的仪器和材料都准备好了[单选题]

○很不符合

○比较不符合

○一般

○比较符合

○很符合

17. 导师(或学长)教给我实验技能 [单选题]

○很不符合

○比较不符合

○一般

○比较符合

○很符合

18. 导师(或学长)给我提供合适的文献阅读材料[单选题]

○很不符合

○比较不符合

○一般

○比较符合

○很符合

19. 导师(或学长)很尊重我的想法 [单选题]

○很不符合

○比较不符合

○一般

○比较符合

○很符合

20. 如果我有什么问题，我的导师(或学长)总是可以找到［单选题］

○很不符合

○比较不符合

○一般

○比较符合

○很符合

21. 我的导师(或学长)对于我的工作，经常给予我正面的反馈［单选题］

○很不符合

○比较不符合

○一般

○比较符合

○很符合

22. 当事情进展不顺利时，我的导师(或学长)会帮我寻找问题原因［单选题］

○很不符合

○比较不符合

○一般

○比较符合

○很符合

23. 当我问问题时，我的导师(或学长)很耐心［单选题］

○很不符合

○比较不符合

○一般

○比较符合

○很符合

24. 导师(或学长)会跟我聊聊以后读研或就业的事［单选题］

○很不符合

○比较不符合

○一般

○比较符合

○很符合

25. 导师会介绍我认识团队外的其他专家和老师[单选题]
○很不符合
○比较不符合
○一般
○比较符合
○很符合
26. 导师会支持我参加一些学术会议或讲座 [单选题]
○很不符合
○比较不符合
○一般
○比较符合
○很符合
27. 导师(或学长)会对我以后的发展道路提供一些建议[单选题]
○很不符合
○比较不符合
○一般
○比较符合
○很符合
28. 导师(或学长)会提供给我关于读研或就业的一些信息[单选题]
○很不符合
○比较不符合
○一般
○比较符合
○很符合
三、参与项目的收获
29. 提出一个能用数据回答的研究问题[单选题]
○没有收获
○很少收获
○一些收获
○比较大的收获
○很大的收获

30. 确认研究方法和设计的局限［单选题］

○没有收获

○很少收获

○一些收获

○比较大的收获

○很大的收获

31. 理解研究项目的理论和概念［单选题］

○没有收获

○很少收获

○一些收获

○比较大的收获

○很大的收获

32. 理解项目研究与课程学习的相关性［单选题］

○没有收获

○很少收获

○一些收获

○比较大的收获

○很大的收获

33. 对自己科学研究能力的自信［单选题］

○没有收获

○很少收获

○一些收获

○比较大的收获

○很大的收获

34. 与他人合作的能力［单选题］

○没有收获

○很少收获

○一些收获

○比较大的收获

○很大的收获

35. 独立工作的能力［单选题］

○没有收获

○很少收获

○一些收获

○比较大的收获

○很大的收获

36. 写科学报告或者论文的能力［单选题］

○没有收获

○很少收获

○一些收获

○比较大的收获

○很大的收获

37. 口头陈述表达的能力［单选题］

○没有收获

○很少收获

○一些收获

○比较大的收获

○很大的收获

38. 在实验室或者现场做观察和做笔记的能力［单选题］

○没有收获

○很少收获

○一些收获

○比较大的收获

○很大的收获

39. 用统计方法去分析数据［单选题］

○没有收获

○很少收获

○一些收获

○比较大的收获

○很大的收获

40. 理解期刊论文［单选题］

○没有收获

○很少收获

○一些收获

○比较大的收获

○很大的收获

41. 数据库或者网络搜索能力[单选题]

○没有收获

○很少收获

○一些收获

○比较大的收获

○很大的收获

42. 管理我的时间的能力[单选题]

○没有收获

○很少收获

○一些收获

○比较大的收获

○很大的收获

43. 感觉像一个科学家 [单选题]

○没有

○很少

○一些

○比较多

○很多

44. 对这个项目进行创造性思考 [单选题]

○没有

○很少

○一些

○比较多

○很多

45. 独立尝试新的观点或者过程[单选题]

○没有

○很少

○一些

○比较多

○很多

46. 感觉对这个项目有责任 [单选题]

○没有

○很少

○一些

○比较多

○很多

47. 因为觉得研究有趣而主动加班[单选题]

○没有

○很少

○一些

○比较多

○很多

48. 在专业会议上作报告[单选题]

○是

○否

49. 获得专利[单选题]

○是

○否

50. 作为作者或者合作作者在学术期刊上发表论文[单选题]

○是

○否

51. 基于我的研究获得了奖励或者奖学金[单选题]

○是

○否

52. 通过做研究确认了我在该研究领域的兴趣 [单选题]

○强烈不同意

○不同意

○一般

○同意

○强烈同意

53. 研究经历为我以后的课程学习和论文做准备 [单选题]

○强烈不同意

〇不同意

〇一般

〇同意

〇强烈同意

54. 我的研究经历为我进入研究生院做准备[单选题]

〇强烈不同意

〇不同意

〇一般

〇同意

〇强烈同意

55. 我的研究经历为我的工作做准备[单选题]

〇强烈不同意

〇不同意

〇一般

〇同意

〇强烈同意

56. 你的生源地是[单选题]

〇农村

〇小城镇

〇大城市

57. 你接下来想[单选题]

〇考研

〇保研

〇就业

〇出国

〇直博

58. 你的学习自主性[单选题]

〇很主动

〇比较主动

〇一般

〇比较不主动

〇很不主动

59. 项目申请过程中项目信息的可获得性[单选题]

○很差

○有点差

○较好

○很好

60. 寻找研究导师的容易度 [单选题]

○很差

○有点差

○较好

○很好

61. 获得研究项目的容易度 [单选题]

○很差

○有点差

○较好

○很好

62. 实验室或现场设施 [单选题]

○很差

○有点差

○较好

○很好

63. 经费支持 [单选题]

○很差

○有点差

○较好

○很好

64. 实地考察旅行 [单选题]

○非常差

○有点差

○较好

○很好